权威·前沿·原创

皮书系列为
"十二五""十三五""十四五"国家重点图书出版规划项目

BLUE BOOK

智 库 成 果 出 版 与 传 播 平 台

四川蓝皮书

BLUE BOOK OF SICHUAN

2022年四川经济形势分析与预测

ECONOMY OF SICHUAN ANALYSIS AND FORECAST (2022)

主　编 / 达　捷
副主编 / 陈　映　陈　妤

社会科学文献出版社
SOCIAL SCIENCES ACADEMIC PRESS (CHINA)

图书在版编目(CIP)数据

2022年四川经济形势分析与预测/达捷主编;陈映,陈妤副主编. --北京:社会科学文献出版社,2022.5
（四川蓝皮书）
ISBN 978－7－5201－9864－6

Ⅰ.①2… Ⅱ.①达… ②陈… ③陈… Ⅲ.①区域经济－经济分析－四川－2022 ②区域经济－经济预测－四川－2022 Ⅳ.①F127.71

中国版本图书馆CIP数据核字（2022）第042909号

四川蓝皮书
2022年四川经济形势分析与预测

主　　编／达　捷
副 主 编／陈　映　陈　妤

出 版 人／王利民
责任编辑／王　展
责任印制／王京美

出　　版／社会科学文献出版社·皮书出版分社（010）59367127
　　　　　地址：北京市北三环中路甲29号院华龙大厦　邮编：100029
　　　　　网址：www.ssap.com.cn
发　　行／社会科学文献出版社（010）59367028
印　　装／天津千鹤文化传播有限公司

规　　格／开　本：787mm×1092mm　1/16
　　　　　印　张：20　字　数：296千字
版　　次／2022年5月第1版　2022年5月第1次印刷
书　　号／ISBN 978－7－5201－9864－6
定　　价／249.00元

读者服务电话：4008918866

版权所有 翻印必究

四川蓝皮书编委会

主　任　高中伟　向宝云

副主任　李中锋

编　委　（按姓氏拼音为序）

　　　　安中轩　陈　映　陈　妤　陈美利　达　捷
　　　　甘庭宇　黄　寰　何祖伟　李卫宏　李晟之
　　　　廖冲绪　廖祖君　刘　伟　骆　希　庞　淼
　　　　彭　剑　王　芳　张克俊　张立伟

主要编撰者简介

达　捷　经济学博士，研究员，四川省社会科学院产业经济研究所所长，四川省学术和技术带头人后备人选。长期从事产业经济、金融投资与资本市场领域的研究以及政府智库和企业顾问工作。出版学术专著多部，在经济类核心学术刊物发表论文多篇，主持国家社会科学基金项目、省部级重点项目等各类课题数十项，荣获多项优秀科研成果奖，多项成果成为政府决策的参考。

陈　映　经济学博士，研究员，硕士生导师，四川省社会科学院产业经济研究所副所长、《经济体制改革》常务副主编。长期从事区域经济、产业经济等领域研究工作。近年来，独著和合著学术著作十余部，在CSSCI来源期刊上发表论文数十篇，主持和主研国家社会科学基金课题和四川省级规划课题数十项。获第五届吴玉章人文社会科学优秀奖1项，获四川省哲学社会科学优秀成果一等奖2项、二等奖2项、三等奖3项。

陈　妤　经济学硕士，四川省社会科学院产业经济研究所助理研究员。长期从事产业经济、计量经济等研究工作。连续多年参与《四川省经济形势分析与预测》（蓝皮书）、《成都市经济运行监测报告》（季刊）编撰工作，在《经济学动态》《数量经济技术经济研究》等期刊发表文章数篇，参与国家社会科学基金课题1项，参与四川省规划课题2项，参与四川省级、成都市级课题研究20余项，获四川省哲学社会科学优秀成果三等奖1项。

摘 要

2021年，受疫情散点多发的影响，四川经济恢复尚未完全达到预期。但四川遵循"稳农业、强工业、促消费、扩内需、抓项目、重创新、畅循环、提质量"的经济工作思路，不断增强经济的创新力和竞争力，不但实现了经济增速的快速回升，而且结构调整和增长动力转换也取得新进展，经济运行正沿着常态化的轨道回归。2021年前三季度，四川省GDP同比增长9.3%；第一、第二、第三产业分别同比增长7.2%、9.2%和9.8%，其中第三产业增速比全国高0.3个百分点；规上工业增加值同比增长7.2%；全社会固定资产投资同比增长11.5%，增速比全国高4.2个百分点；城镇居民人均可支配收入和农村居民人均可支配收入分别同比增长9.4%和11.3%；社会消费品零售总额同比增长18.9%，增速高于全国2.5个百分点；货物进出口总额同比增长14.4%。

2022年，四川经济运行既有全面推进成渝地区双城经济圈建设、加快部署与"双碳"相关的产业发展等重要机遇，也面临着国内外经济增速回落、不确定因素增多的挑战。经济增长的主要动力仍将来自投资和消费，来自制造业和服务业。预计全年四川经济可实现6%~7%的增速，第三产业增速不低于7%，规上工业增加值保持6%，投资增速有望达到8%，消费增速将高于近两年6.5%的平均水平，社会商品零售总额增速可保持在7%左右，城乡居民人均可支配收入有望与GDP保持同步增长。

前　言

四川省地处中国西南腹地，辖区面积48.6万平方公里，居中国第五位，辖21个市州、183个县（市、区），山清、水秀、人美，宜居、宜业、宜商，素有"天府之国"的美誉。四川是我国的资源大省、人口大省、经济大省，人口和经济总量均居西部首位，产业种类齐全，市场潜力巨大，在西部经济版图中具有举足轻重的地位。改革开放以来，四川各族人民奋进新时代，把握新机遇，迎接新挑战，砥砺新征程，以永不懈怠的精神状态和一往无前的奋斗精神，斩关夺隘、攻坚克难，在这片充满诗情画意的土地上书写着从悲壮走向豪迈的壮丽篇章。

2021年是中国共产党成立100周年，也是"十四五"规划开局之年。面对复杂严峻的宏观环境和多重困难叠加的风险挑战，在以习近平同志为核心的党中央坚强领导下，全省上下深入贯彻落实中央和省委、省政府决策部署，统筹疫情防控和经济社会发展，扎实做好"六稳"工作，全面落实"六保"任务，全省经济持续平稳恢复，主要经济指标较好完成年初预期目标，呈现出总量上台阶、追赶超预期、供需增动力、区域添活力的发展态势，实现了"十四五"的良好开局。

2022年是我国经济逐步回归常态运行的一年。从当前国际国内形势来看，国际疫情仍存在不确定性，世界经济复苏动能趋缓，全球经济形势更趋复杂严峻；我国经济保持稳定恢复的态势，经济长期向好的基本面持续显现，然而，国内经济恢复仍然不均衡、不稳固，面临需求收缩、供给冲击、预期转弱三重压力，保持经济平稳运行挑战增多。从四川来看，全省经济恢复基础尚不牢固，经济下行压力凸显；但与此同时，四川深入推进创新驱动引领高质量发展、成渝地区双城经济圈建设、西部陆海新通道建设等国家重大区域战略部署，为四川经济发展带来新的历史契机。如何认识和把握这些重大历史机遇，找准发展定位，明确发展目标，优化发展规划，创新发展路径，以实现四川省经济的高质量发展，是我们面临的重大课题。因此，全面、深入分析四川经济发展现状，科学、准确预测其发展趋势，尤为重要。

本书以四川省经济发展面临的新环境、新机遇为出发点，以四川经济发展现状及发展趋势为研究对象，以为省委、省政府进行经济发展战略决策、制定经济调控政策提供对策建议为主要目标，打造四川经济问题研究人才队伍，构筑四川经济发展研究平台，充分调动全社会资源为四川深入推进创新驱动引领高质量发展服务。本书在分析2021年全省各项经济工作的基础上，对2022年全省经济发展形势做出初步预测。全书分为总报告、分报告、区域篇、产业与行业篇、热点篇五大部分。其中，第一部分是总报告，主要对全省经济运行的总体情况进行分析与预测。第二部分是分报告，主要对固定资产投资、财政、金融、消费、进出口等宏观经济形势进行分析和预测。第三部分是区域篇，对成都平原经济区、川南经济区、川东北经济区、攀西经济区、川西北生态示范区的经济运行情况进行分析和预测。第四部分是产业与行业篇，涵盖四川三次产业、部分重点产业和行业的分析与预测。第五部分是热点篇，涉及四川经济高质量发展以及全面深化改革中的重点、难点问题，如数字经济发展、低碳产业发展、成渝地区双城经济圈建设等。

本书在四川省社会科学院蓝皮书编委会指导下，由产业经济研究所、金融财贸研究所和四川省股份经济与证券研究会组织选题、研究、撰写和编辑。本书各报告由相关领域专家学者撰写，并得到四川省发展和改革委员会、四川省财政厅、四川省政府国有资产监督管理委员会、四川省经济和信息化厅、四川省商务厅、四川省农业农村厅、四川省住房和城乡建设厅、四川省经济合作局、四川省统计局、四川省人力资源和社会保障厅、四川省科技厅、四川省文化和旅游厅、四川省乡村振兴局、中国人民银行成都分行、四川大学、西南财经大学、西南民族大学等单位的大力支持，中国建筑第二

前　言

工程局有限公司华西分局负责人聂宏凯博士对全书的调研和编辑工作给予了很大帮助，在此一并表示感谢！

本书的出版发行得到社会科学文献出版社领导和同人的帮助与支持，在此表示深深的感谢！

由于编者水平有限，本书难免存在缺点和不足，敬请各位领导、专家和广大读者指正！

目 录

Ⅰ 总报告

B.1 稳增长成效显著　促经济再回正轨
　　——四川省2021年经济形势分析与2022年趋势预测
　　……………………………… 盛　毅　孙鸣桧　左永宝 / 001

Ⅱ 分报告

B.2 2021~2022年四川省固定资产投资发展分析与预测
　　……………………………………………… 陈　妤　王廷溁 / 021
B.3 2021~2022年四川省财政形势分析与预测 ………… 胡建中 / 031
B.4 2021~2022年四川省金融形势分析与研判 ………… 罗志华 / 043
B.5 2021~2022年四川省消费品市场分析与预测 ……… 刘艳婷 / 053
B.6 2021~2022年四川省进出口贸易分析与预测 ……… 袁　境 / 062

Ⅲ 区域篇

B.7 2021~2022年成都平原经济区经济形势分析与预测
　　………………………………………………… 陈　映　彭雅洁 / 075

B.8　2021~2022年川南经济区经济形势分析与预测
　　………………………………………………… 龚勤林　孙小钰 / 095
B.9　2021~2022年川东北经济区经济形势分析与预测
　　……………………………………………………………… 曹　瑛 / 108
B.10　2021~2022年攀西经济区经济形势分析与预测
　　………………………………………………… 段　莉　鲜益明 / 121
B.11　2021~2022年川西北生态示范区经济形势分析与预测
　　……………………………………………………………… 周　俊 / 136

Ⅳ　产业与行业篇

B.12　2021~2022年四川省农业经济发展形势分析与预测
　　……………………………………………………………… 陈红霞 / 146
B.13　2021~2022年四川省工业经济发展形势分析与预测
　　………………………………………………… 王　磊　达　捷 / 155
B.14　2021~2022年四川省服务业发展形势分析与预测 …… 何　飞 / 165
B.15　2021~2022年四川省装备制造业发展形势分析与预测
　　……………………………………………………………… 邵平桢 / 173
B.16　2021~2022年四川省养老产业发展形势分析与预测
　　………………… 李晓丰　曹羽茂　覃陆诗　王睿晨 / 183
B.17　2021~2022年四川省中医药产业发展形势分析与预测
　　………………………………………………… 周　杰　李海龙 / 196
B.18　2021~2022年四川省食品饮料产业发展形势分析与预测
　　………………………………………………… 李　晶　韩保林 / 204

Ⅴ　热点篇

B.19　数字经济引领四川产业高质量发展路径选择
　　………………………………………………… 陈　映　薛建飞 / 218

B.20	"双碳"目标下四川省制造业绿色低碳高质量发展研究	
	………………………………………………………… 王 磊 / 233	
B.21	四川利用清洁能源发展低碳产业研究 ………… 杜雪锋 / 241
B.22	房企债务危机与四川省房地产业发展分析研究 ……… 刘成高 / 249
B.23	四川省民族地区经济社会发展研究 ……………… 贾兴元 / 258
B.24	新时代推进西部大开发的关键环节和路径选择	
	……………………… 刘世庆 齐天乐 巨 栋 付 实 / 268	
B.25	四川省地方中小金融机构数字化转型面临的	
	主要问题与对策建议 …………………………… 李 由 / 277	
B.26	四川构建产业发展新优势研究 ………………… 达 捷 / 287

皮书数据库阅读 **使用指南**

003

总 报 告
General Report

B.1
稳增长成效显著　促经济再回正轨

——四川省2021年经济形势分析与2022年趋势预测

盛毅　孙鸣桧　左永宝*

摘　要： 2021年，尽管四川经济运行受疫情散点多发的影响，恢复情况没有完全达到预期，特别是服务业恢复受到干扰较大，但正在朝着常态化的轨道回归，预计全年增速可以达到9%，高于全国1个百分点左右。高技术制造业投资、新兴消费、战略性新兴产业、出口等增长快，区域发展更加均衡，成为亮点。2022年的经济运行既有成渝地区双城经济圈建设、低碳发展等重要机遇，也面临着国内外经济增速回落、不确定因素增多的挑战，四川经济预计可以实现6%~7%的增长，主要动力仍然来自投资和消费，来自制造业和服务业。为实现增长目标，四川省将在推进与重庆

---

* 盛毅，四川省社会科学院研究员，主要研究方向为宏观经济、区域经济和产业经济；孙鸣桧，四川省社会科学院产业经济学硕士研究生；左永宝，四川省社会科学院产业经济学硕士研究生。

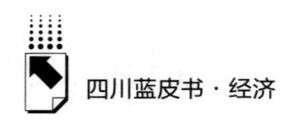

共建成渝地区双城经济圈、稳定投资增长和促进服务业复苏、加紧部署与"双碳"相关的产业发展、积极对接中央各项支持政策、稳定房地产投资和要素供给等方面，采取更多的举措。

关键词： 稳增长　宏观环境　成渝地区双城经济圈　四川

2021年是四川省"十四五"规划开局之年，也是我国开启现代化建设新征程的起步之年，还是巩固疫情防控成果促进经济运行重回常态化轨道之年。面对复杂的国内外环境和"十四五"规划开局之年需要完成的任务，四川省立足新发展阶段实际，坚持以新发展理念推动经济高质量发展，主动融入新发展格局，抓住成渝地区双城经济圈建设、国家支持经济恢复、鼓励创新发展等机遇，遵循"稳农业、强工业、促消费、扩内需、抓项目、重创新、畅循环、提质量"的经济工作思路，有针对性地出台各种政策措施，深入改善经济运行环境，全面促进三次产业恢复，努力稳定投资、消费和外贸增长，不仅实现了经济增速的快速回升，而且结构调整和增长动力转换取得新进展，为2022年的经济发展奠定了良好基础。

一　2021年四川经济发展的成效与问题

（一）主要经济指标完成情况

经济增长速度稳步回升，全年将继续高于全国平均水平。2021年前三季度，四川省实现GDP38998.66亿元，同比增长9.3%，如果以2019年为基数计算，两年平均增长5.8%，增速比全国高0.6个百分点左右。分季度来看，2021年第一季度当季相较于上年同期增长15.8%（见图1），两年平均增长6%；第二季度当季相较于上年同期增长9%，两年平均增速为6.2%；第三季度当季相较于上年同期增速则下降到9%以下，两年平均增速低于6%。分产业来看,第一产业增加值较上年同期增长7.2%,两年平均增长5.2%;第二产业增加值较上年同期增长9.2%,两年平均增长5.7%;第三产业增加值较上年同期增长9.8%,两年平均增长5.9%。三次产业比值为11.5∶35.9∶52.7。在投资消费层面,1～10月,社会消费品零售总额同比增长18.0%,增速比全国高3.1个百分点,两年平均增长6.5%;全省全社会固定资产投资增长10.8%,两年平均增长9.6%。

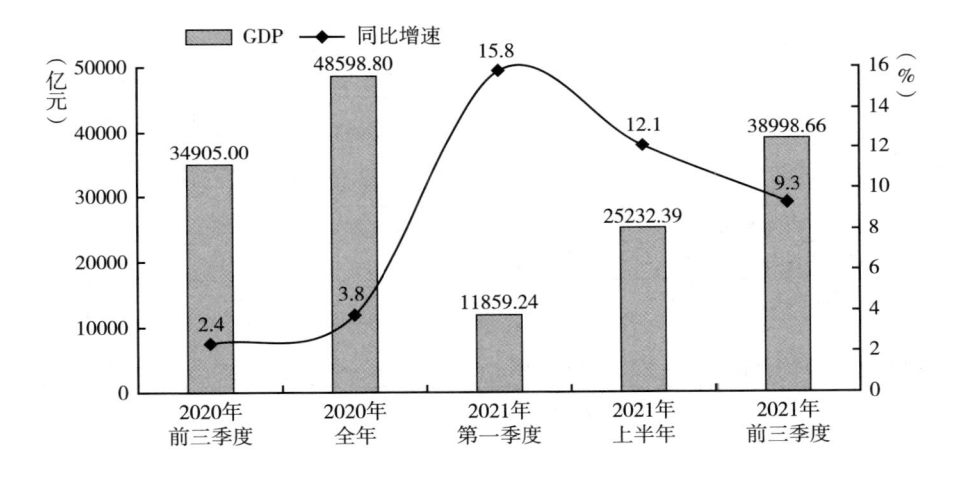

图1　2020～2021年前三季度四川省GDP及增速情况

资料来源:四川省统计局。

多项经济指标显著改善,正在向常态化运行轨道回归,部分指标甚至超过了前两年增速,发展质量和效益不断提升。1～10月,全省规模以上工业企业实现利润总额3364.8亿元,同比增长40.1%(见表1),两年平均增长22.3%。第三季度仍然同比增长29.5%,增速比第二季度加快3.1个百分点,规模以上工业企业产品产销率达到97%以上,企业资产负债率同比降低1.6个百分点。城镇居民人均可支配收入增长9.4%。农村居民人均可支配收入增长11.3%,两年平均增长10.4%,高于2019年同期增速。工业出口交货值增长21.5%,继续保持较高增速。财政收入增长17.57%,在各省区市中排在第十位左右。工业用电、铁路货运、银行贷款、制造业采购经理指数、统计在库法人单位数等指标,均与过去几年相近,显示出经济恢复情况良好。

表1 2021年前三季度四川经济主要指标

指 标	前三季度	四川省同比增速(%)	全国同比增速(%)	增速与全国比较(个百分点)
GDP(亿元)	38998.66	9.3	9.8	-0.5
第一产业增加值	4476.99	7.2	7.4	-0.2
第二产业增加值	13983.62	9.2	10.6	-1.4
其中规上工业增加值	—	7.2	11.8	-4.6
第三产业增加值	20538.05	9.8	9.5	0.3
固定资产投资(亿元)	—	11.5	7.3	4.2
城镇居民人均可支配收入(元)	31156	9.4	9.5	-0.1
农村居民人均可支配收入(元)	13106	11.3	11.6	-0.3
社会消费品零售总额(亿元)	17381.75	18.9	16.4	2.5
1~10月规模以上工业企业利润总额(亿元)	3364.8	40.1	42.2	-2.1
货物贸易进出口总值(亿元)	6692.1	14.4	22.7	-8.3

资料来源:四川省统计局、国家统计局。

预计2021年全年四川省GDP将迈上5万亿元台阶,经济总量继续在各省区市中排第六位。增长速度可保持在9%左右,比全国高1个百分点左右。调查失业率、财政收入、城乡居民人均可支配收入、居民消费价格指数(CPI)等,能够完成年初确定的目标。

表2 2020~2021年前三季度部分省区市GDP

单位:亿元,%

序号	省区市	2021年第三季度	2020年第三季度	增速	2020年GDP
1	广东	88009.9	78397.07	9.7	110760.9
2	江苏	84895.7	73808.77	10.2	102719.0
3	山东	60439.2	52186.01	9.9	73129.0
4	浙江	52853.0	45825.92	10.6	64613.0
5	河南	44016.2	39876.71	7.1	54997.1

续表

序号	省区市	2021年第三季度	2020年第三季度	增速	2020年GDP
6	四川	38998.7	34905.03	9.3	48598.8
7	福建	35196.6	31331.55	8.8	43903.9
8	湖北	34731.6	29779.42	18.7	41781.5
9	湖南	33222.6	29780.59	8.9	43443.5
10	安徽	318748.0	27668.07	10.2	38580.6
11	上海	30866.7	27301.99	9.8	38700.6
12	北京	29753.0	25759.51	10.7	36206.9
13	河北	29060.7	25804.37	7.7	36102.6
14	江西	21501.0	18387.77	10.2	26181.4
15	陕西	21193.2	18681.48	7.0	25691.5
16	重庆	19951.9	17707.10	9.9	24500.0
17	辽宁	19722.7	17707.97	7.4	25002.8
18	云南	19607.8	17539.76	8.9	25115.0
19	广西	18047.0	15999.07	9.0	22156.7
20	山西	15584.9	12499.90	10.5	17360.0
21	内蒙古	14491.5	12319.99	7.8	17826.6
22	贵州	13985.5	12650.00	8.7	17651.9
23	天津	11417.6	10095.43	8.6	13797.6
24	新疆	11396.1	9819.94	8.8	14083.7
25	黑龙江	9747.6	8619.67	8.0	13698.5
26	吉林	9356.6	8796.68	7.8	12311.3
27	甘肃	7401.0	6444.28	8.5	9016.7
28	海南	508.1	3841.31	12.8	5532.4
29	宁夏	3180.6	2796.02	8.4	3920.6
30	青海	2401.8	2170.13	6.7	3005.9

资料来源：国家统计局。

尽管2021年促进经济回升成效显著，但经济运行中存在的问题和面临的矛盾仍然突出。首先是针对疫情多点散发采取的防控措施，对经济正常运行尤其是服务业影响很大。其次是原材料价格高位运行，煤炭和电力供应偏紧，制约了工业生产的恢复和效益提升。最后是国内外经济增长速度趋缓，市场需求减弱，供应链产业链不完全畅通，保增长和保就业压力增大。

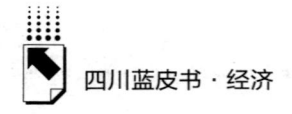

（二）经济发展呈现的特点

1. 经济增长速度前高后低

受上年基数逐季走高的影响，2021年经济增长速度逐季下降，两年平均增速也由升转降。第一季度同比增长15.8%，上半年累计增长12.1%，第三季度累计增长9.3%。两年平均值也从第一季度的5.8%上升到上半年的6.2%，再下降到第三、第四季度的6%以下。与全国平均增速相比较，第一季度四川低2.5个百分点，两年平均高0.8个百分点；上半年低0.6个百分点，两年平均高1.9个百分点；第三、第四季度仍然因上年同期基数高于上半年，增速继续降至9%左右，但全国也受上年同期基数上升的影响继续降至8%左右，因此四川有望实现高于全国1个百分点的增长。

2. 三次产业呈同步回升态势

第一产业的两年平均增速高于往年。第二、第三产业虽然两年平均增速低于2019年，但也呈现快速回升态势，比正常速度低1个百分点左右。特别是第三产业回升幅度较大，前三季度，全省社会消费品零售总额同比增长18.9%，增速比全国高2.5个百分点；1~10月全省社会消费品零售总额同比增长18%，增速比全国快3.1个百分点。其中新业态增长最快，限额以上企业通过互联网实现的商品零售额、餐饮收入分别增长21.3%、41.9%。此外，住宿和餐饮业、旅游业、交通运输仓储和邮政业、高技术服务业等也快速增长。在工业生产上，全省开展"强工业"十二大行动，统筹推进工业经济运行。前三季度，规上工业增加值同比增长10.7%，增速较上半年回落1.4个百分点。三大门类中，采矿业增长10.0%，电力、热力、燃气及水生产和供应业增长9.5%，作为工业生产压舱石的制造业同比增长11%。与此同时，六大重点行业支撑有力，在41个大类中，有32个大类增加值实现增长。五大现代产业稳定增长，增速为11.1%；装备制造业同比增长15.6%；原材料行业同比增长10.6%。在出口方面，重点商品增长强劲，前三季度规上工业出口交货值同比增长21.5%，10个重点行业中有6个实现增长；在471种工业主要产品中，298种产品产量实现增长，117种重点产品中有86种实现增长。高技术制造业增幅达20%以上，继续成为制造业发展的新动力。

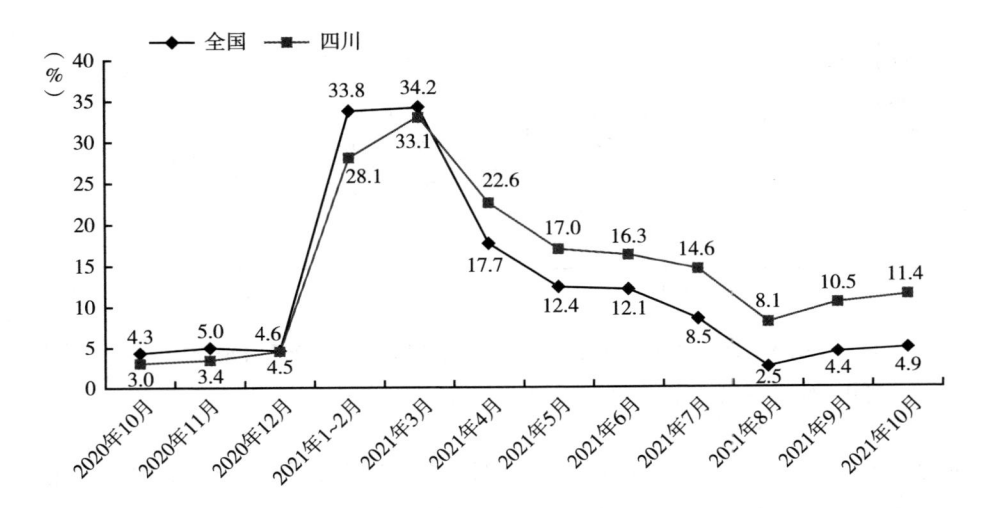

图2　2020年10月~2021年10月四川与全国社会消费品零售总额月度增速比较

资料来源：国家统计局、四川省统计局。

3. 投资保持稳定增长

四川省在2020年全社会固定资产投资比上年增长9.9%的基础上，2021年继续保持较高增速（见图3），基本运行在常态化轨道，好于年初预期。前三季度，全社会固定资产投资同比增长11.5%，较上年取得更高水平，两年平均增长9.6%，基本保持稳定增长势头。在投资总额稳定增长的同时，投资结构保持持续改善态势。从不同产业来看，制造业投资同比增长13.8%，两年平均增速为8.8%，其中黑色金属冶炼和加工业、机械和设备修理业、纺织业投资增速分别达到80.8%、64.8%、55.5%。铁路运输业投资增长30.3%，房地产开发投资增速保持正常水平。基础设施投资持续回升，民生领域投资持续向好，增速分别达到8.9%和13.2%。

4. 部分行业效益显著改善

2020年1~9月，高技术制造企业实现利润同比增长57.0%，两年平均增长了35.4%，比整个工业的平均增速高14.0个百分点。其中，近年来迅

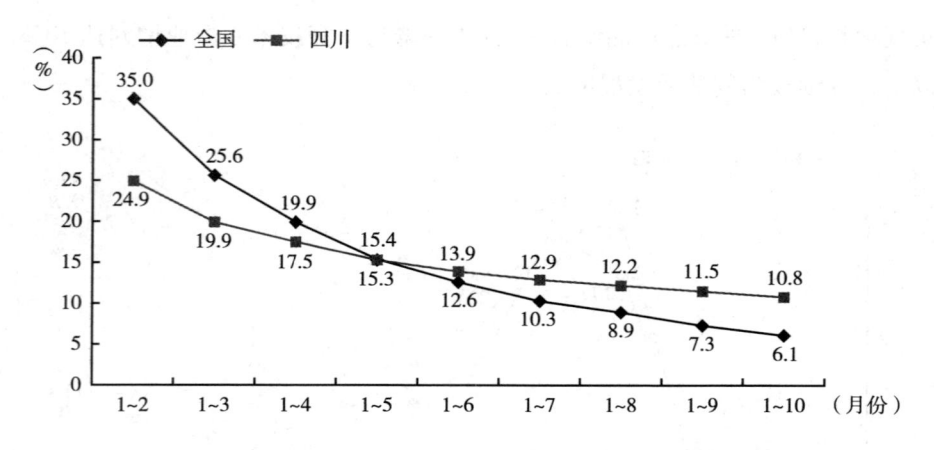

图3 2021年1~10月四川与全国固定资产投资额累计增速

资料来源：国家统计局、四川省统计局。

速成长的航空、航天器及设备制造业增长了2.54倍，领先增长的电子及通信设备制造业增长1.36倍，低迷几年后的医药制造业增长35.3%。除新兴制造业外，部分原材料制造业受价格上涨影响，效益增长显著。如采矿业和原材料制造业利润较上年同期分别增长49.1%和97.4%，煤炭开采和洗选业，石油、煤炭及其他燃料加工业，黑色金属冶炼和压延加工业，有色金属冶炼和压延加工业，化学原料和化学制品制造业利润较上年同期分别增长3.77倍、8.39倍、3.04倍、1.74倍和1.25倍。

5. 区域发展更加均衡

在前三季度各市州增速基本保持同步回升的同时，成都平原城市群和川南城市群中的多数城市增速领跑全省，其中增速超过10%的城市有宜宾、绵阳、成都。继绵阳2020年GDP突破3000亿元后，宜宾2021年GDP有望突破3000亿元。经济增长速度在9%以上的城市有16个，其中成都平原城市群七市、川南城市群五市的增速，全部在9%以上。近两年增速相对缓慢的达州、攀枝花、广元等，2021年增速有明显上升。位于生态环境保护重点区域的三州地区，经济增速也为7%~9%，与全省平均水平差距不大（见表3）。

表3　2021年前三季度四川省各市州GDP

单位：亿元，%

序号	地区	2021年前三季度GDP	实际增速	2020年前三季度GDP	同比增量
	全省	38998.66	9.3	34905.00	4093.66
1	成都	14438.75	10.0	12876.50	1562.25
2	绵阳	2374.34	10.2	2120.47	253.87
3	宜宾	2178.57	10.3	1843.69	334.88
4	德阳	1924.34	9.7	1726.20	198.14
5	南充	1846.53	8.3	1687.55	158.98
6	泸州	1790.74	9.6	1630.40	160.34
7	达州	1672.33	9.0	1486.60	185.73
8	乐山	1540.34	9.0	1399.42	140.92
9	凉山	1461.54	7.5	1374.03	87.51
10	内江	1166.02	9.5	1050.44	115.58
11	自贡	1161.47	9.4	1033.89	127.58
12	眉山	1154.94	9.5	1033.00	121.94
13	遂宁	1100.44	9.0	994.37	106.07
14	广安	1025.56	9.0	917.31	108.25
15	攀枝花	838.98	9.2	744.59	94.39
16	广元	804.47	9.0	703.45	101.02
17	资阳	663.56	9.3	620.90	42.66
18	雅安	615.16	9.4	547.87	67.29
19	巴中	608.04	3.2	565.26	42.78
20	阿坝	323.73	8.2	279.29	44.44
21	甘孜	308.83	7.4	269.70	39.13

资料来源：四川省统计局。

6. 消费需求加速回升，内需潜力不断释放

随着抑制消费的因素逐渐减弱，消费需求得到释放，四川省消费市场迅速复苏。受国庆假期旅游消费以及"双十一"预售活动的带动，10月四川省社会消费品零售总额同比增长11.4%，增速较9月扩大了0.9个百分点。"双十一"期间全省网络零售额达561亿元，居全国第七位。除此以外，商品零售稳步恢复，零售额同比增长15.3%，增速高于全国，在16个消费大

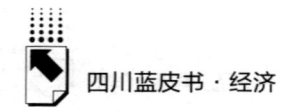

类中，有15类均有不同程度的增长。随着城乡居民收入的稳步恢复以及居民人均可支配收入的增长，其消费能力稳步提升，一方面，刚需类消费保持着较快增长；另一方面，部分升级类消费同样具有较快的增速。

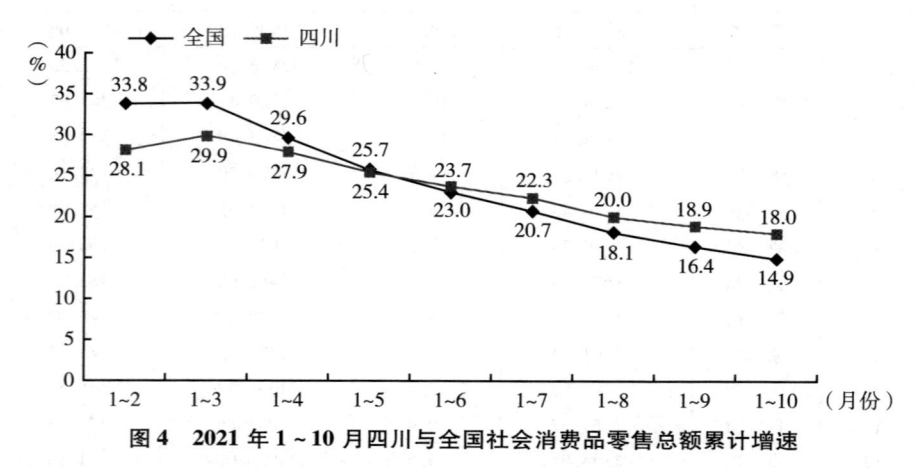

图4 2021年1～10月四川与全国社会消费品零售总额累计增速

资料来源：国家统计局、四川省统计局。

7. 出口总额持续增长，内生动力不断增强

前三季度四川省货物贸易进出口总值达到6692.1亿元，同比增长14.4%（见图5），居全国第八位。外贸结构持续优化，进出口总额保持增长，前三季度进出口总额分别为1965.6亿元、2224.3亿元和2502.2亿元，同比分别增长25.5%、8.9%和11.6%，并于9月创下历史新高。在贸易对象上，美国、欧盟、东盟、中国台湾地区和韩国为四川的前五大贸易伙伴，贸易额占进出口总额的70.7%；对"一带一路"沿线国家的进出口总额为2015亿元，增长了13.3%。同时，加工贸易进出口的比重不断下降，保税物流比重快速增长，二者增速分别为2.3%和48.3%。四川各市州中，外贸值排名前三的城市为成都、绵阳、宜宾。机电产品占据四川省进出口的主导地位，民营企业的进出口增速较快。

（三）经济重回正轨的原因分析

第一是坚持稳中求进工作总基调，以推动高质量发展为主题，按照

稳增长成效显著　促经济再回正轨

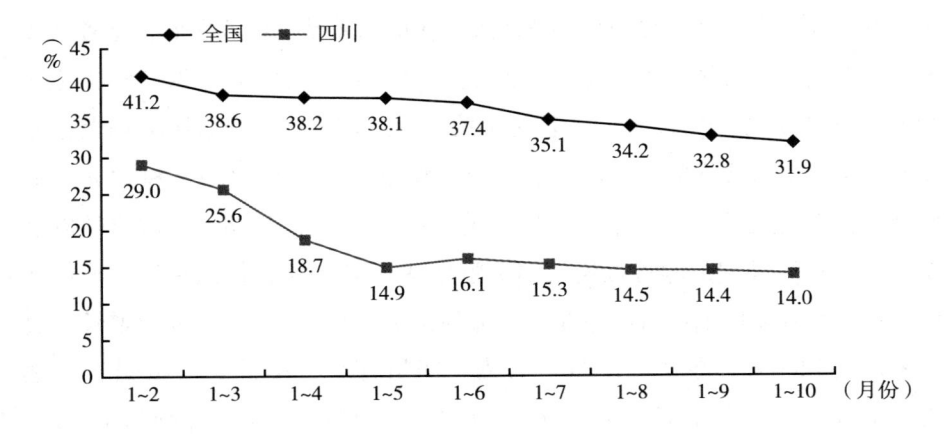

图5　2021年1~10月四川与全国进出口总值累计增长

资料来源：国家统计局、四川省统计局。

"稳农业、强工业、促消费、扩内需、抓项目、重创新、畅循环、提质量"的经济工作思路，坚持"抓项目"和让投资唱"主角"，加快落实"十四五"规划重点项目，扎实推进700个省重点项目尤其是100个省级重点项目的建设。同时，全面启动了综合交通万亿工程，发布1500个左右重点项目融资需求，努力扩大地方政府专项债券发行规模，积极推动"银政企"融资对接，不仅使天府国际机场、白鹤滩水电站和乌东德水电站等项目顺利投运，而且使川藏铁路雅安至林芝段、成达万高铁、时代吉利动力电池、隆黄铁路隆昌至叙永段扩能改造等重大项目建设步伐加快，"两新一重"项目建设进度持续加快。截至10月底，67个川渝合作共建重大项目已开工65个、累计完成投资1971.8亿元。紧紧围绕重点产业投资项目，逐项落实已经出台的减税降费、支持实体经济发展的政策措施，大力支持中小企业恢复生产，实施培育发展新消费三年行动，举办了一系列促进消费的大型活动。投资和消费需求的全面启动，促进了经济迅速回暖。在"重创新"方面，在2021年6月印发了《关于进一步支持科技创新的若干政策》，强调要以创新驱动引领高质量发展，提出要加大对创新研究及平台搭建的资金支持力度，深化科技成果权属混合所有制改革。在四川省委十一届九次全会上安排部署了打好关键核心技术攻坚战等19个方面的目标任务，"三新"经济发展稳

011

步向好，新兴产业增势强劲。科技成果转化应用带动了产业发展，全省高技术制造业增加值占规模以上工业总产值的15.3%，同比增长20.1%，并连续8个月增速在20%以上。互联网相关产业迅速发展，全省限额以上企业以互联网为渠道实现的餐饮收入和零售额增速分别达到41.9%和21%；消费品零售额占规模以上企业（单位）消费品零售额的16.8%，对限额以上企业（单位）消费品零售额增长的贡献率达到18.3%；信息传输、软件和信息技术服务业增加值占服务业总产值的比重为6.1%，对服务业增长的贡献率达到12.9%。在"提质量"方面，四川省大力推进"质量强省"建设，举行全省"质量月"活动，陆续开展"天府名品"质量品牌创建、《四川省质量促进条例》专题宣传等活动。

第二是全面落实了成渝地区双城经济圈的建设任务，并根据建设规划纲要和联合实施方案，出台相关实施意见、编制专项规划或制定行动计划，分别在省、市、县多个层级上，协同推动交通、产业、科技创新、对外开放、生态建设、公共服务等一体化；针对川渝毗邻地区具有的基础和条件，批复一体化建设总体方案，近百个重大项目陆续落地实施，累计投资1000多亿元。积极围绕成渝地区优势关联产业加强配套协作，共建产业集群，辐射带动了成德绵眉乐雅广西攀、成遂南达、攀乐宜泸三大经济带发展，进一步拓展了企业的投资领域和产业发展空间。

第三是根据成渝地区双城经济圈建设规划，深入推进"一干多支、五区协同"战略部署的落实，重点推进成都都市圈、成都平原城市群、川南城市群建设，加快推进国家级新区、国家级高新区和经济技术开发区、省级新区等建设，积极培育新兴增长极。大力推动五区协同发展，出台了五大经济区发展规划，根据规划推进各区域之间的交通通道、半小时和1小时经济圈、共享开放和创新平台等建设。成都平原经济区、川南和川东北经济区、成都都市圈和四个省级新区，投资增速均处于领先水平，从而进一步强化了重点区域带动能力。

第四是以优势特色产业升级为主线，深入推进"强工业"2021行动，鼓励高新技术企业壮大规模，开展强链补链延链工作。围绕电子信息、装备制造、食品饮料、先进材料和能源化工等四川省支柱产业高质量发展，围绕机械、轻工、有色金属、建筑等产业绿色化、智能化改造，围绕促进现代服务业加快发展，着力协调解决企业用地、用工、用能和资金等问题。围绕产业创新加快布局一批省级创新平台，强化科技协同创新，加强关键核心技术攻关和成果转化，努力解决一批"卡脖子"问题，实施一批科技成果转移转化示范项目。鼓励企业加大研发投入，不断培育创新型企业，推进劳动密集型产业向知识产权密集型企业转化。大力实施科研经费、项目、人才管理体制等创新，出台科技创新"十条政策"，积极推动数字经济试验区建设，促进数字产业化和产业数字化，有力地支撑了新兴产业发展和传统产业的技术改造。

第五是全面推进乡村振兴，新建成一批高标准农田、高效特色农业带、现代农业园区、农产品精深加工企业，不断强化品种培优、品质提升、品牌打造和标准化生产的优势，推进专业化的市场服务体系的不断完善。坚持粮食稳产增产和生猪产能恢复，针对猪肉价格上涨出台了稳定生猪生产十条措施，确保了主要农产品供应充足。农业关键核心技术攻关、种质资源保护和利用、种子生产基地、良种繁育基地建设取得新进展。为巩固拓展扶贫成果，全面落实中央"五年过渡期"和"四个不摘"要求，对现有帮扶政策进行了逐项分类优化调整，不断推进集中资源支持脱贫攻坚向全面推进乡村振兴的平稳过渡。特别是在促进脱贫地区产业提档升级、完善体系方面，取得了明显的成效。

二 2022年四川经济发展的宏观环境分析

2021年前三季度，中国经济同比增长9.8%，两年平均增长5.2%，尽管没有回到2019年水平，但距离正常运行目标6%已经不远。同时也要看到，受疫情反复和诸多不确定因素影响，第三季度经济增速回落至4.9%，明显低于前三个季度累计增速，表明经济回升态势正在接近上限。第四季度即使基建投资和消费需求有所回暖，但由于疫情多点散发、原材料价格上涨、能源供给不足、房地产投资下降等影响交织，国内外环境中不稳定不确定因素增多，我国经济发展面临新的下行压力，2021年将经济增速稳定在8%左右水平，难度日益加大。预计由于2021年增长基数高，2022年经济下行趋势会较为明显，并且呈现前低后高趋势。经济增长速度的趋缓，将使四川经济2022年的发展环境不宽松。

（一）国际经济继续恢复但力度减弱

2022年世界经济会延续复苏走势，2020年以来主要经济体为应对疫情采取的刺激政策，短时间内还不会完全退出，对经济恢复起到支撑作用。但新冠肺炎疫情、大宗产品价格高企、供应链不畅、通胀抬头、贸易保护、债务问题、利率变化等，也正在对全球经济恢复产生程度不同的影响。尤其是新冠肺炎疫情的变化仍然是一个不可预测的因素。近期发布的彭博创新经济报告预测，全球经济2022年增长4.7%。WTO预测2022年全球出口增速为4.7%，相比2021年有所回落。从美国经济增速明显放慢并且出现30年来最高的通货膨胀这一情况判断，继续恢复难度很大。欧洲经济的前景指数、消费者信心以及PMI指数，2021年下半年以来都在回落，欧元区货币政策的宽松，也没有阻止这一趋势。为应对开始出现的疲态，欧元区超宽松的货币政策仍将维持，积极的财政政策也或将继续。日本和韩国尽管出口形势较好，内需恢复也不错，复苏势头更强劲一些，但疫情造成的供应链不畅，也制约着需求的稳定增长。新兴经济体发展面临着由原材料价格上涨带来的通胀压力，2021年第二季度，主要新兴经济体通胀率可能会在4%以上，复苏压力较大。

表4 部分机构对2022中国经济增长的预测

单位：%

机　　构	2021年预测值	2022年预测值	备　　注
国际货币基金组织	8.40	5.60	对2021年中国经济增速的预测较年初提升0.3个百分点
亚洲开发银行	8.10	5.50	亚洲发展中经济体的增长势头越来越强劲,但新一轮的新冠肺炎疫情对经济复苏构成了威胁
瑞士银行	8.20	—	

续表

机　　构	2021年预测值	2022年预测值	备　　注
中国社会科学院	8.00	5.30	在不确定不稳定的疫情和外部环境中,经济下行压力有所加大,保持经济平稳运行的风险挑战较多
世界银行	8.00	5.10	随着低基数效应逐渐消减,经济回归常态增速

资料来源：《世界经济展望》；《2021年亚洲发展展望》；《经济蓝皮书：2022年中国经济形势分析与预测》；《中国经济简报：经济再平衡——从复苏到高质量增长》；证券日报网：《瑞银：预计今年中国经济增长8.2%》,2021年8月31日。

（二）国内经济动力转换但速度下降

国内经济在经历2021年的较快增长后出现新变化，有的领域继续保持恢复态势，有的领域增长动能明显减弱，有些方面的变化甚至超出预期。全国第三季度GDP同比增长4.9%，增速比第二季度回落0.6个百分点，与2019年6%的增速差距明显。

一是投资结构进一步优化，投资增速有所回落。2021年前三季度，全国固定资产投资同比增长7.3%，投资领域实现稳定增长。在对实体经济的投资中，制造业投资的增速高于全部投资增速7.5个百分点，高技术产业投资较上年同期增长18.7%。现代化交通、先进的城市功能、更高质量的公共服务设施、新型基础设施、现代农业、高新技术制造业、新能源、新材料、数字经济、新兴业态、传统产业的绿色低碳改造等的投资，增长速度继续保持或加快。"两新一重"项目加快建设，有效投资不断扩大。1~9月高技术制造业投资同比增长25.4%，其中，计算机及办公设备制造业同比增长40.8%，航空、航天器及设备制造业投资较上年同期增长38.5%。传统制造业受经济下行影响较大，对制造业投资增长形成拖累。部分存在供给缺口的能源、原材料投资增速有所回升，而一般基础设施建设和产业的投资增速回落。2021年1~9月基建投资累计增长1.5%，两年平均增速为2.0%，增速较1~8月下降0.3个百分点，9月当月基建投资同比增速为-4.5%。同时，受2021年以来更严格的房地产降杠杆政策冲击，占固定资产投资比重超过20%的房地产业，新开工面积逐月减少，施工竣工增速回落，近期土地拍卖流拍比例大，预示着2022年房地产开发投资增速将进一步下滑。尽管2021年10月以来，央行为防止部分企业的资金链断裂，减少再建项目停工，贷款政策略有松动，但更多是一些缓解的措施，不会根本改变促进房地产开发企业降杠杆的大方向。综合投资领域出现变化，预计2022年的投资增速将进一步放缓。西南证券预测：2022年固定资产投资全年增速较2021年有所上行，约为6.8%。

二是新兴消费保持增长，一般消费需求减弱。2021年前三季度，全国社会消费品零售总额为318057亿元，同比增长16.4%，保持较快增长态势。最终消费支出对经济增长的贡献率达64.8%，比上半年提高3.1个百分点。在大数据、人工智能等新技术的支持下，升级类消费较快增长，线上消费持续火热，直播电商、社区团购等新业态、新模式快速发展。新型文化产品不断涌现，健身产品和健身服务需求明显增强，居民人均教育文化娱乐支出增长46.3%，显著快于实物类消费。下一步如果全面放开疫情管制，旅游、娱乐、教育、健康等行业增速有望出现强烈反弹。一般消费品如日用产品、住宿、餐饮等继续疲软，拖累了消费的增长。1~9月，社会消费品零售总额两年平均增速为3.9%，与1~8月持平。而2021年9月当月，社会消费品零售总额仅增长4.4%，较正常月份低得多。

三是出口增速迅速回落，可能低于全球水平。2021年1~9月，我国货物贸易进出口值比上年增长22.7%，9月更是增长28.1%。其中生命科学技术、光电技术累计出口增速较整体增速高10个百分点，但由于这类出口产品占比小，对整体出口贡献较小。从前三个季度趋势看，出口增速增幅不断减小，其中9月增速较8月回落3.5个百分点。2021年虽然实现27%左右的增速，即使按两年平均增速计算，也是近年来的高点。尽管2022年上半年重点外贸企业订单情况较好，高技术产品出口增速继续保持较快增长，但随着海外主要经济体逐步放开，欧美各国产能加快恢复，全球贸易逐步回归正常化，再加上一些不确定关系的影响，我国在全球贸易中的占比将回到疫情前水平，预计出口增速可能回落至4%左右。

（三）产业水平继续提升但发展不平衡

国家大力支持高新技术、数字经济、低碳绿色产业发展，积极培育专精特新"小巨人"企业，稳固国际产业链供应链，大力促进制造业与互联网和数字经济融合，必将加快制造业发展新动能的形成。在投资方面，2021年1~10月，计算机及办公设备制造业投资同比增长29.9%，医疗仪器设备及仪器仪表制造业投资同比增长28.2%，航空、航天器及设备制造业投资同比增长27.7%，电子及通信设备制造业投资同比增长25.5%；新能源汽车产量为228.1万辆，同比增长172.5%；工业机器人、集成电路产量分别同比增长57.8%、43.1%。但同时也要看到，制造业整体增速明显回落。特别是传统产业受能源供应不足、大宗商品价格快速上涨、贷款额度减少、碳减排和环境保护力度加大等的制约，发展难度进一步加大。2021年9月的规模以上工业增加值仅同比增长3.1%，为复工复产以来的最低水平，表明工业发展的动力减弱。

由于2022年我国将继续坚持稳中求进工作总基调，在推动经济高质量发展的前提下，充分用好跨周期调节举措，从供需两端同时发力，进一步强化"六稳""六保"，特别是保就业、保民生、保市场主体，把服务实体经济放到更加突出的位置，加快构建"双循环"格局，深化"放管服"改革，落实好国家减税降费政策，完善金融支持体系。基于这些因素，国内外有关机构预计，2022年我国GDP增速有望达到5%~5.5%，支持这一速度的社会消费品零售总额、固定资产投资、出口增速分别有望达到7%~8%、6%~7%、4%~5%。其中，制造业投资将保持较快增长，房地产投资继续回落，财政收入、城乡居民收入、物价指数可能与上年水平接近，就业矛盾会有所上升。

三 对2022年经济走势的预测和政策建议

综合国内外经济形势和四川省当前发展条件分析，四川省2022年的经济预计可以实现6%~7%的增速，投资增速有望达到8%，消费增速将高于近两年平均水平，社会消费品零售总额增速可保持在7%左右，工业增加值增速保持6%，第三产业增速不低于7%，财政收入、城乡居民收入增速有望与GDP增速保持同步，物价指数变动幅度能够控制在3%以下，城镇调查失业率稳定在5%左右，压力会比2021年更大。四川省为稳定经济增长，预计将在以下方面加大工作力度。

（一）全面推进成渝地区双城经济圈建设

建设具有全国重要影响力的经济中心，必须在构建以国内大循环为主体、国内国际双循环相互促进的新发展格局中，有更大作为。在现代化交通体系、高质量产业体系、科技创新能力、现代化城市功能等方面，取得实质性进展。为此，四川省近期将围绕建成"极核带动、双城联动、区域一体"的现代化综合交通运输体系，推进高铁、高速公路、轨道交通的全覆盖，实现成渝双核间、双核与主要城市间、成都都市圈"3个1小时"通达，实现基础设施、运输服务、协同治理3个重点领域一体化。围绕建设以中高端产业为主体的产业链，进一步强化区域间产业分工，提升相关产业的配套水平，从而共同促进产业基础高级化、产业链现代化，共建电子信息、汽车、重大装备、食品等世界级或国家级产业集群。围绕提高科技协同创新能力，四川省将加快落实与重庆市签订的科技合作协议，在大科学装置等重大科技基础设施领域增加投入，引导更多社会资金进入生物医药、人工智能、集成电路、智能制造等新技术领域，支持企业提高研发占销售收入比重，促进各类创新主体互动，强化创新链与产业链的对接。围绕扩大引进外资和商品或服务出口，四川将推进体制机制创新，拓展天府国际空港、国际铁路港的功能，完善配套的产业发展载体和物流枢纽。这些举措将拓展新的发展领域。

（二）稳定投资增长和促进服务业复苏

四川省能够保持经济增速快于全国，主要原因在于投资空间大和消费潜力大。因此，应继续把投资放在稳增长的首要地位，加快推进川藏铁路、成南达万铁路、西部陆海新通道项目、新建产业项目、传统产业技术改造、旧城改造项目建设进度的落实，加快成渝地区双城经济圈、成都都市圈、省级新区等新项目的上马。同时，随着疫情防控措施的进一步完善，四川省在旅游、餐饮、住宿、文化等领域的恢复力度将加大，加快推进成都建设国际消费中心城市，被压抑的需求必将得到更大限度释放。

（三）加紧部署与"双碳"相关的产业发展

"双碳"战略既对四川许多产业发展提出了新的挑战，同时也带来了新的机遇。《中共中央国务院关于完整准确全面贯彻新发展理念做好碳达峰碳中和工作的意见》明确指出，要"设立碳减排货币政策工具，将绿色信贷纳入宏观审慎评估框架"，以储能、光伏、新能源为代表的企业，将得到更多贷款支持。对此，四川省一方面将借助国家严格控制碳排放、沿海地区省市基于减碳压力调整产业结构的机遇，充分利用水电占比大、天然气和页岩气资源丰富的优势，引进一批载能产业；另一方面将引导和激励更多社会资本投入绿色低碳产业，加快攀西地区的光伏、风电、水电开发，推动与减碳相关的新能源产业、储能产业等发展。

（四）积极对接中央各种支持政策

国务院已经明确要发挥地方政府专项债作用，带动扩大有效投资，加快推进"十四五"规划重大工程项目建设等。相应地，中央将尽快下发2022年专项债额度，尽快发行专项债并储备项目。此外，基建领域投融资、制造业数字化转型、"专精特新"中小企业培育的力度都将加大。对中小微企业的纾困政策、税收和社保费用减免等政策，暂时也不会完全退出。对此，四川省将在重大基础设施项目、高新技术产业项目、5G网络、人工智能、工业互联网、物联网等领域，加强与国家有关部门对接。充分运用国家稳定中小企业经营、减轻各种负担的支持政策，来帮助企业克服面临的困难。

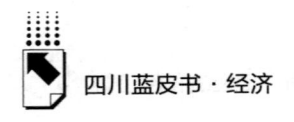

（五）稳定房地产投资和稳定要素供给

近期房地产行业暴露出来的问题，正在引起各方面的高度关注。房地产企业普遍负债率高、贷款规模大、关联行业多、与政府土地关系密切，一旦出现危机，将造成难以预计的后果。2022年，四川省一方面会陆续出台稳定房地产的政策措施，积极防范金融风险。另一方面则将从个人购房贷款、房地产开发企业贷款、银行放款额度和速度等方面，出台稳定房地产市场的政策措施，保持房地产正常的开发速度。限电对于产业链的影响很大，尽管四川省电力供应相对充裕，但季节性不平衡的问题仍然存在。煤炭、钢材等价格的上涨，对制造业的影响明显，努力做好能源供应，稳定能源和材料价格，也是2022年的重要工作。此外，保障基建、产业、城市新区等建设用地供给，也需要有更多创新举措。

分报告
Topical Reports

B.2

2021~2022年四川省固定资产投资发展分析与预测

陈妤 王廷漾*

摘 要： 2021年，四川省固定资产投资保持稳定增长，呈现产业投资结构持续优化、工业投资较快增长、房地产开发投资持续小幅回落、民生领域投资稳定向好等特点。随着全省"十四五"规划重点项目陆续启动、成渝地区双城经济圈各项重大工程加速建设、新增地方政府专项债券陆续到位，2022年四川省固定资产投资总体上有望继续保持稳定增长。

关键词： 固定资产投资 稳定增长 结构优化

---

* 陈妤，四川省社会科学院产业经济研究所助理研究员，主要研究方向为产业经济、计量经济；王廷漾，四川省社会科学院产业经济学硕士研究生。

2021年以来，四川省全省上下认真贯彻落实党中央、国务院和省委、省政府决策部署，坚持稳中求进工作总基调，认真落实省委"稳农业、强工业、促消费、扩内需、抓项目、重创新、畅循环、提质量"工作思路，集中力量"抓项目"，坚定不移扩大有效投资，推动"稳投资"措施落地落实，抓项目成效持续显现，"两新一重"项目加快建设，有效投资不断扩大，全省固定资产投资保持平稳增长。2021年1~11月，四川省全社会固定资产投资增长10.4%。

一 2021年四川省固定资产投资情况

（一）固定资产投资稳定增长

2021年1~11月，四川省全社会固定资产投资同比增长10.4%，增速较上年同期提高1.3个百分点，已恢复到2019年同期水平。按可比口径计算，固定资产投资同比增速已连续4个月高于全国平均水平，连续2个月超出全国平均水平1.4个百分点。受第三产业投资强有力的拉动，全社会固定资产投资增速较上年有明显提高，全年呈现前高后低的走势，这在一定程度上受到2020年基数逐季抬升的影响。

（二）产业投资结构持续优化

2021年1~11月，四川省第一产业投资增速为22%，较上年同期回落8.9个百分点；第二产业投资增速为9.3%，较上年同期回落1.5个百分点，其中，工业投资增速为9.1%；第三产业投资增速为10.1%，较上年同期提高2.7个百分点。从增长速度来看，第一产业投资始终保持较高增长态势，第三产业投资增长较为平稳，且较上年有明显加快，产业投资结构进一步优化；从增长趋势来看，三次产业投资增速均呈现前高后低的趋势，这也在一定程度上受上年增速前低后高的影响。

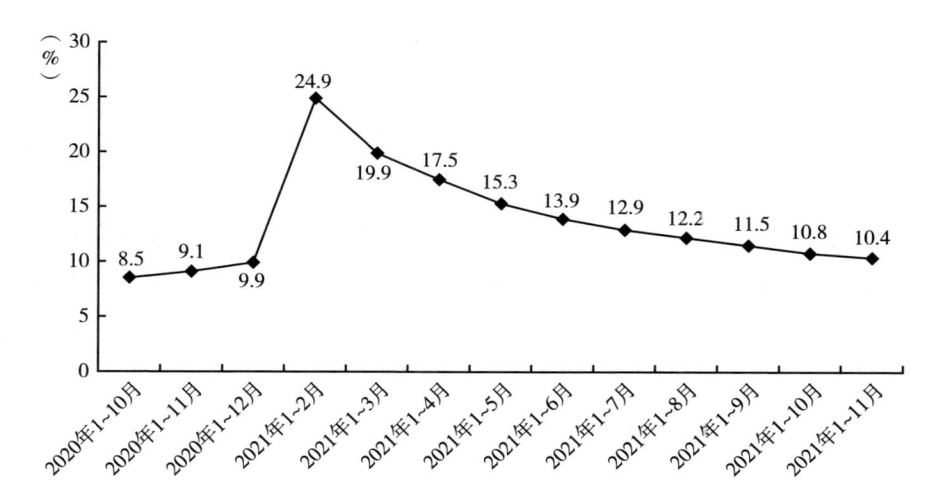

2021~2022年四川省固定资产投资发展分析与预测

图1　2020年1~10月至2021年1~11月四川省全社会固定资产投资增长情况

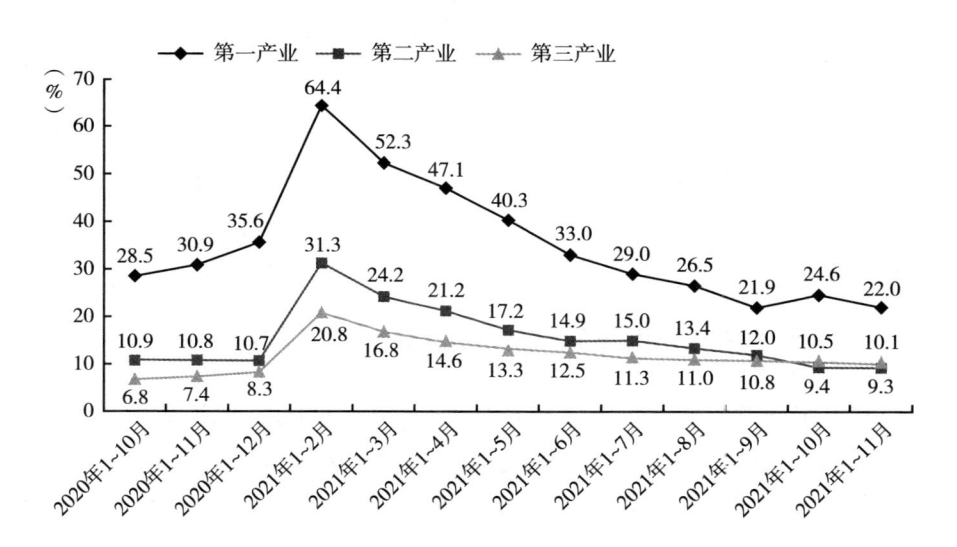

图2　2020年1~10月至2021年1~11月四川省三次产业固定资产投资同比增速

（三）工业投资实现较快增长

2021年1~11月，四川省工业投资同比增长9.1%，增速较上年同期回落1.7个百分点，低于全部固定资产投资增速1.3个百分点，全年呈现前高

023

后低增长态势。虽然在1~11月工业投资增速呈现企稳趋势，但工业发展仍面临较多困难和不确定性。一是自2021年4月以来，国际大宗商品进入新一轮涨价周期，而四川省工业对大宗商品的依赖性较强，再加上进出口运输压力较大、能源供应紧张，工业企业尤其是部分下游行业生产成本压力较大；二是四川省产业层次偏低、结构单一、链条较短、配套不强的问题依然突出；三是中下游行业、私营和中小微企业稳定恢复基础尚不牢固，产业链堵点依然明显。

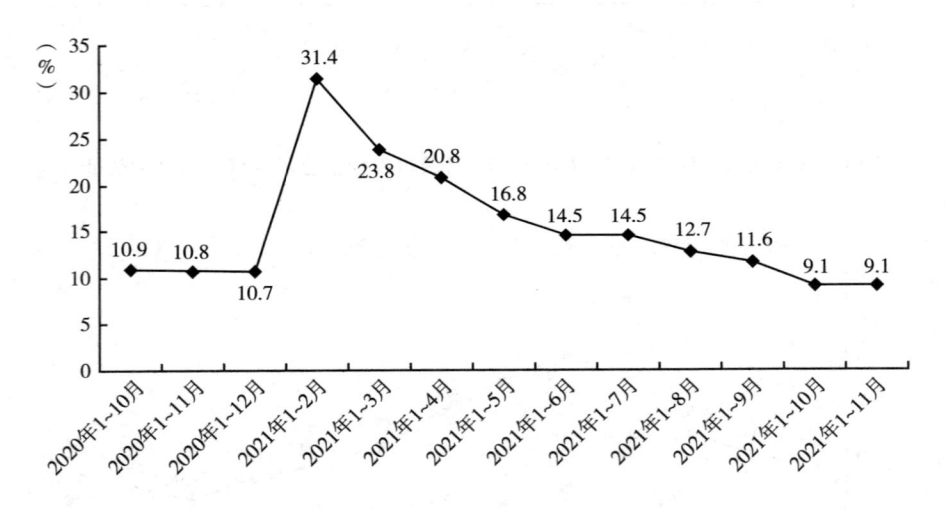

图3 2020年1~10月至2021年1~11月四川省工业投资增长情况

2021年全省制造业投资实现较快增长，1~11月同比增速为12.5%，高于全部固定资产投资增速2.1个百分点，成为拉动工业投资增长的"主力军"。其中，化学纤维制造业、黑色金属冶炼和压延加工业、纺织业投资增长均较快，同比增速分别为83.5%、78.6%、43.2%。

2021年全省基础设施投资出现小幅回落，1~11月同比增速为8%，增速较1~10月回落1.2个百分点。其中，铁路运输业投资同比增速为19.9%，比1~10月回落4.9个百分点；公共设施管理业投资同比增速为5.8%，比1~10月回升0.2个百分点；道路运输业投资同比增速为3.1%，比1~10月回落2.3个百分点。

（四）房地产开发投资小幅回落

2021年1~11月，四川省房地产开发投资同比增长8.8%，增速较上年同期回落2个百分点；商品房施工面积同比增长8.9%，增速较1~10月回落1.1个百分点；商品房销售面积增长6.3%，增速较1~10月回落1个百分点。1~11月四川省房地产开发投资增速较前三季度回落2个百分点，增速较上半年回落6.4个百分点，较一季度回落14.4个百分点，增速持续回落也在一定程度上受上年同期高基数的影响。

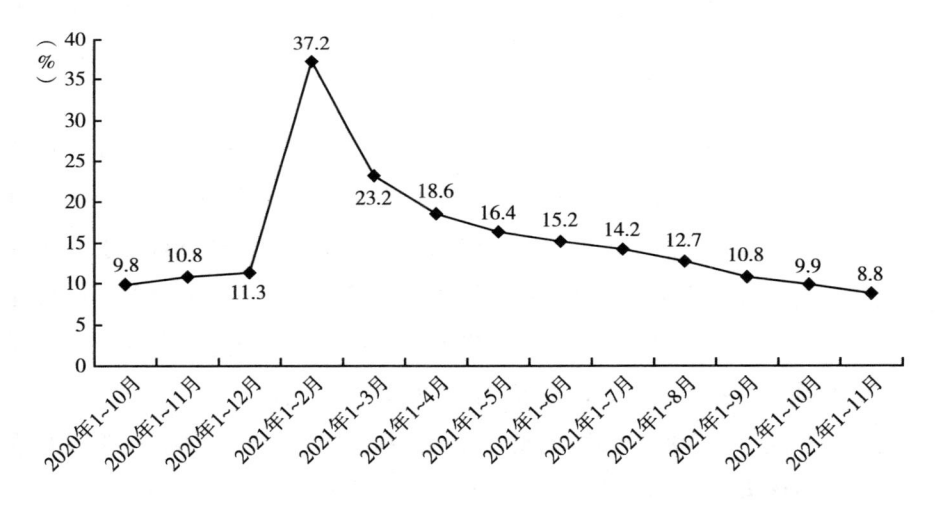

图4 2020年1~10月至2021年1~11月四川省房地产开发投资增长情况

（五）民生领域投资稳定向好

2021年1~11月，四川省民生及社会事业投资同比增长14.2%，增速较1~10月回升1.4个百分点。其中，卫生和社会工作投资同比增长43.8%，增速较1~10月下降0.6个百分点；文化、体育和娱乐业投资同比增长17.2%，增速较1~10月提高0.8个百分点；教育投资同比增长7.4%，增速较1~10月提高1.2个百分点。

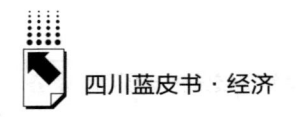

（六）项目数量稳步增长

四川省2021年前三季度施工项目36877个，同比增速为15.4%。其中，第一产业施工项目4771个，同比增速为18.8%；第二产业项目10448个，同比增速为13%，其中，工业项目10403个，同比增速为12.9%；第三产业项目21658个，同比增速为15.8%。从重点项目来看，全省700个省重点项目有序实施，1~8月共完成投资5042.1亿元，年度投资完成率达82.6%，增速比2019年、2020年同期分别提高9.1个、6.8个百分点。其中，工业项目建设进展良好，500个省重点工业和技改项目前三季度年度投资完成率达85%，带动全省工业和技改投资实现较快增长，同比增速分别为11.6%、18.6%，两年平均增速分别为10.4%和13.5%，超过2019年同期水平。

2021年，四川省坚持把重点项目作为落实跨周期调节政策、稳定投资增长的重要抓手，着力发挥重点项目的支撑引领和示范带动作用。聚焦700个省重点项目，强化协调调度、要素保障和督导通报，推动乌东德水电站建成投产，川南城际铁路内江至自贡至泸州段建成通车，成都天府国际机场建成投运，白鹤滩水电站4台机组投产发电，川藏铁路、成达万高铁、四川时代动力电池、省公共卫生综合临床中心等项目加快建设；抢抓"一带一路"建设、长江经济带发展、黄河流域生态保护和高质量发展、新时代西部大开发、成渝地区双城经济圈建设等重大战略机遇，争取一批项目纳入国家"十四五"规划纲要和专项规划，谋划四川省"十四五"规划纲要重大工程105个，储备拟于近3年内开工建设的重大项目达300个，总投资约为2万亿元，着力增强经济发展后劲。

二 四川省各市州固定资产投资发展情况比较

2021年1~11月，四川省全社会固定资产投资增长10.4%。从各市州来看，除巴中以外，21个市州全社会固定资产投资全部实现两位数增长，增长强劲；除巴中和阿坝以外，各市州投资增速均较上年提高。从五大经济区来看,成都平原经济区各市州投资增速均在10%以上,增长强劲,其中,德阳、眉山增长最快,增速均为12.2%;川南经济区各市投资均实现两位数增长,其中,宜宾增长最快,增速达12.7%;川东北经济区,除巴中外,其他市州均实现10%以上较快增长,其中,南充增长最快,增速达12.3%;攀西经济区投资也实现较快增长,其中,攀枝花增长11.4%,凉山增长13.1%;川西北生态示范区投资增长也较快,其中,甘孜增长11.9%,阿坝增长10.4%,但阿坝投资增速较上年同期有小幅下降。

表1 四川省各市州全社会固定资产投资增速

单位:%,个百分点

区域	全省及市州	2021年1~11月增速	2020年1~11月增速	2021年增速比上年高
	全省	10.4	9.1	1.3
成都平原经济区	成都	10.0	9.1	0.9
	德阳	12.2	6.9	5.3
	资阳	11.2	8.1	3.1
	眉山	12.2	10.4	1.8
	绵阳	11.5	7.9	3.6
	遂宁	11.7	10.1	1.6
	雅安	11.8	10.1	1.7
	乐山	12.1	10.3	1.8
川南经济区	泸州	11.7	10.5	1.2
	宜宾	12.7	10.8	1.9
	自贡	10.5	10.1	0.4
	内江	12.0	10.6	1.4
川东北经济区	南充	12.3	11.2	1.1
	广元	11.4	10.2	1.2
	广安	10.3	6.3	4
	达州	11.7	9.9	1.8
	巴中	-19.0	4.3	-23.3
攀西经济区	攀枝花	11.4	9.6	1.8
	凉山	13.1	12.2	0.9
川西北生态示范区	阿坝	10.4	12.0	-1.6
	甘孜	11.9	0.8	11.1

资料来源:四川省各市州政府、统计局网站。

三 四川省与其他地区固定资产投资状况的横向比较

2021年以来，全国各地区坚持统筹常态化疫情防控和经济社会发展，着力推进重大项目建设，积极扩大有效投资。1~11月，全国固定资产投资（不含农户）达494082亿元，同比增速为5.2%，呈现缓中趋稳的态势，投资结构不断优化，其中，11月全国固定资产投资环比增速达0.19%。分区域来看，1~11月，东部地区投资同比增速为6.6%，中部地区投资同比增速为11%，西部地区投资同比增速为4.4%，东北地区投资同比增速为5.7%。其中，1~11月四川省固定资产投资（不含农户）增速较全国平均增速高1.4个百分点，在全国各省区市中排第16名，排名较上年同期明显提高。

表2　2021年1~11月全国及各省区市固定资产投资（不含农户）情况

单位：%

地区	2021年1~11月固定资产投资（不含农户）增速	2020年1~11月固定资产投资（不含农户）增速
全　国	5.2	2.6
东部地区	6.6	3.5
北京市	6.5	2.2
天津市	4.5	2.6
河北省	1.6	2.5
上海市	8.7	10.7
江苏省	5.9	-0.1
浙江省	11.3	5.2
福建省	4.8	1.2
山东省	6.9	3.4
广东省	7.3	6.8
海南省	10.3	7.2
中部地区	11.0	-0.7
山西省	9.0	10.5
安徽省	9.9	4.4

续表

地区	2021年1~11月固定资产投资（不含农户）增速	2020年1~11月固定资产投资（不含农户）增速
江西省	11.4	8.0
河南省	4.8	4.1
湖北省	23.3	-23.3
湖南省	8.4	7.3
西部地区	4.4	4.2
内蒙古自治区	8.2	-3.5
广西壮族自治区	8.5	3.7
重庆市	6.5	3.9
四川省	6.6	2.7
贵州省	-3.6	2.8
云南省	5.4	8.0
西藏自治区	-17.1	4.8
陕西省	-2.6	3.8
甘肃省	11.6	7.5
青海省	-3.6	-11.1
宁夏回族自治区	0.2	3.5
新疆维吾尔自治区	16.3	16.8
东北地区	5.7	4.1
辽宁省	1.9	2.2
吉林省	11.8	8.4
黑龙江省	6.5	3.3
四川省排名	16	22

资料来源：国家统计局网站。

四 四川省2022年固定资产投资增长趋势预测

当前，尽管四川省经济发展仍然面临疫情零星散发、大宗商品价格快速上涨和区域发展不平衡等诸多不确定、不稳定性因素，但是，全省经济稳定恢复、稳中加固、稳中向好的特征明显。随着能源、大宗商品保供稳价措施和制造业中小微企业纾困政策落地显效，全省市场主体活力将得到进一步激

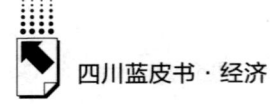

发，投资稳定增长的基础将进一步巩固。随着成渝地区双城经济圈各项重大工程加速建设、全省"十四五"规划重点项目陆续启动、"两新一重"重大项目加快建设、新增地方政府专项债券陆续到位，基础设施建设投资、制造业投资恢复提速，投资实物量加速形成，2022年全省固定资产投资将继续保持稳定增长。

B.3
2021~2022年四川省财政形势分析与预测

胡建中*

摘　要： 2021年四川省前三季度经济稳定运行，四川全省地方一般公共预算收入完成3969.9亿元，比上年同期增长14.6%。预计2022年四川财政收入增速与2021年相比可能会放缓。要维持四川财政平稳运行，建议必须节流开源，厉行节约；大力发展"双碳"经济，开拓新税源；大力建设成渝地区双城经济圈，促进地方经济发展；紧抓《区域全面经济伙伴关系协定》实施的机遇，优化产业布局。

关键词： 财政收支　"双碳"经济　《区域全面经济伙伴关系协定》

2021年是"十四五"规划开局之年，面对复杂严峻的国内外环境和新冠肺炎疫情的持续肆虐，四川省委、省政府认真贯彻落实党中央、国务院决策部署，坚持疫情防控常态化和经济社会发展两手抓，按照"稳农业、强工业、促消费、扩内需、抓项目、重创新、畅循环、提质量"工作思路，实现2021年前三季度经济稳定运行、稳中提质。统计数据显示，2021年前三季度四川省实现GDP 38998.66亿元，比上年同期增长9.3%。其中，农业增加值4476.99亿元，比上年同期增长7.2%；工业增加值13983.62亿

---

* 胡建中，博士，四川省社会科学院金融财贸研究所助理研究员，主要研究方向为财政金融、公共经济学。

元，比上年同期增长9.2%；服务业增加值20538.05亿元，比上年同期增长9.8%[1]。1~10月，四川全省地方一般公共预算收入完成3969.9亿元，比上年同期增长14.6%，其中，税收收入完成2795.6亿元，比上年同期增长13.6%；非税收入完成1174.3亿元，比上年同期增长17%[2]。

一 四川财政运行情况

（一）近五年四川财政运行情况

通过分析2016~2020年四川财政预决算报告，我们发现，四川省地方一般公共预算收入总量逐年稳步增长，近5年年均增速为5.89%，但是近2年增速有所放缓。增长率从2018年的9.31%放缓到2019年的4.09%、2020年的4.67%。其中，税收收入增速放缓明显，增长率从2018年的16.02%放缓到2019年的2.45%、2020年的2.72%。但是非税收入近几年增速加快，2017~2020年，非税收入增速分别为8.31%、-4.92%、8.32%和9.44%[3]。从这些统计数据可以看出，近两年四川地方一般公共预算收入的增加主要是靠非税收入增加，说明新冠肺炎疫情对四川产业发展和固定资产投资影响比较大，企业开工不足，投资意愿不强，税收还没有完全恢复到疫情前的正常状态。

（二）四川省2021年上半年财政运行情况

1. 财政运行基本情况

（1）全省财政收支情况

1~6月，全省地方一般公共预算收入完成2577.8亿元，占预算的

---

[1] 蒋勇：《2021年前三季度四川经济形势新闻发布稿》，http://tjj.sc.gov.cn/scstjj/c105897/2021/10/19/fa1459f1068c4874b4b5b6cdd3711d58.shtml，2021年10月19日。

[2] 四川省财政厅国库处：《四川省2021年1~10月财政预算执行情况》，http://czt.sc.gov.cn/scczt/c102361/2021/11/30/15faa7fd60194dfeb8b40e0c8111a632.shtml，2021年11月30日。

[3] 数据来源于四川省财政厅关于四川省2016~2020年省级决算的报告。

58.5%，增长21.9%，其中，税收收入完成1789.5亿元，同比增长21.8%；非税收入完成788.3亿元，同比增长22.1%。

全省上划中央"两税"收入986.6亿元，同比增长14%。上划中央所得税691.2亿元，同比增长18.1%。全省一般公共预算总收入完成4255.6亿元，同比增长19.4%。全省一般公共预算支出完成5612.2亿元，占预算的50.1%，同比增长15.1%。全省政府性基金收入完成1329.8亿元，占预算的45.3%，增长5.5%；全省政府性基金支出1803.8亿元，占预算的46.3%，下降21.4%。

（2）省级财政收支情况

1~6月，四川省级地方一般公共预算收入完成471.3亿元，占预算的55.4%，增长18.4%；一般公共预算支出完成1026.8亿元，占预算的38.8%，增长63.8%。省级政府性基金收入完成3亿元，占预算的63.3%，增长24.1%；政府性基金支出6.3亿元，占预算的69%，下降8%[①]。

2. 财政运行主要特点

在全省经济持续稳定运行和不断恢复的情况下，全省财政收支运行呈现"二稳二优"发展态势，即收支运行平稳，市县增势稳定，收入质量优化，支出投向趋优。

（1）收支运行平稳，增幅持续扩大

2021年，全省地方一般公共预算收入延续较好增长势头，增幅连续5个月保持20%以上的较快增长，增速高于全国地方一般公共预算平均增长水平。随着收入基数不断增大，近几个月收入增速呈现逐渐放缓态势，但恢复情况逐月向好。1~6月，与2019年同期相比增长15%，两年平均增长7.2%，收入进度上快于序时进度8.5个百分点。其中，税收收入增长势头稳定，自2月开始持续保持在20%以上，超过一半的税种增速稳定在两位数上。在减税降费等优惠政策持续作用下，市场主体生产经营情况好转，效

---

① 四川省财政厅国库处：《四川省2021年上半年财政预算执行情况分析》，《四川财政与会计》2021年第7期。

益提升，居民收入也不断增长，带动增值税、企业所得税和个人所得税较快增长，三者1~6月同比分别增长20%、17%和21.9%，三大税种对税收收入增长贡献率超过一半，达到54.4%，拉动税收增速119个百分点。非税收入保持良好增长态势，高于上年及2019年同期增幅，1~6月，教育费附加恢复性增长带动专项收入增长14.59%；通过多渠道盘活政府资源资产，国有资本经营收入和国有资源（资产）有偿使用收入增长25.3%，拉高全省非税收入增速11.8个百分点。

全省一般公共预算支出保持较快增幅和进度，自2月以来基本稳定在15%左右，支出进度逐月增加，上半年赶超序时进度，为50.1%，较上年同期提高了3.8个百分点。1~6月，科学技术、社会保障与就业、住房保障支出等民生领域支出增长较快，增幅分别为198.1%、49%和21.8%[1]。

（2）地方增势稳定，区域发展更趋协调

1~6月四川省21个市州的地方一般公共预算收入、税收收入和支出首次全部实现正增长。一是收入方面。市州地方一般公共预算收入和税收增幅持续保持两位数较快增长，增幅超过两位数的市州由年初的9个增加到18个，低速增长市州缩减了75%。收入规模已超过百亿元的成都市、宜宾市和泸州市不仅保持较高增速，而且进度基本提前了一个月，其中，占全省收入规模超过1/3的成都市收入增长22.9%，对全省收入增长的贡献率达到36.8%。从经济区看，除成都平原经济区增幅小幅回落外，其余四大经济区均较上月有所提高，各经济区间增速差距由年初的8.9个百分点逐步缩小至6.2个百分点，收入恢复情况越来越均衡。183个县区地方一般公共预算收入出现"174增9降"，超过80%的县区实现两位数增速，负增长县区由年初的43个减少到9个，环比减少10个，县区收入普遍恢复好转。二是支出方面。市州支出保持稳定增长，第二季度逐月提速，1~6月，增幅为8%，较上月提高了1个百分点，支出进度快于全省1.9个百分点，攀枝花市、绵

---

[1] 四川省财政厅国库处：《四川省2021年上半年财政预算执行情况分析》，《四川财政与会计》2021年第7期。

阳市等7个市州支出增幅超过10%。

(3) 收入质量优化，主体税种贡献突出

1~6月，全省税收占全省地方一般公共预算收入的69.4%，占比较第一季度提高1.2个百分点，收入质量稳定良好。占全省税收收入80%以上的工业、建筑地产、商贸流通、金融四大行业税收增长23.1%，2021年稳定保持两位数增长，高于全省税收收入增幅1.3个百分点，拉动全省税收增长18.7个百分点，是税收增长的主要驱动。受规模以上工业增加值平稳增长、当前工业生产者价格指数上涨以及上年低基数不可比等因素影响，工业税收从第二季度开始小幅回落，但在石油、煤炭、非金属矿物以及白酒等制造业主力带动下，依然保持较快增速，增长19.8%，对收入增长贡献率超过20%[①]。建筑和房地产业税收增幅与房地产投资等相关经济指标走向一致，在年初冲高后延续平稳回落趋势，增长29.1%，拉动税收收入增速10个百分点，是收入增长最强拉动力。随着消费市场稳定回暖，社会消费品零售总额增长23.1%，增幅高于全国平均水平，有力支撑了商贸流通业税收呈现积极变化。其中，批发和零售业快速增长，增幅较年初提高10个百分点；住宿和餐饮业，交通运输、仓储和邮政业在上年低基数影响下增速较快，虽然收入规模尚未恢复至2019年疫情前水平，但差距持续收窄，恢复态势明显。金融业税收增长9.4%，增速比上月提高3.3个百分点，持续保持稳定增长。

(4) 支出投向越来越优化，重点领域保障有力

全省各级财政部门加强财政支出预算执行管理，加快支出执行进度，集中财力保障重点支出，落实财政资金直达机制常态化要求，财政支出积极有效。一是民生领域资金投入不断加大。1~6月，全省各级财政已下达30件民生实事预算1683.68亿元，占计划安排的97.8%，实际拨付资金1199.65亿元，占计划安排的69.7%，快于序时进度19.7个百分点，较上年同期提

---

① 四川省财政厅国库处：《四川省2021年上半年财政预算执行情况分析》，《四川财政与会计》2021年第7期。

高2.2个百分点，有效保障了全省民生项目推进实施。二是直达资金成效显著。截至6月30日，中央下达四川省直达资金2071亿元，居全国第一位，分配下达进度为97.9%；实现支出1449亿元，支出进度为70%，居全国第四位。直达资金快速下达对减轻市场主体负担、激发企业活力、改善地方民生、促进地方经济复苏发挥了关键作用。三是重点支出支持力度增强。进一步强化落实对国家和省重大战略任务的资金需求，全面实施乡村振兴战略，下达衔接推进乡村振兴补助资金205亿元。切实做好四川省新冠病毒疫苗接种经费保障工作，已归集新冠疫苗接种专项资金68.1亿元，为全省5830万人免费提供新冠病毒疫苗。支持科技创新，下达省级科技计划项目专项资金约13亿元，支持重点领域关键核心技术研发攻关和成果转化项目2100余项[1]。

总体上看，全省财政收入虽保持较快增长，但由于继续实施减税降费政策、上年基数"前低后高"等原因，加之个别市州面临恢复发展缓慢、收入质量不佳、持续增长后劲不足等问题，全省财政收入稳定增长仍面临挑战。

二 2022年四川财政形势分析与预测

（一）2021年前三季度四川经济发展情况

2021年前三季度，四川经济走势与全国经济走势一致，呈现逐季回落态势。四川GDP第一季度、上半年和前三季度增速分别为15.8%、12.1%和9.3%，前三季度四川GDP两年平均增速为5.8%，与全国两年平均增速5.2%相比，高0.6个百分点。

分行业来看，经过持续深入推进供给侧结构性改革，四川产业发展质量

---

[1] 四川省财政厅国库处：《四川省2021年上半年财政预算执行情况分析》，《四川财政与会计》2021年第7期。

明显提高。农业方面，一方面加快恢复生猪生产，另一方面扎实推进以农业园区建设为主导的现代农业发展。前三季度全省农业增加值同比增长7.2%，两年平均增长5.2%，比全国两年平均增速4.8%高0.4个百分点。具体来说，生猪出栏增长比较显著，同比增长29.8%；中药材产量、茶叶产量、水果产量、蔬菜及食用菌产量和油料作物产量同比分别增长10.9%、8.1%、5.6%、4.7%和3.1%；家禽出栏仅仅增长0.2%，牛出栏量和羊出栏量分别下降1.5%和2.0%[①]。工业方面，全省深入推进"强工业"2021行动，实现工业增加值快速增长。前三季度规模以上工业增加值同比增长10.7%，两年平均增长6.9%，比全国两年平均增速6.4%高0.5个百分点。具体来看，前三季度，工业经济41个行业大类中有32个行业增加值实现增长。其中保持两位数增长的就有7个行业，包括计算机、通信和其他电子设备制造业，石油和天然气开采业，电气机械和器材制造业，非金属矿物制品业，酒、饮料和精制茶制造业，电力、热力生产和供应业，化学原料和化学制品制造业，分别增长25.1%、23.5%、20.1%、13.6%、11.8%、10.3%和10.0%。服务业方面，得益于全省高效疫情防控措施，消费活力持续释放，服务业恢复情况良好。前三季度服务业增加值同比增长9.8%，两年平均增长5.9%，比全国两年平均增速5.3%高出0.6个百分点。具体来看，增长最快的是住宿和餐饮业，信息传输、软件和信息技术服务业，同比增速分别为22.1%和22.4%；增速较快的有批发和零售业，租赁和商务服务业，交通运输、仓储和邮政业，同比分别增长14%、13.6%和13.1%；增速靠后的是金融业和其他服务业，同比分别增长5.2%、6.5%。

从投资、消费和外贸来看，投资恢复情况较好，前三季度，全社会固定资产投资同比增长11.5%，两年平均增长9.6%，比全国两年平均增速3.8%高5.8个百分点。分产业看，第一产业投资、第二产业投资和第三产业投资同比分别增长21.9%、12%和10.8%。消费品市场恢复势头强劲，

---

① 蒋勇：《2021年前三季度四川经济形势新闻发布稿》，http://tjj.sc.gov.cn/scstjj/c105897/2021/10/19/fa1459f1068c4874b4b5b6cdd3711d58.shtml，2021年10月19日。

前三季度，全省社会消费品零售总额同比增长18.9%，而全国平均水平为16.4%，四川省增速比全国增速高2.5个百分点；两年平均增长6.4%，而全国两年平均增长3.9%，四川省增速比全国增速也高2.5个百分点。外贸持续增长，前三季度全省进出口同比增长14.4%，其中，出口同比增长18.1%、进口同比增长9.4%，但增速均低于全国平均水平[①]。

（二）2022年四川经济形势预测

2022年，国际形势依然复杂多变、我国高科技企业受到制裁和打压、新冠肺炎疫情持续肆虐，但总体预期2022年疫情对于全球范围内经济活动的制约相较于2021年会有所减轻，预计有更多经济体重启经济、开放边境，各行各业将获得更好的恢复。美联储决议从2021年11月开始启动Taper，美联储主席鲍威尔11月30日在美国参议院银行业委员会做陈述时，不再将通胀形势描述为"暂时性"，暗示将加速减码。美联储12月会议，除了加速Taper，或提前开始加息，必将导致世界金融市场动荡。

我国于2021年12月召开的经济工作会议明确指出我国经济正在经历一个巨大的周期转换，正在坚定不移地从以房地产、传统基建为驱动的扩张型增长模式，转为以双碳为目标、以新经济新基建为驱动的高质量发展模式。2022年新能源、数字经济、高技术、装备制造等新经济产业的快速发展，可能难以对冲传统经济的下滑，导致整个宏观经济出现下滑。随着新冠肺炎疫情制约减弱，世界其他主要经济体会逐步从疫情中恢复，我国出口份额也可能逐渐下降，出口形势对我国不利。此外，"双循环"的建立有一个过程，目前内需发展不稳，对经济增长支持不足，还有待进一步完善建立内循环发展格局的长效机制。因此，习近平总书记提出，2022年是从高速增长转向高质量发展的风险易发高发时期，需要坚持底线思维，防范化解各种重

---

① 蒋勇：《2021年前三季度四川经济形势新闻发布稿》，http://tjj.sc.gov.cn/scstjj/c105897/2021/10/19/fa1459f1068c4874b4b5b6cdd3711d58.shtml，2021年10月19日。

大风险特别是系统性风险[①]。

从省内情况来看,四川经济也正在经历从高速发展到高质量发展转型的阵痛,经济发展的质量有待进一步提高。从地方一般公共预算收入的结构来看,税收收入占比只有70%,远低于西方发达国家,也低于我国沿海发达省市。2021年12月初召开的中国共产党四川省第十一届委员会第十次全体会议,通过了《中共四川省委关于以实现碳达峰碳中和目标为引领推动绿色低碳优势产业高质量发展的决定》(简称《决定》),《决定》指出"聚力发展清洁能源产业、清洁能源支撑产业和清洁能源应用产业,加快推动能源结构、产业结构战略性调整,大力促进经济社会发展全面绿色转型,加快把四川建设成为全国重要的先进绿色低碳技术创新策源地、绿色低碳优势产业集中承载区、实现碳达峰碳中和目标战略支撑区、人与自然和谐共生绿色发展先行区,走出一条服务国家战略全局、支撑四川未来发展的绿色低碳发展之路。"这为四川省"双碳"经济如何发展指明了方向和发展路径。

(三)2022年四川财政形势预测

虽然新冠肺炎疫情继续在全世界肆虐,在党中央和习近平总书记的英明指挥下,我国很好地控制住了疫情,生产秩序恢复良好。2021年前三季度,全国一般公共预算收入完成164020亿元,与上年同期相比增长16.3%。其中,中央一般公共预算收入完成76526亿元,与上年同期相比增长17.1%;地方一般公共预算本级收入完成87494亿元,与上年同期相比增长15.6%。全国税收收入完成140702亿元,与上年同期相比增长18.4%;非税收入完成23318亿元,与上年同期相比增长5.4%。前三季度,全国地方一般公共预算收入除西藏外都保持正增长,其中河南、云南、辽宁和广西四省区增速低于10%,其他省份都是两位数增长,其中湖北增速达39%,增长最快。前三季度,四川地方一般公共预算收入总量排全国第七,同比增长17.6%,

---

① 央视国际网络有限公司:《中央经济工作会议在北京举行》,https://baijiahao.baidu.com/s?id=1718762743979318499&wfr=spider&for=pc,2021年12月10日。

增速居中。但是和排在前面的广东、江苏、浙江、上海、山东和北京比，差距还是比较大的。首先，从总量来看，四川前三季度地方一般公共预算收入仅是排名第一的广东的1/3，不到排名第二、第三的江苏和浙江的一半。其次，从税收占比来看，四川税收占比为70.4%。低于广东的76.5%、江苏的82.3%、浙江的85.7%、北京的86.1%。说明四川财政收入质量还有待提高，非税收入占比过大，产业发展结构不优、质量不高，提供的税收不多。

综合各类因素来看，2022年四川经济将保持稳定增长，有望恢复到疫情前的正常水平。四川财政收入也将随着经济的复苏而持续增长，考虑到2021年财政收入的高基数，2022年财政收入增速与2021年相比略有放缓或者持平。

三 促进四川财政平稳运行的政策措施

（一）继续开源节流，厉行节约

随着我国经济由高速发展转向高质量发展，财政收入增速放缓，而民生等刚性支出逐年加大，财政收支平衡困难加大。中央多次重申要求地方政府厉行节约，压缩"三公"经费，压减一般性支出，持续确保做好"六稳"工作，全面落实"六保"任务，把过紧日子转化为长效机制，习惯过紧日子常态化。

一是大力发展新经济，拓展新税源。随着我国新旧发展动能的转化，以房地产、旧基建为主导的旧动能逐渐势弱，其产生的税收收入占比也会逐渐降低，必须加快发展"双碳"经济、数字经济以及以新基建为主导的新动能，开发新税源，为四川省财政收入持续增长打下新基础。

二是加强预算管理，硬化预算约束。在编制年初预算时，从严从紧编制一般性支出预算，从预算源头确保一般性支出、"三公"经费支出科学合理，按照中央要求压减。预算一经批复必须严格执行，除了应急支出外，一般不出台新增当年支出的政策，严控预算追加、预算调整和调剂等事项出现频率。

（二）大力发展"双碳"经济，开拓新税源

"双碳"经济既是我国打破美国石油美元金融霸权的一个战略举措，也是四川实现弯道超车，实现超越式发展，赶超其他发达兄弟省市的一个机会。四川绿色低碳产业资源储备丰富，一是水电资源丰富，不论是水电蕴藏量还是开发量都稳居全国第一；二是风能和光能资源也在全国排名靠前，四川甘孜、阿坝、凉山和攀西地区风能和光能资源都非常丰富；三是四川省发展新能源必需的矿产资源富集，目前，新能源电池急需的锂和磷都储量丰富，并且有很多上市公司和企业一直在行业中处于领先地位，只要适当转化就能将传统的磷化工转化为新能源化工；四是四川碳汇资源丰富，四川三州地区、攀西地区、秦巴山区在国家主体功能区划分时确定为生态保护区，严禁开发，以生态保护为主，碳汇资源丰富，这一块也是四川省以后发展"双碳"经济难得的资源，必须加以利用和开发。随着新旧动能转换和"双碳"经济发展，四川必将后来居上，实现跨越式发展。

（三）加快双城经济圈建设，促进地方经济发展

成渝地区双城经济圈是习近平总书记亲自谋划的，是我国经济由原来单一沿海（港口）发展转为向西部内陆地区发展的战略举措，这是世界经济发展的必然趋势，也是我国海外主体市场逐步转换的必然选择，更是我国发展经济内循环的必然要求。因为，随着中美贸易摩擦进一步加深、美国对我国科技企业的制裁进一步扩大，我国出口商品海外主体市场必然从美国转向欧洲、东南亚和非洲。一方面要发展壮大以成都为主的成都平原经济圈，另一方面还要进一步加快川南的内江、自贡等毗邻重庆地区的发展，川中遂宁、南充、广安与重庆的对接，川东达州与渝北地区的对接。重点要发展好万达开川渝统筹发展示范区，因为达州处于四川东出北上的桥头堡地位，随着成达万高铁、西渝高铁的修建，这一区域将拥有水陆空铁立体交通网络，

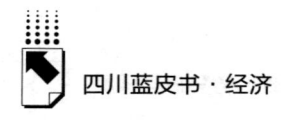

通过万州港货物可以直达上海，通过成达万高铁可以直达北京，通过西渝高铁可以直通欧亚，是四川出川的交通要塞，地理位置非常重要。

（四）紧抓RCEP的签署，加快全省产业优化布局

《区域全面经济伙伴关系协定》（RCEP）将在2022年全面实施，我国将受益于这一全世界最大的自由贸易区。我国海外市场的重心也将由美国逐渐转向这一区域，特别是与我国毗邻的东南亚地区。目前，中老铁路已经通车，大量货物必将沿着中老铁路运往东南亚，然后走水运销往全世界。四川处于西南腹地，是目前西南经济发展领先的地区，制造业、电子业非常发达，随着成渝地区双城经济圈的建设，沿海地区产业必定会向这一地区转移，因为四川有发达的基础设施、优秀的人力资源、比较完整的产业链，还临近较大的市场（东南亚）。要加强对宜宾、泸州的产业布局，随着渝昆高铁和西部陆海通道的建成，宜宾和泸州是四川省离昆明和广西港口最近的城市，也是四川省南向出川大通道的要塞，地理位置优越。要适当考虑将四川省制造业向这两个城市转移，同时在土地、税收、人才政策上给予适当优惠，以吸引东南沿海产业。

B.4
2021~2022年四川省金融形势分析与研判

罗志华*

摘　要： 在2021年前三季度四川省金融实际运行数据的基础上，本报告对2021~2022年四川省域内银行保险业机构、资本市场等主要金融产业及市场参与主体运行态势进行分析研判。本报告认为，基于全球疫情下经济持续下行压力，2022年逆周期财税政策和货币政策将保持稳定性和连续性，流动性将继续保持适度充裕；信息科技、数字技术对传统银行业、保险业渗透率继续提升，部分小型地方法人银行机构或实施兼并重组以解决资本不足问题；在注册制改革和新设北京证券交易所背景下，四川省内上市公司数量、质量和资本市场直接融资规模将持续提升；保险继续回归保障和服务功能，科技化、智能化、场景化的便利型保障保险产品是未来方向。

关键词： 存贷款业务　资本市场　债券市场　保险业务

一　2021年前三季度四川省金融业运行态势

数据显示，2021年前三季度，四川省银行保险业各项增速指标普遍呈下行趋势，发展明显放缓。保险类金融机构表现尤为明显；证券期货机构及

---

* 罗志华，经济学博士，四川省社会科学院金融财贸研究所副研究员，主要研究方向为金融创新与风险管理。

市场保持向好态势，主要指标保持正增长。四川省统计局发布统计数据显示，2021年前三季度四川省金融业增速为5.2%，相比2020年前三季度的6.3%、2019年前三季度的6.6%，增速分别下降1.1个和1.4个百分点，为三年来增速新低。

（一）2021年前三季度存款类金融机构业务运行分析

1. 存款业务

与2020年前三季度相比较，2021年前三季度四川省存款类金融机构本外币各项存款增速普遍下降。从增速变化来看，除机关团体存款增速变化为正，其他所有存款项目增速变化均为负（见表1）。其中，各项存款增速下降2.36个百分点，非金融企业定期及其他存款、住户活期存款增速分别下降9.96个百分点和5.75个百分点，降幅较大。此外，财政性存款、非金融企业活期存款增速也分别下降3.99个百分点和2.42个百分点。

2021年前三季度，仅机关团体存款增速为正，在2020年前三季度增速基础上，提高了4.57个百分点。

表1 2021年前三季度四川省本外币存款余额及与2020年同期数据比较

本外币存款余额及变化	2021年前三季度存款余额（亿元）	2020年前三季度各项存款增速（%）	2021年前三季度各项存款增速（%）	增速变化（个百分点）
各项存款	99073.65	10.24	7.88	-2.36
（一）境内存款	98806.01	10.25	7.90	-2.35
1. 住户存款	54608.77	13.14	10.29	-2.85
（1）活期存款	16086.99	9.81	4.06	-5.75
（2）定期及其他存款	38521.77	14.69	13.12	-1.57
2. 非金融企业存款	23594.42	10.67	4.05	-6.62
（1）活期存款	9528.41	3.07	0.65	-2.42
（2）定期及其他存款	14066.01	16.44	6.48	-9.96
3. 机关团体存款	15502.99	1.76	6.33	4.57
4. 财政性存款	2202.44	12.75	8.76	-3.99
5. 非银行业金融机构存款	2897.39	5.90	4.48	-1.42
（二）境外存款	267.64	4.54	0.27	-4.27

资料来源：人民银行成都分行，作者分析整理。

本报告将2021年前三季度四川省本外币各项存款增速与2019年同期增速进行比较，以排除2020年疫情下逆周期财政与货币政策对分析数据的影响。从表2可以看出，与2019年同期增速相比，2021年前三季度各项存款增速变化不大，扩大0.24个百分点。在结构性变化方面，非金融企业活期存款增速扩大9.58个百分点，定期及其他存款增速收窄4.68个百分点；财政性存款增速收窄15.46个百分点；住户活期存款增速收窄3.63个百分点。

从表2存款增速变化可以看出，相对2019年前三季度非金融企业活期存款 -8.93%的增速，企业现金流在2021年前三季度有明显改善。财政性存款资金增速持续下降，从2019年前三季度的24.22%降至2021年前三季度的8.76%。从2021年前三季度与2019年同期存款变化绝对值看，非金融企业存款、住户存款分别增长582.90亿元和348.53亿元，而财政性减少187.90亿元。存款增长"两增一减"，揭示出企业资金多了、财政存款少了，信贷支持中小微企业解决"融资难、融资贵"政策效果明显。

表2 四川省本外币存款2021年前三季度增速与2019年同期增速比较

存款类型	2019年前三季度各项存款增速（%）	2021年前三季度各项存款增速（%）	增速变化（个百分点）	增长绝对值变化（亿元）
各项存款	7.64	7.88	0.24	1324.29
（一）境内存款	7.48	7.90	0.42	1456.20
1. 住户存款	12.29	10.29	-2.00	348.53
（1）活期存款	7.69	4.06	-3.63	-342.10
（2）定期及其他存款	14.51	13.12	-1.39	690.61
2. 非金融企业存款	1.75	4.05	2.30	582.90
（1）活期存款	-8.93	0.65	9.58	858.89
（2）定期及其他存款	11.16	6.48	-4.68	-275.99
3. 机关团体存款	5.09	6.33	1.24	166.66
4. 财政性存款	24.22	8.76	-15.46	-187.90
5. 非银行业金融机构存款	-13.18	4.48	17.66	546.04
（二）境外存款	105.63	0.27	-105.36	-131.92

资料来源：人民银行成都分行，作者分析整理。

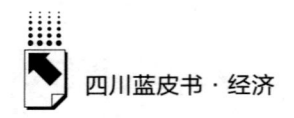

从2021年与2020年前三季度、2021年与2019年前三季度两组数据对比来看，机关团体存款一直保持着较好的增长态势，是2021年与2020年前三季度相比增速变化唯一为正的存款项目。数据显示，在住户存款、非金融企业存款、财政性存款增速普遍下降的情况下，同期机关团体存款持续稳步增长，这一现象值得思考。

相关数据显示，尽管2021年第四季度企业存款有明显增长，但2021年全年存款增速明显下降的格局基本确定。从2021年与2020年前三季度、2021年与2019年前三季度两组存款增速数据变化来看，2020年我国为应对疫情实施的较为宽松的货币政策或有所收紧，住户、非金融企业、财政部门的存款增速均在下降，流动性或出现偏紧。2021年末，四川省存款类金融机构本外币各项存款有望突破10万亿元。

2. 贷款业务

表3数据显示，与2020年同期相比，2021年前三季度四川省存款类金融机构本外币各项贷款增速总体小幅下降，下降幅度不明显。从各项指标增速变化来看，住户短期消费贷款增速由负转正，从2020年前三季度增速-16.12%逆转为2021年前三季度的12.68%，增速上升28.80%；住户短期经营贷款从2020年前三季度的24.60%，下降至2021年前三季度的12.11%。非金融企业及机关团体短期贷款增速从2020年前三季度的14.99%下降至2021年前三季度的6.41%，降幅达到8.58个百分点。

2021年前三季度住户贷款和非金融企业及机关团体贷款增速分别为10.84%和10.72%。与2020年同期相比，2021年前三季度住户贷款和非金融企业及机关团体贷款增速均呈小幅下降，反映出家庭和非金融企业及机关团体信贷需求增长有所放缓。在住户贷款方面，基数比较大的中长期消费贷款主要是住房按揭贷款，前三季度增速降幅达到3.49%，对住户贷款增速影响较明显。从住户经营贷款来看，2021年前三季度短期经营贷款与中长期经营贷款增速呈"一降一升"态势，结构性调整后的贷款增速分别为12.11%和13.95%，相较于2020年前三季度更为合理。从企业贷款来看，

2021年前三季度票据融资增速较快，或能缓解企业短期贷款增速下降导致的信贷增长不足。

表3　2021年前三季度四川省本外币贷款余额及与2020年同期数据比较

贷款类型	2021年前三季度贷款余额（亿元）	2020年前三季度各项贷款增速（%）	2021年前三季度各项贷款增速（%）	增速变化（个百分点）
各项贷款	78489.39	11.44	10.51	-0.93
（一）境内贷款	77917.00	11.55	10.69	-0.86
1. 住户贷款	26086.59	11.19	10.84	-0.35
（1）短期贷款	3613.06	2.69	12.36	9.67
①消费贷款	1570.66	-16.12	12.68	28.80
②经营贷款	2042.40	24.60	12.11	-12.49
（2）中长期贷款	22473.53	12.65	10.60	-2.05
①消费贷款	18212.19	13.34	9.85	-3.49
②经营贷款	4261.35	9.65	13.95	4.30
2. 非金融企业及机关团体贷款	51766.58	11.88	10.72	-1.16
（1）短期贷款	10230.51	14.99	6.41	-8.58
（2）中长期贷款	39227.87	11.87	12.34	0.47
（3）票据融资	2184.30	0.70	3.46	2.76
（4）融资租赁	87.30	-1.03	-12.26	-11.23
（5）各项垫款	36.60	-22.45	191.63	214.08
3. 非银行业金融机构贷款	63.83	-52.26	-38.82	13.44
（二）境外贷款	572.39	2.01	-9.39	-11.40

资料来源：人民银行成都分行，作者分析整理。

本报告同样将2021年前三季度四川省本外币贷款增速与2019年同期增速进行比较，以排除2020年疫情下逆周期财政与货币政策对分析数据的影响。从表4可以看出，与2019年同期增速相比，2021年前三季度大部分项目贷款增速有所下降。从住户贷款来看，中长期和短期经营性贷款增速均有所上升，支持小微企业、"支农支小"等信贷政策效果明显。从贷款增长绝对值变化来看，住户经营性贷款增长较好，消费贷款增长显著不足，形成此消彼长的结构性调整；非金融企业及机关团体中长期贷款增长绝对值变化较大，增幅明显。

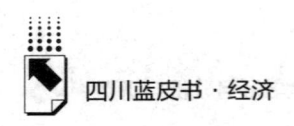

表4　四川省本外币贷款2021年前三季度增速与2019年同期增速比较

贷款类型	2019年前三季度各项贷款增速（%）	2021年前三季度各项贷款增速（%）	增速变化（个百分点）	增长绝对值变化(亿元)
各项贷款	11.16	10.51	-0.65	1279.98
（一）境内贷款	11.11	10.69	-0.42	1431.65
1. 住户贷款	14.47	10.84	-3.63	21.75
（1）短期贷款	20.57	12.36	-8.21	-110.01
①消费贷款	32.61	12.68	-19.93	-208.39
②经营贷款	9.51	12.11	2.60	98.38
（2）中长期贷款	13.47	10.60	-2.87	131.75
①消费贷款	15.81	9.85	-5.96	-249.84
②经营贷款	4.50	13.95	9.43	381.60
2. 非金融企业及机关团体贷款	9.52	10.72	1.20	1458.62
（1）短期贷款	5.28	6.41	1.13	185.62
（2）中长期贷款	9.79	12.34	2.55	1636.47
（3）票据融资	26.20	3.46	-22.74	-378.86
（4）融资租赁	6.97	-12.26	-19.23	-18.83
（5）各项垫款	-24.49	191.63	216.12	34.23
3. 非银行业金融机构贷款	156.57	-38.82	-195.39	-48.72
（二）境外贷款	16.22	-9.39	-25.61	-151.66

资料来源：人民银行成都分行，作者分析整理。

分析数据得出，尽管2021年第四季度住户中长期消费贷款、企业短期贷款等增速有所上升，但2021年全年贷款增速放缓的总体格局不会改变。2021年末，四川省存款类金融机构本外币各项贷款额有望突破8万亿元。

（二）2021年前三季度证券期货机构及市场运行分析

中国证监会四川监管局数据显示（见表5），2021年四川省在推动企业上市方面成效明显。截至2021年第三季度末，四川省共有147家公司在沪深交易所（不含境外和北交所，下同）挂牌上市。2021年前三季度，四川省在沪深交易所新增上市公司12家，其中主板1家、科创板7家、创业板4家。新增上市公司以科技创新型企业为主。

截至 2021 年第三季度末，四川省在沪深交易所挂牌交易的上市公司总市值为 3.18 万亿元，比上年同期增长 0.63 万亿元，增幅 24.72%；代理证券交易额 17.50 万亿元，比上年同期增长 3.92 万亿，增幅 28.85%；代理期货交易额 12.23 万亿元，比上年同期增长 3.37 万亿元，增幅 38.07%；备案登记管理基金规模 2202 亿元，比上年同期增长 226 亿元，增幅 11.44%；为实体经济融资 3257 亿元，比上年同期下降 246 亿元，降幅 7.02%。

因相关资料局限，本报告未对四川省在境外上市和北交所上市的企业进行统计分析。

表5 2021 年前三季度四川省证券期货业机构和行业数据与 2020 年同期比较

项 目		2020 年前三季度	2021 年前三季度	增减变化	变化率（%）
上市公司	上市公司总市值（亿元）	25531	31842	6311	24.72
	上市公司总股本（亿股）	1420	1494	74	5.21
	上市公司家数（家）	135	147	12	8.89
	其中：主板（家）	99	100	1	1.01
	创业板（家）	32	36	4	12.50
	科创板（家）	4	11	7	175.00
	"新三板"挂牌（家）	250	217	-33	-13.20
证券机构	代理证券交易额（亿元）	135831	175021	39190	28.85
	证券公司家数（家）	4	4	0	—
	证券公司分公司家数（家）	65	70	5	7.69
	证券营业部家数（家）	424	416	-8	-1.89
	投资咨询公司家数（家）	3	3	0	—
期货机构	代理期货交易额（亿元）	88605	122333	33728	38.07
	期货公司家数（家）	3	3	0	—
	期货分支机构家数（家）	52	50	-2	-3.85
私募基金	私募基金管理人（家）	433	443	10	2.31
	管理基金规模（亿元）	1976	2202	226	11.44
	独立基金销售机构（家）	3	3	0	—
实体融资	本年累计金额（亿元）	3503	3257	-247	-7.02

资料来源：中国证监会四川监管局，作者分析整理。

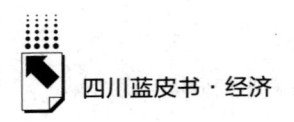

（三）2021年前三季度保险类金融机构及业务运行分析

中国银保监会四川监管局数据显示（见表6），2021年前三季度四川省保险类金融机构实现原保险保费收入1822.74亿元，向社会经济提供保险金额422.73万亿元，办理保险保单5.65亿件。

与2020年同期相比，四川省保险类金融机构2021年前三季度各项主要指标增速呈显著下降趋势。2021年前三季度，四川省保险类金融机构原保险保费收入下降2.88%，相比2020年同期，增速下降10.03个百分点。

与2020年同期相比，寿险、人身险、财产险均出现负增长。寿险下降6.55%，相比上年同期增速下降9.39个百分点；人身险下降3.64%，相比上年同期增速下降10.02个百分点；财产险下降0.19%，相比上年同期增速下降10.15个百分点。尽管健康险仍保持正增长，但增速从上年同期的20.71%下降落至4.72%，下降15.99个百分点，降幅较大。

总体来看，仅有人身意外伤害险呈小幅正增长，增速为4.77%，增速与上年同期相比上升2.99个百分点。此外，在原保险保费收入下降同时，保险金额增长154.50%，保单件数与上年同期相比略有下降。

表6　2021年前三季度四川保险业原保险保费收入与2020年同期比较

收入项目	2021年前三季度数量	2021年前三季度同比增速（%）	2020年前三季度同比增速（%）	增速变化（个百分点）
原保险保费收入(亿元)	1822.74	-2.88	7.16	-10.04
1.财产险	414.98	-0.19	9.96	-10.15
2.人身险	1407.77	-3.64	6.38	-10.02
(1)寿险	1013.15	-6.55	2.84	-9.39
(2)健康险	347.69	4.72	20.71	-15.99
(3)人身意外伤害险	46.93	4.77	1.78	2.99
保险金额(亿元)	4227279.08	154.50	81.63	72.86
保单件数(亿件)	5.65	-3.36	308.45	-311.81

资料来源：中国银保监会四川监管局，作者分析整理。

2021年前三季度，四川省保险类金融机构原保险赔付支出602.00亿元，总体赔付率为33.03%，相比2020年同期的26.79%，上升6.24个百分点。其中，健康险上升17.98个百分点，达到45.29%；财产险上升8.16个百分点，达到63.22%；人身意外伤害险略升1.85个百分点，达到30.17%。寿险赔付率相对较低，仅为16.58%，与2020年同期的15.74%相比，微升0.84个百分点。

表7 2021年前三季度四川保险业原保险赔付支出与2020年同期比较

支出项目	2021年前三季度（亿元）	2020年前三季度赔付率（%）	2021年前三季度赔付率（%）	赔付率变化（个百分点）
原保险赔付支出	602.00	26.79	33.03	6.24
1. 财产险	262.37	55.06	63.22	8.16
2. 人身险	339.63	18.75	24.13	5.38
（1）寿险	168.00	15.74	16.58	0.84
（2）健康险	157.47	27.31	45.29	17.98
（3）人身意外伤害险	14.16	28.32	30.17	1.85

资料来源：中国银保监会四川监管局，作者分析整理。

从分析结果来看，四川省保险类金融机构2021年前三季度经营形势较为严峻，行业经营下行压力加大。本报告认为，四川省保险类金融机构可能受以下几个原因影响：一是疫情下经济不景气导致投保意愿下降、退保意愿上升；二是行业竞争加剧导致保费价格下降；三是2020~2021年两年间保险代理人数量锐减；四是汽车销量下降和车险改革推进；五是全国性保险公司互联网线上平台对四川省区域内保险销售及服务的替代。

二 2022年四川省金融业发展研判

（一）2022年四川省存款类金融机构及业务发展研判

从数据来看，2021年四川省存款类金融机构存贷款增速放缓已成定局。经济持续下行压力导致流动性偏紧，住户存款意愿不强，企业贷款意愿下降。2022年，全球疫情还将持续，中国也将在疫情防控常态化之下平衡疫情防控与经济增长。在货币政策方面，中央经济工作会议明确提出2022年"稳健的货币政策要灵活适度，保持流动性合理充裕"，这是给2022年的宏观货币政策定调。

2022年，四川省存款类金融机构存贷款总体增速大概率会保持2021年的增长水平。银行业信贷支持政策将向企业贷款、个人经营性贷款倾斜，企业贷款和个人经营性贷款增速低于2021年增长水平的可能性不大；对消费贷款特别是中长期住房按揭贷款和汽车消费贷款，会给予合理宽松的政策，以保持房地产业合理的流动性。

2022年，四川银行业将面临居民收入减少、吸收存款难度加大、低成本负债业务不足等问题。总体判断，一是四川省内银行业机构各项存款增速将继续下降，特别是住户存款和企业存款增速继续下降的可能性较大；二是财政性存款增速大概率会继续下降；三是机关团体存款增长相对较为稳定。

（二）2022年四川省证券期货机构及市场发展研判

本报告认为，2022年四川省证券期货类机构及市场将在以下方面发力：一是继续加大力度支持四川省内企业在主板、创业板和科创板上市，上市企业数量可能超过2021年；二是随着2021年第一家四川省本土企业登陆北交所，2022年可能有更多四川企业在北交所上市；三是四川省在各证券交易所上市的公司市值，以及四川省证券期货类机构开展的证券交易金额、期货交易金额，将继续增长；四是四川省内注册的私募基金管理人和管理基金规模将稳步增长。

（三）2022年四川省保险类金融机构及业务发展研判

本报告认为，2022年，四川省保险类金融机构及业务发展会有以下特征：一是保险业将继续回归保障功能和服务功能；二是原保险保费收入将会延续2021年增速下降趋势，一些险种收入会出现负增长；三是在原保险保费收入下降趋势下，赔付率可能继续上升；四是保险金额会继续快速增长，保单量亦会稳步增长。

B.5
2021~2022年四川省消费品市场分析与预测

刘艳婷*

摘　要： 2021年四川省积极推进常态化疫情防控和经济社会统筹发展，消费品市场延续稳步增长趋势，市场恢复态势稳中向好。目前我国疫情防控形势较为有效、稳定，但境外疫情仍呈现诸多不确定性。2022年，随着我国双循环新发展格局的建设，随着全面促进消费各项措施的不断发力，四川省消费市场持续稳定复苏的趋势将继续保持，期望在目前社消总额已超过2019年同期水平的基础上，消费增速能够进一步提升。但需要对境外疫情不确定性带来的影响保持警惕。

关键词： 消费品市场　四川　CPI

一　2021年四川消费品市场运行基本态势

（一）消费品市场延续恢复性增长态势

2021年四川省积极推进常态化疫情防控和经济社会统筹发展，克服新冠肺炎疫情多次阶段性、区域性反复带来的冲击，经济复苏态势良好，实现

---

* 刘艳婷，经济学博士，四川省社会科学院产业经济研究所副研究员，主要研究方向为产业经济、对外经济。

持续增长。在消费层面，四川省消费品市场继2020年8月实现增速转正后，延续正增长态势。2021年四川消费品市场继续保持稳步增长，消费品市场恢复态势稳中向好。2021年1~10月，全省累计实现社会消费品零售总额19630.1亿元，同比增长18.0%，比全国同期增速高3.1个百分点。以2019年为基数，两年平均增长6.5%。同疫情前相比，全省消费规模已超出2019年同期水平，从两年来的平均增速看，社消总额增速尚未恢复到2019年年度增速10.4%的水平。

从月度增速看，2021年四川社消总额增速呈现显著的阶段性特点。2月、3月、4月，呈现出较高的月度同比增速，应该和2020年初疫情突袭而至消费严重受冲击造成较低的基数水平有关。5月后月度同比增速趋于稳定，基本保持在10%以上，反映出较为良好的消费市场恢复态势。

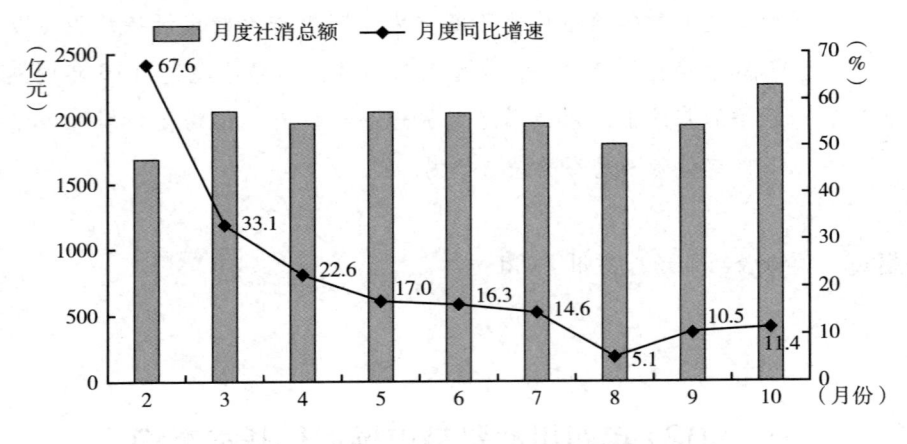

图1 2021年2~10月四川省社会消费品零售总额月度数据

（二）消费热点领域增速显著

消费结构继续转型。2021年截至10月，全省限额以上16大类商品零售中，部分类别产品出现较快增速，包括建筑及装潢材料类（35.0%）、石油及制品类（22.9%）、文化办公用品类（20.1%）、书报杂志类（18.0%）、金银珠宝类（17.5%）等，同比增速均超过同期限额以上商品零售16.8%的平均增速，消费依然呈现升级趋势。同时受疫情影响，刚需类的粮油食品类（18.1%）、服装针纺织品类（19.1%）增长也较为显著，继续保持较快增长势头。

部分消费热点领域增长显著。2021年四川省致力于消除疫情对餐饮业的不利影响，实施了一系列措施，提振餐饮消费成效较为显著。1~10月累计实现餐饮收入2756.3亿元，同比增长42.6%，领先同期的实物商品零售增速27.8个百分点，比全国水平高16.9个百分点，比2019年同期增长24.4%，两年平均增长11.5%，已接近2019年餐饮收入增速水平，实现了餐饮消费的快速恢复。汽车消费是近年来四川消费品市场的重要组成部分，占限额以上商品零售额的近30%，2021年1~10月限额以上汽车类消费累计同比增长14.5%，保持了较快增速。

以网络购物为代表的新型消费继续快速增长。2021年1~10月限上企业通过互联网实现的商品零售额达到1178.65亿元，增长率达到22.7%，超过限上企业全部商品零售额增速5.9个百分点；限上企业通过互联网实现的餐饮收入为21.03亿元，同比增长41.5%。疫情期间各类互联网电商企业为促进消费发挥着重要的平台作用。

（三）物价呈现温和上涨态势

2021年1~10月，全省居民消费价格指数（CPI）累计同比上涨0.1%，呈现小幅增长态势，涨幅较2020年度有较大回落。物价涨幅的回落，一方面是由于2020年较高的物价涨幅产生的基数效应（2020年四川省CPI全年累计增长3.2%），另一方面是四川省致力于稳定猪肉价格与粮食价格取得成效。2021年四川省生猪产能不断释放，猪肉价格持续回落，对CPI的核心领域食品价格产生较大影响。2021年食品烟酒类价格回落显著，前10个月累计下降2.2%。从商品结构看，八大类商品物价呈现"六涨二跌"态势，食品烟酒与衣着类呈现下降趋势，涨幅比较大的集中在交通和通信类（3.6%）、医疗保健类（1.9%）、生活用品及服务类（0.6%）、教育文化和娱乐类（0.5%）等领域。

从全年物价走势看，前三个季度全省月度CPI呈现低位上涨或小幅下降态势。10月，受降雨洪涝灾害、部分地区疫情散发、部分商品供需矛盾等因素影响，鲜菜鲜果价格上涨明显。10月四川省CPI同比增长0.5%，和9月相比，10月食品烟酒类价格环比上涨1.3%，其中鲜菜价格上涨14.1%。同时，受11月成都疫情反复、冬季食品供给受限、年末节庆增加的影响，年内CPI出现小幅上涨，但由于上半年及前三季度CPI的低位运行，2021年全年四川省CPI增速基本温和可控。

表1 2021年四川省CPI增长速度

单位：%

指 标	上半年累计增长	前三季度累计增长	10月同比增长	1~10月累计增长
CPI	0.1	0.0	0.5	0.1
1. 食品烟酒	-0.7	-2.1	-3.2	-2.2
2. 衣着	-0.6	-0.5	0.0	-0.4
3. 居住	-0.1	0.1	0.8	0.1
4. 生活用品及服务	0.4	0.5	0.9	0.6
5. 交通和通信	1.9	3.2	7.0	3.6
6. 教育文化和娱乐	-0.9	0.3	2.0	0.5
7. 医疗保健	1.8	1.9	1.8	1.9
8. 其他用品和服务	0.5	0.1	0.4	0.1

二 2022年四川省消费品市场发展环境与展望

（一）消费市场稳步增长具备较稳健的经济社会基础

目前我国国内疫情防控形势较好，虽然部分地区出现疫情，但疫情总体得到有效控制。同时疫苗接种已具有一定规模，疫苗普及度不断提高，消费者对经济发展的预期以及消费信心将不断提升。从经济层面看，目前四川省经济复苏态势稳中向好，呈现持续增长态势，发展活力持续增强。前三季度全省GDP同比增长9.3%，两年平均增长5.8%，保持了较快增速。和消费关联度较高的服务业在三次产业中增速最快，同比增长9.8%，超过GDP总增速0.5个百分点。其中批发零售业，住宿餐饮业，交通运输、仓储和邮政业，租赁和商务服务业分别实现同比增速14.0%、22.1%、13.1%和13.6%，均保持了较快增长，为消费增长提供了较扎实的产业支撑。随着经济进一步复苏，城乡居民收入实现增长，前三季度四川省城镇居民、农村居民人均可支配收入分别同比增长9.4%、11.3%，分别超过全省GDP增速0.1个和2.0个百分点，将有效促进消费增长。总体来看，四川省消费市场稳定复苏的趋势将进一步延续。

（二）"全面促进消费"写入"十四五"规划

我国"十四五"规划提出"要全面促进消费"，明确了全面促进消费成为我国构建"以国内大循环为主体"的新发展格局的重大任务，进一步强调了消费在国民经济发展中的基础性作用，并围绕全面促进消费出台了多项重要举措，包括：增强有效供给，满足消费需求；加码相关政策，加速消费升级提质；鼓励新模式新业态发展，培育新型消费；优化商业发展布局，升级消费载体；提高消费能力，完善消费环境，提振消费信心等五个方面，促进消费扩容提质、加快形成强大国内市场；集中部署推动扩大农村消费，政策举措涵盖贯通县乡村电子商务体系、完善快递物流配送体系、保障就业增加收入等多个方面，出台了《关于加强县域商业体系建设促进农村消费的意见》《关于提振大宗消费重点消费促进释放农村消费潜力若干措施的通知》等，积极推动农村消费潜力释放；多部门提出要从支持信息基础设施建设、商务流通领域转型、智能化改造和跨界融合等方面促进新型消费发展等。全面促进消费多项部署举措的出台将为四川省乃至我国消费市场发展、促进消费提质扩容提供重大发展机遇与良好的发展环境。

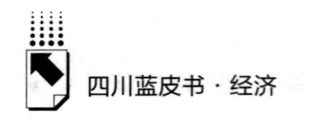

（三）四川省积极打造促进消费的发展环境与发展条件

四川省积极贯彻中央精神，制定促进消费的各项政策措施，实施各类促销活动，积极促进重点领域消费增长，强抓消费载体打造，致力于为四川省消费发展提供良好市场与政策环境。

制定《四川省培育发展新消费三年行动方案（2020~2022年）》，提出实施文旅消费提振行动、信息消费提速行动、健康消费提质行动、夜间消费创新行动、时尚消费引领行动、传统消费升级行动、消费环境优化行动等七大消费行动，促进新消费发展。

提出要稳定和扩大重点商品消费。四川汽车消费需求一直处于全国前列，作为人口大省，汽车市场潜力较大。四川省积极出台一系列促进汽车消费的政策措施，开展新一轮汽车下乡活动，加大以旧换新力度，加快由购买管理向使用管理转变进程，选择多个城市开展购车巡展活动等。立足四川餐饮大省优势，全面扩大餐饮消费，助推四川餐饮金字招牌继续做大延伸。"4+6"现代服务业体系建设，为川菜带来高速发展契机。自2018年以来，已成功举办三届"世界川菜大会"，搭建川菜产业国际化交流平台，构建川菜产业生态圈。积极举办"味美四川"川派餐饮汇活动、川味产业发展交流活动，促进以川菜、川调（调味品）为核心的川味产业不断创新发展，助推餐饮消费克服疫情不利影响，使得餐饮消费成为疫情以来恢复最为迅速的四川消费领域。

高度重视中心城市促进消费的载体作用，着力推进成都"国际消费中心城市"建设。发挥成都商业资源集聚活力高、消费文化深厚、本身是重要的旅游目的地城市等优势，出台了《成都市以新消费为引领提振内需行动方案（2020~2022年）》《成都市关于持续创新供给促进新消费发展的若干政策措施》等，不断推进成都消费新场景、新模式建设，首店经济、夜经济潜力不断释放，消费载体功能不断增强。

积极打造新型消费发展条件。近期全省首次批准6个跨境电商示范基地（园区），有效促进跨境消费发展；出台《步行街改造提升三年行动计划

(2020~2022年)》,力争通过3年时间,在全省改造提升30条以上水平领先、环境优美、特色鲜明、文化浓厚、商业繁华、管理规范的步行街,使这些步行街成为四川现代商贸流通体系的重要载体,为新型消费提供重要平台。

综上,从目前四川省经济复苏状况以及较为稳定的国内疫情防控形势来看,2022年四川省消费市场将持续稳定增长、复苏的趋势将继续保持。需求面,消费者信心继续提振;供给面,新型消费持续快速增长,新模式不断涌现,新消费基础设施建设不断增强;政策面,全面促进消费的部署举措不断出台:这些现象都为四川省消费市场进一步复苏、消费持续稳定增长提供了良好支撑。但同时,国际形势存在较大不确定性,国外疫情防控形势尚不明朗,仍呈现诸多不确定性,对我国疫情防控带来较大挑战。整体来看,目前我国疫情防控形势较为稳定有效,随着我国双循环新发展格局的建设,随着全面促进消费各项措施的不断发力,四川省消费市场持续稳定复苏的趋势将继续保持,消费增速有望在目前社消总额已超过2019年同期水平的基础上进一步提升,但需要对境外疫情不确定性带来的影响保持警惕。

三 促进消费品市场发展的对策建议

(一)多措并举,需求端与供给端共同发力促进消费复苏增长

把实施扩大内需战略同深化供给侧结构性改革有机结合起来,进一步深化供给侧结构性改革,最终实现需求牵引供给、供给创造需求的更高水平动态平衡。在供给端,要顺应近年来居民消费需求升级,针对居民不断增强的对品质类、个性化、智能化、高端服务类、绿色环保类等商品或服务的消费需求,加强产品创新,优化产品功能,推进内外贸产品实现同线同标同质,着力改善目前消费升级类产品有效供给不足的局面。

在需求侧则要切实提升居民收入,进一步增强民生保障,提高居民消费信心。需要进一步深化收入与利益分配制度改革,缩小收入差距,着力扩大

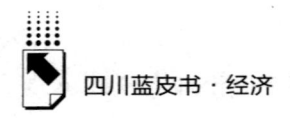

中等收入人群比重。积极贯彻就业优先原则，近年来规模不断增长的大中专毕业生就业问题较为严峻，就业优先至关重要。加大民生保障力度，积极推行房地产领域改革，建设健康发展的房地产市场，切实改变居民住房投入过大对消费造成较大挤占效应的严峻局面。继续推行税制改革，确保个税扣除项目落到实处，适当提高直接税比重。将近年来增长更为迅速的农村消费作为促销抓手，积极改善农村物流配送体系，增加农村居民的财产性收入。

（二）积极拓展新型消费发展空间

着力促进新型消费提质扩容，为消费市场复苏增长提供重要的新动能，为构建双循环新发展格局提供重要支撑。

积极促进消费业态模式创新发展。积极引进发展社群团购、共享经济、"无人经济"、直播带货、定制消费、网上办公教育医疗、云旅游等新消费业态。鼓励电商平台拓宽业务到线下服务领域，比如家政消费、旅游酒店预订、汽车保养维修、家装服务、社区生鲜配送等，推进线上线下产业融合，以更加灵活的电商业态推动消费。积极发展农产品"近场电商"业态，构建"近场电商"供应链，便利农产品消费。新生代消费群体逐渐成为消费主力，在步行街的改造升级、新消费场景的打造中，需要引进现代信息技术提升服务体验，在餐饮消费与休闲娱乐消费场合，需要更多关注新生代消费群体注重交互体验、颜值主义、缤纷趣味、重度分享等消费特征。

加强新型消费基础设施建设与市场秩序建设。加快建设支撑新型消费发展的信息网络基础设施，加大5G网络、大数据中心、人工智能、工业互联网等新基建建设力度，强化服务保障能力。同时要加强新型消费领域相关法律法规和制度建设，提高监管水平，有效规范新型消费市场秩序。

（三）大力推动四川省消费重点领域建设

继续做大做强消费热点领域。深入挖掘四川省汽车消费潜力，进一步扩大汽车消费规模。积极推行新一轮汽车下乡与以旧换新活动。积极举办购车巡展活动、各类大中型车展活动等。积极拓展农村汽车消费市场，改造升级农村道路交通设施，加强乡镇地区加油站等配套设施建设，乡村建设规划要适应汽车下乡的要求等。餐饮消费方面，要发挥世界川菜大会、"味美四川"川派餐饮汇等促销活动对川菜品牌推广的强力作用，以活动带推选、以推选促消费，深度展示四川美食、味道与人文，有力提升川菜高质量发展水平，扩大餐饮消费规模。积极拓展新型餐饮消费模式，促进餐企外卖、半成品食材销售、餐饮社区团购+集中配送、中央厨房+冷链配送、无接触餐饮服务等数字化餐饮业态发展。

持续扩大城市消费，积极拓展农村消费。城市承载着较强的消费功能与较大的消费规模，近年来消费和人口向中心城市都市圈集聚的特点更加突出。需要积极挖掘拓展成都以及其他区域性中心城市的消费载体功能，加强呈现四川人文特点与现代数字经济特点的消费新场景打造，以场景营造为核心，借助数字技术赋能，提升各类消费场景的便捷度和智能化水平，促进新消费创新应用发展。改善农村消费环境，积极拓展农村消费。进一步完善升级乡村物流配送体系，加强分段分块的电子商务服务站与物流配送中心建设。提高农村互联网基础设施保障能力，缓解网络收费压力。加强农村消费服务网点建设，提升农村在售后服务、上门维修、退换货等方面的消费服务水平。

（四）着力营造安全放心的消费环境

着力提高市场监管水平，建设公平有序的市场竞争秩序，为消费者营造安全诚信的消费环境。积极落实《全省放心舒心消费环境建设工作实施方案》，完善消费者权益保护体制机制，简化消费维权申诉程序，提升消费者权益保护工作效能。针对农村地区假冒伪劣商品多、消费环境差、物流配送慢、价格偏高等问题，加大农村地区市场监管执法力度。针对电子商务、互联网消费等领域存在的个人信息安全、金融风险、消费陷阱、商户服务费偏高等问题，需要进一步加大监管力度，积极落实《反不正当竞争法》在互联网消费领域的应用，提高相关法律措施的可操作性，切实提升互联网消费领域监管的有效性。通过各项措施不断提高经营者诚信度、消费者满意度、消费安全度。

B.6
2021~2022年四川省进出口贸易分析与预测

袁 境*

摘 要： 尽管持续受到新冠肺炎疫情影响，四川省经济下行压力增大，但是随着成渝地区双城经济圈建设的全面深入推进，四川亦在更大范围更广领域全面推进开放合作，继续实施"四向拓展、全域开放"的对外开放战略，切实提升四川省开放型经济水平。四川省要牢牢抓住国家"一带一路"倡议、长江经济带发展战略以及国家拓展西部国际陆海新通道等机遇，继续扩大四川省进出口规模，优化全省进出口结构与布局，延续全面对外开放新态势；继续激发自由贸易试验区的引领作用，促进全省进出口贸易迈上新台阶。

关键词： 四川 进出口贸易 自由贸易试验区

一 2021年四川进出口贸易现状与特点

尽管2021年新冠肺炎疫情依然间隔性发生，四川仍然坚持全方位的开放战略与对外贸易政策，使得进出口贸易保持较高速增长。总体来看，2021年前11个月四川外贸总体形势较好，进出口保持增长，外贸结构进一步优化。根据成都海关发布的统计数据：1~11月，四川货物贸易进出口总值达

---

* 袁境，经济学博士，四川省社会科学院产业经济研究所副研究员，主要研究方向为产业经济。

8538.6亿元，规模位列全国第八，较上年增长16.2%，与2019年同期相比增长38.7%。其中，出口5082.9亿元，增长20.4%，与2019年同期相比增长43.4%；进口3455.7亿元，增长10.5%，与2019年同期相比增长32.4%。①

（一）四川进出口商品贸易现状分析

据成都海关统计资料，四川全省进出口主要商品分为两类，分别为初级产品和工业制品，具体情况如表1所示。

表1　2021年1~10月四川进出口商品构成

单位：万元，%

商品类名称	进出口值 本年	同比	出口值 本年	同比	进口值 本年	同比
总　计	75424320	14.0	44735134	18.5	30689186	8.0
一、初级产品	2570105	43.5	523584	27.4	2046521	48.3
0 类食品及活动物	545371	20.5	162599	7.2	382772	27.3
00章　活动物	—	—	0	-100.0	—	—
01章　肉及肉制品	176605	42.9	9237	0.5	167368	46.3
02章　乳品及蛋品	122	35.6	122	2950.0	—	—
03章　鱼、甲壳及软体类动物及其制品	8619	-70.2	4674	94.0	3945	-85.1
04章　谷物及其制品	22614	190.6	4356	4.3	18258	406.5
05章　蔬菜及水果	83715	49.9	43018	-10.2	40697	414.8
06章　糖、糖制品及蜂蜜	2869	-30.0	2238	-36.2	631	6.9
07章　咖啡、茶、可可、调味料及其制品	21234	-7.8	8754	-26.0	12480	11.4
08章　饲料（不包括未碾磨谷物）	92957	25.6	8750	8.8	84207	27.6
09章　杂项食品	136636	1.5	81449	26.7	55187	-21.6
1类　饮料及烟类	81960	-18.7	68498	-14.4	13462	-35.2

---

① 数据来源于成都海关。

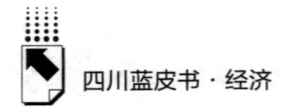

续表

商品类名称	进出口值 本年	进出口值 同比	出口值 本年	出口值 同比	进口值 本年	进口值 同比
11章 饮料	56775	-29.4	43313	-27.3	13462	-35.2
12章 烟草及其制品	25185	23.2	25185	23.2	—	—
2类 非食用原料（燃料除外）	1289504	28.0	138111	21.4	1151393	28.9
21章 生皮及生毛皮	13922	-2.0	—	—	13922	-2.0
22章 油籽及含油果实	86120	-25.7	377	685.4	85743	-26.0
23章 生橡胶（包括合成橡胶及再生橡胶）	12170	-20.9	5190	101.9	6980	-45.5
24章 软木及木材	143553	7.2	3478	211.6	140075	5.4
25章 纸浆及废纸	192825	-5.1	115	11400.0	192710	-5.2
26章 纺织纤维及其废料	79279	-2.8	48253	-2.2	31026	-3.7
27章 天然肥料及矿物（煤、石油及宝石除外）	309851	103.1	9948	111.7	299903	102.8
28章 金属矿砂及金属废料	377941	63.5	7062	103.2	370879	62.9
29章 其他动、植物原料	73843	24.5	63689	21.2	10154	50.1
3类 矿物燃料、润滑油及有关原料	451282	232.5	294	-88.0	450988	238.4
32章 煤、焦炭及煤砖	294364	150.7	30	-98.7	294334	155.6
33章 石油、石油产品及有关原料	17368	107.9	239	115.3	17129	107.8
34章 天然气及人造气	139550	1301.9	25	-64.3	139525	1311.6
4类 动植物油、脂及蜡	201988	113.9	154082	144.9	47906	52.0
41章 动物油、脂	40297	60.1	36120	50.9	4177	237.4
42章 植物油、脂	39222	43.3	142	1.4	39080	43.6
43章 已加工的动植物油、脂及动植物蜡	122469	192.3	117820	203.4	4649	51.9
二、工业制品	72854215	13.1	44211550	18.4	28642665	5.9
5类 化学成品及有关产品	3334273	31.5	2465099	40.8	869174	10.8
51章 有机化学品	886799	29.8	765857	57.8	120942	-38.9
52章 无机化学品	587540	38.0	493961	35.5	93579	52.9
53章 染料、鞣料及着色料	476148	43.1	349718	21.8	126430	176.7
54章 医药品	178742	11.7	140211	0.5	38531	88.0

续表

商品类名称	进出口值 本年	进出口值 同比	出口值 本年	出口值 同比	进口值 本年	进口值 同比
55章 精油、香料及盥洗、光洁制品	54081	35.7	31442	39.1	22639	31.1
56章 制成肥料	239288	46.7	239288	46.9	0	-100.0
57章 初级形状的塑料	342370	34.8	156584	97.4	185786	6.3
58章 非初级形状的塑料	247135	16.6	106232	84.2	140903	-8.7
59章 其他化学原料及产品	322169	22.0	181806	20.2	140363	24.5
6类 按原料分类的制成品	2937133	41.1	2449122	58.5	488011	-8.9
61章 皮革、皮革制品及已鞣毛皮	27831	58.7	12397	246.7	15434	10.6
62章 橡胶制品	143000	27.9	121415	38.1	21585	-9.5
63章 软木及木制品(家具除外)	50666	189.9	35705	244.3	14961	110.5
64章 纸及纸板,纸浆、纸及纸板制品	141722	15.6	120151	17.4	21571	6.5
65章 纺纱、织物、制成品及有关产品	561360	3.2	543460	8.6	17900	-58.7
66章 非金属矿物制品	405909	96.7	369479	128.5	36430	-18.4
67章 钢铁	392634	53.4	292812	102.2	99822	-10.2
68章 有色金属	237325	19.0	124796	45.6	112529	-1.0
69章 金属制品	976686	61.1	828908	84.9	147778	-6.4
7类 机械及运输设备	60460430	9.1	34646178	11.0	25814252	6.6
71章 动力机械及设备	930430	6.5	420085	37.9	510345	-10.3
72章 特种工业专用机械	1338592	-6.9	396756	4.6	941836	-11.1
73章 金工机械	156429	11.8	65796	18.8	90633	7.2
74章 通用工业机械设备及零件	1230410	28.9	819529	34.1	410881	19.6
75章 办公用机械及自动数据处理设备	18946986	8.8	17866885	8.0	1080101	23.8
76章 电信及声音的录制及重放装置设备	4475215	19.8	3670167	31.7	805048	-14.9
77章 电力机械、器具及其电气零件	31903081	8.7	10313998	8.3	21589083	8.9

续表

商品类名称	进出口值 本年	进出口值 同比	出口值 本年	出口值 同比	进口值 本年	进口值 同比
78章 陆路车辆（包括气垫式）	1323819	-3.0	987564	8.5	336255	-26.1
79章 其他运输设备	155466	1.0	105397	0.1	50069	2.9
8类 杂项制品	5766190	36.2	4444123	60.9	1322067	-10.2
81章 活动房屋；卫生、水道、供热及照明装置	530227	46.8	523589	47.4	6638	8.3
82章 家具及其零件；褥垫及类似填充制品	351984	100.9	322976	123.3	29008	-5.1
83章 旅行用品、手提包及类似品	157984	124.1	156125	126.0	1859	31.8
84章 服装及衣着附件	763870	135.1	738944	149.9	24926	-14.6
85章 鞋靴	452323	61.4	448824	62.2	3499	-3.6
87章 专业、科学及控制用仪器和装置	1898089	-0.6	972262	23.6	925827	-17.6
88章 摄影器材、光学物品及钟表	310058	-1.9	68960	-51.2	241098	38.1
89章 杂项制品	1301656	63.4	1212444	74.8	89212	-13.4
9类 未分类的商品	356189	204.0	207028	194.6	149161	218.0

注：表中所提供数据采用联合国《国际贸易标准分类》第三（SITC3）关于原材料、半制品和制成品的分类进行统计。原材料即指第0类~第4类的产品，半制品指第6类的产品，制成品指第5类、第7类、第8类和第9类的产品。

初级产品进出口总值为257.0105亿元，同比增长43.5%；出口总值52.3584亿元，同比增长27.4%；进口总值204.6521亿元，同比增长48.3%。其中，食品及活动物进出口值54.5371亿元，同比增长20.5%；出口总值16.2599亿元，同比增长7.2%；进口总值38.2772亿元，同比增长27.3%；饮料及烟类进出口总值8.1960亿元，同比下降18.7%；出口总值6.8498亿元，同比下降14.4%；进口总值1.3462亿元，同比下降35.2%。非食用原料（燃料除外）进出口总值128.9504亿元，同比增长28%；出口总值13.8111亿元，同比增长21.4%；进口总值115.1393亿元，同比增长28.9%。矿物燃料、润滑油及有关原料进出口总值45.1282亿元，同比增长

232.5%；出口总值0.0294亿元，同比下降88%；进口总值45.0988亿元，同比增长238.4%。动植物油、脂及蜡进出口总值20.1988亿元，同比增长113.9%；出口总值15.4082亿元，同比增长144.9%；进口总值4.7906亿元，同比增长52.0%。

工业制品进出口总额7285.4215亿元，同比上涨13.1%；出口总值4421.1550亿元，同比增长18.4%；进口总值2864.2665亿元，同比增长5.9%。其中，化学成品及有关产品进出口总值333.4273亿元，同比增长31.5%；出口总值246.5099亿元，同比增长40.8%；进口总值86.9174亿元，同比增长10.8%。按原料分类的制成品〔主要包括皮革、皮革制品及已鞣毛皮；橡胶制品；软木及木制品（家具除外）；纸及纸板，纸浆、纸及纸板制品；纺纱、织物、制成品及有关产品；非金属矿物制品；钢铁；有色金属；金属制品等〕进出口总值293.7133亿元，同比增长41.1%；出口总值244.9122亿元，同比增长58.5%；进口总值48.8011亿元，同比下降8.9%。机械及运输设备进出口总值6046.043亿元，同比增长9.1%；出口总值3464.6178亿元，同比增长11.0%；进口总值2581.4252亿元，同比增长6.6%。杂项制品进出口总值576.6190亿元，同比增长36.2%；出口总值444.4123亿元，同比增长60.9%；进口总值132.2067亿元，同比减少10.2%。未分类的商品进出口总值35.6189亿元，同比增长204.0%；出口总值20.7028亿元，同比增长194.6%；进口总值14.9161亿元，同比增长218.0%。

从表1可以看出，初级产品进出口增长幅度较大。其中矿物燃料、润滑油及有关原料的增长幅度最大，增长幅度达两倍；其次是动植物油、脂及蜡的进出口贸易的增长幅度，增速达到113.9%。在工业制品中，未分类的商品的进出口贸易增长幅度最大，其次是按原料分类的制成品的增长率；进出口贸易总值最高的是机械及运输设备，其次是杂项制品。

四川出口劳动密集型产品343.8亿元，增长84%，其中服装及衣着附件、箱包及类似容器和家具及其零件出口分别增长179.8%、155.8%、153%[①]。

---

① 数据来源于成都海关。

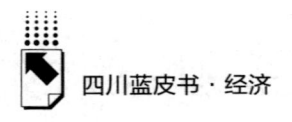

（二）四川进出口运输方式分析

2021年，四川进出口运输方式主要为航空运输、水路运输、公路运输、铁路运输、邮件运输等，少量的为其他运输，具体情况如表2所示。从表2中可知，全省出口总额4473.5134亿元，同比上涨18.5%。其中，航空运输总额2511.0131亿元，同比增长10.1%；水路运输1173.9629亿元，同比增长47.1%；公路运输总额404.5375亿元，同比增长35%；铁路运输总额383.1636亿元，同比下降3%；邮件运输同比下降19.7%；其他运输同比下降96%。

全省进口总额3068.9186亿元，同比增长8%。其中，航空运输总额2252.6431亿元，同比增长4.5%；水路运输总额418.1432亿元，同比增长6.9%；公路运输总额354.7658亿元，同比增长39.3%；铁路运输41.9790亿元，同比增长7.3%；邮件运输下降了31%；其他运输下降了73%。由此，可以看出，无论是出口还是进口，公路运输都增长很快，航空运输依然是进出口最重要的运输方式，而邮件运输与其他运输方式都在快速下降，特别是其他运输方式断崖式下降。这也证明航空、水路、公路、铁路是进出口的重要运输方式，铁路运输在进口货物运输方面有所增加。

表2 2021年1~10月四川进出口运输方式总值

单位：万元，%

	出口			进口		
	本年	上年	同比增速	本年	上年	同比增速
总 计	44735134	37753482	18.5	30689186	28428450	8.0
航空运输	25110131	22807711	10.1	22526431	21555774	4.5
水路运输	11739629	7980704	47.1	4181432	3911165	6.9
公路运输	4045375	2997189	35.0	3547658	2545951	39.3
铁路运输	3831636	3949125	-3.0	419790	391160	7.3
邮件运输	8009	9975	-19.7	11965	17332	-31.0
其他运输	355	8778	-96.0	1910	7068	-73.0

注：数据来源于成都海关。

（三）四川对世界各大洲进出口情况分析

2021年，四川对世界各大洲的进出口贸易情况如表3所示。面向亚洲出口总额为2097.4498亿元，占总出口额的46.88%，同比增长13.4%；对欧洲的出口额为1053.3352亿元，占总出口额的23.55%，同比增长10.6%；对北美洲出口总额为973.4711亿元，占总出口额的21.76%，同比增长33.4%；对拉丁美洲的出口总额为157.2114亿元，占总出口额的3.51%，同比增长49.0%；对非洲的出口总额是104.7388亿元，占总出口额的2.34%，同比增长100.9%；对大洋洲的出口额为87.3071亿元，占总出口额的1.96%，同比增长1.8%。

表3　2021年1~10月四川对世界各大洲进出口总值

单位：万元，%

地区	出口 本年	出口 上年	出口 同比增速	进口 本年	进口 上年	进口 同比增速
总　计	44735134	37753482	18.5	30689186	28428450	8.0
亚　洲	20974498	18491682	13.4	16271670	15192603	7.1
欧　洲	10533352	9527891	10.6	5874134	5426807	8.2
北美洲	9734711	7299734	33.4	7392160	6907804	7.0
拉丁美洲	1572114	1054919	49.0	480144	388282	23.7
非　洲	1047388	521289	100.9	164609	124578	32.1
大洋洲	873071	857966	1.8	495491	371939	33.2

注：数据来源于成都海关。

在进口方面，四川对亚洲的进口总额为1627.1670亿元，占总进口额的53.02%，同比增长7.1%；对欧洲的进口额为587.4134亿元，占总进口额的19.14%，同比增长8.2%；对北美洲的进口额为739.2160亿元，占进口总额的24.09%，同比增长7.0%；四川对拉丁美洲的进口额为48.0144亿元，占进口总额的1.56%，同比增长23.7%；四川对非洲的进口额为16.4609亿元，占进口总额的0.54%，同比增长32.1%；四川对大洋洲的进

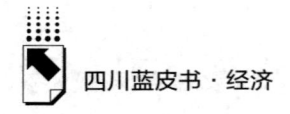

口额为49.5491亿元，占进口总额的1.61%，同比增长33.2%。从分析中可知，四川的主要进出口对象是亚洲国家，其次是欧洲、北美洲。出口增长较快的依次是非洲、拉丁美洲、北美洲，进口增长较快的依次是大洋洲、非洲和拉丁美洲。

（四）四川进出口企业性质分析

从进出口企业性质分析四川进出口贸易占比与增长情况，外商投资企业小幅增长，民营企业增速较快。2021年1~11月，四川有进出口实绩的企业为6457家，与上年同期相比增加731家，其中民营企业进出口2314.5亿元，增长39.9%，占27.1%，增速较上年同期提升4.6个百分点；外商投资企业进出口5571.2亿元，增长6.9%，占65.2%；国有企业进出口649.9亿元，增长35.2%，占7.6%。

四川进出口不同企业性质情况如表4所示。参与进出口贸易的企业有5792家。其中，外商投资企业523家，出口额为2697.8967亿元，占出口总额比重为60.31%，同比增长7%；进口额为2335.0873亿元，占进口总额比重为76.09%，同比增长6.7%。民营企业4911家，出口额为1471.4380亿元，占出口总额比重为32.89%，同比增长42.8%；进口额为487.6620亿元，占进口总额比重为15.89%，同比增长13.9%。国有企业316家，出口额为303.0636亿元，占出口总额比重为6.77%，同比增长36.9%；进口额为244.4706亿元，占进口总额比重为7.97%，同比增长9.5%。临时企业42家，出口额为1.1120亿元，占出口总额比重为0.025%同比下降26.9%；进口额为1.6988亿元，占进口总额比重为0.055%，同比下降36.7%。

由此可知，外商投资企业是四川进出口贸易的主力军，基本占了进出口总额的六成到八成。民营投资企业是四川进出口贸易的第二大主体，并且发展迅速。国有企业进出口额占比为6%~8%，都表现出稳定的增长，特别是出口增长迅速。临时企业无论出口还是进口占比都不高，并且呈现较大幅度的下降趋势。

表4 2021年1~10月四川进出口企业性质

企业性质	实绩企业数（家）	出口额 本年（万元）	出口额 上年（万元）	同比增速（％）	进口额 本年（万元）	进口额 上年（万元）	同比增速（％）
总　　计	5792	44735134	37753482	18.5	30689186	28428450	8.0
外商投资企业	523	26978967	25222052	7.0	23350873	21887920	6.7
民营企业	4911	14714380	10302227	42.8	4876620	4281353	13.9
国有企业	316	3030636	2213987	36.9	2444706	2232326	9.5
临时企业	42	11120	15209	-26.9	16988	26850	-36.7

二　2021年四川进出口贸易特点分析

1~11月，四川进出口贸易仍保持增长，外贸结构持续优化。从月度看，11月，四川外贸进出口值为996.7亿元，创历史新高，同比增长36.5%，环比增长17.1%。其中，出口609.8亿元，增长37%；进口386.9亿元，增长35.6%。

（一）进出口贸易主要集中于成都，其他城市开始发力

据成都海关统计，2021年1~11月成都货物贸易进出口总值达7406.4亿元，占四川进出口总值的86.7%，同比增长13.5%。其中，出口额达4339.9亿元，同比增长15.9%；进口额为3066.5亿元，同比增长10.1%。四川进出口贸易额排名前三的市依次为成都（7406.4亿元）、绵阳（225.6亿元）、宜宾（202.1亿元）。部分市州快速增长，其中，广元、眉山和雅安进出口增速分别为343.1%、164.4%和152.9%。由此可知，成都之外的其他市州进出口贸易正在开始发力。

（二）一般贸易方式与保税物流方式贸易增长较快

从不同的贸易方式来看，一般贸易方式与保税物流方式进出口贸易额增长较快，加工贸易方式的进出口额有较小幅度的下跌。1~11月，四川以一

般贸易方式进出口2083亿元,增长36.5%,占24.4%,增速较上年同期提升3.6个百分点;以保税物流方式进出口1446.9亿元,增长46.9%,占16.9%;以加工贸易方式进出口4685.3亿元,占54.9%,增速较上年同期下降8.9个百分点。

(三)主要贸易伙伴:美国、东盟、欧盟、中国台湾与韩国

1~11月,美国、东盟、欧盟、中国台湾地区和韩国为四川前五大贸易伙伴,合计进出口值占同期四川外贸进出口总值(下同)的69.8%。其中,美国进出口1849.9亿元,增长19%;东盟进出口1623亿元,增长14.3%;欧盟进出口1555.2亿元,增长11.3%;中国台湾地区进出口478.9亿元,增长5.7%;韩国进出口452亿元,增长17.1%。此外,四川对"一带一路"沿线国家进出口2626.2亿元,增长17.6%,占进出口总值的30.8%[1]。

(四)对"一带一路"沿线国家进出口额持续增长

1~11月,成都对"一带一路"沿线国家进出口总额为2325亿元,占全市进出口总额的31.4%,同比增长14.4%。其中,进出口值排名前三的国家分别为越南(756.8亿元)、马来西亚(451.8亿元)、以色列(188亿元)[2]。

(五)机电产品为出口主力产品,劳动密集型产品出口快速增长

1~11月,四川出口机电产品4201.8亿元,增长13.4%,占同期四川外贸出口总值的82.7%。其中,笔记本电脑1171.9亿元,增长15.3%;集成电路926.5亿元,增长5%;平板电脑688.8亿元,下降4%。四川进口机电产品3019.7亿元,增长6.7%,占同期四川外贸进口总值的87.4%。

---

[1] 数据来源于成都海关。
[2] 数据来源于成都海关。

其中集成电路2187亿元,增长8.4%;自动数据处理设备及其零部件117.4亿元,增长20.8%。此外,进口农产品64亿元,增长19.4%[①]。

三 2022年四川进出口贸易发展趋势分析

(一)四川进出口贸易迎来重大发展机遇

随着成渝地区双城经济圈建设推进,2021年3月,四川省商务厅与重庆市商务委共同召开深化川渝商务合作推动成渝地区双城经济圈建设工作座谈会,协同建设"一带一路"进出口商品集散中心,统筹推进川渝自贸试验区协同开放示范区建设,在共同提升中欧班列效能、西部陆海新通道建设等方面加强合作。2021年10月,《成渝地区双城经济圈建设规划》落地。川渝两地进入对外开放的新格局。从历史上的茶马古道到今日的西部陆海新通道,川渝两地有着向西直达欧洲、向南连接东南亚与南亚的独特区位优势。成渝地区双城经济圈建设的深入推进、四川经济发展质量的提高、西部出海新通道的逐步完善、四川对外开放的全面拓展,为四川进出口贸易发展带来重大机遇。

(二)四川进出口贸易将继续保持增长,进出口贸易品种更加丰富

四川作为内陆省份,随着进出口贸易条件的改善,进出口贸易总额将保持增长态势,贸易商品将更加丰富。从最近两年的进出口贸易趋势来看,初级产品将会保持高速增长,初级产品进入进出口贸易的品种会更加多元化。四川作为重要的工业发展省份,制造业会加快发展,特别是机械电子类的发展速度会更加突出,因此,工业制成品中机械电子依然是主要的进出口贸易品,并将保持稳定的增长率。

---

① 数据来源于成都海关。

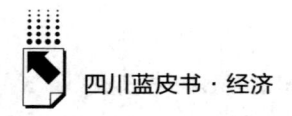

（三）四川进出口贸易将形成以成都为主体多点发展的态势

成都作为四川进出口贸易的主阵地，依然占据着进出口贸易的主要份额。但是随着全省其他地区经济的发展与对外开放步伐的加快，将会有更多快速发展的市州加入进出口贸易，并呈现出快速增长的趋势，从而形成以成都为主要区域、其他市州多点快速增长的进出口贸易态势。

（四）进出口贸易伙伴为美国、东盟、欧盟等，增加"一带一路"沿线国家

四川进出口贸易的主要伙伴依然将是美国、东盟、欧盟、韩国等国家和地区，但随着"一带一路"建设的继续推进以及向西向南通道建设与交通条件的改善，四川向西向南开放的格局将更大、"一带一路"沿线国家的进出口贸易规模将扩大，并将呈现快速增长的态势，凸显四川加强对外开放与贸易发展的新格局。

区域篇
Regional Reports

B.7
2021~2022年成都平原经济区经济形势分析与预测

陈 映 彭雅洁*

摘 要： 2021年以来，面对严峻的国内外形势特别是新冠肺炎疫情反复的冲击，成都平原经济区经济运行面临诸多新矛盾、新挑战。但是，经济区坚决贯彻落实党中央、国务院和省委、省政府决策部署，坚持巩固和拓展疫情防控和经济社会发展成果，坚持稳中求进工作总基调，从供需两端共同发力，经济保持恢复态势，结构调整稳步推进，质量效益明显提升。2022年，成都平原经济区将紧抓成渝地区双城经济圈建设等重大机遇，持续推进全域一体化发展，经济运行将持续恢复、稳中加固。

关键词： 成都平原经济区 经济稳定增长 高质量发展

---

* 陈映，经济学博士，四川省社会科学院产业经济研究所副所长、研究员，主要研究方向为区域经济、产业经济；彭雅洁，四川省社会科学院产业经济研究所硕士研究生。

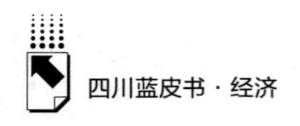

一 经济区经济运行总体情况

成都平原经济区（以下简称"经济区"）是四川省五大经济区之一，涵盖成都、德阳、绵阳、遂宁、乐山、雅安、眉山和资阳八市，常住人口4193万人，占全省常住人口的50.12%。2021年前三季度，经济区GDP达23811.89亿元，占全省的61.1%。2021年是"十四五"规划的开局之年，经济区深入实施四川省"一干多支、五区协同"发展战略，基于打造"高质量发展活跃增长极、科技创新重要策源地、内陆改革开放示范区、大都市宜居生活典范区"（"一极一地两区"）新的战略定位，肩负着推动成都平原经济区全域一体化发展、携手重庆共同打造带动全国高质量发展的重要增长极和新的动力源的重要使命。

（一）2021年前三季度经济区经济运行现状

2021年前三季度，面对十分复杂的全球经济形势以及新冠肺炎疫情反复的冲击，成都平原经济区深入贯彻五大发展理念，扎实推进社会经济平稳运行，各项经济指标均处于合理区间。

经济总量及增速大幅提升。2021年前三季度，经济区GDP达23811.89亿元，占全省的61.6%。相较于2020年同期，经济区八市的经济总量和增速均有不同程度的提升。其中，成都GDP位居全省首位，达14438.75亿元；雅安实现GDP615.16亿元，位居经济区末位，在全省排第18位。绵阳经济增速排名第一，为10.1%；成都市紧随其后，增速为10.0%；遂宁与乐山增速并列最后一位，为9.0%（见图1）。

产业结构持续优化。2021年前三季度，经济区三次产业结构为7.7∶34.7∶57.5。与上年同期相比，第一产业占比下降0.9个百分点，第二产业占比上升0.4个百分点，第三产业占比上升0.3个百分点。其中，第一产业占比中，仅雅安同上年同期相比稍有增加且占比最高，为21%；第二

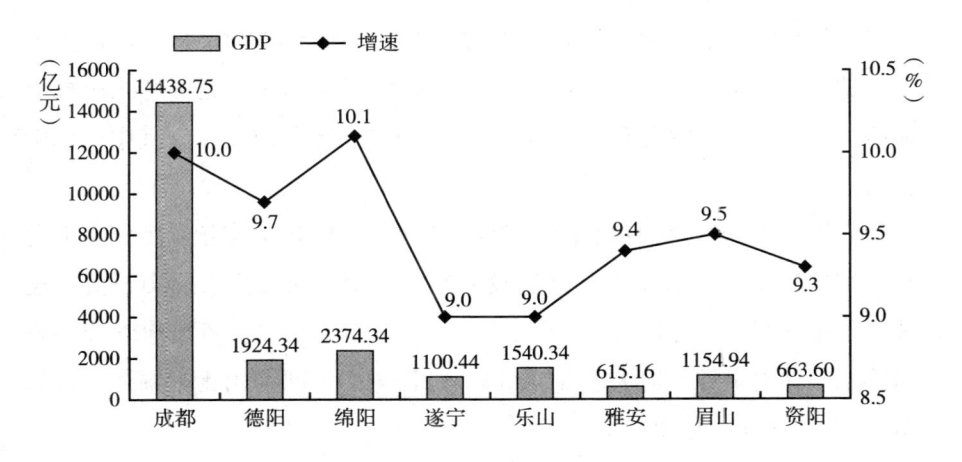

图1 2021年前三季度成都平原经济区八市GDP及增速

产业占比除遂宁、雅安和眉山较上年稍有下降外，其余各市均有所上升；眉山市第三产业比重较上年同期提升幅度最大，为3.4个百分点。成都第三产业占比达65.3%，产业结构最优，第三产业发展继续大幅领跑经济区其余七市（见图2）。

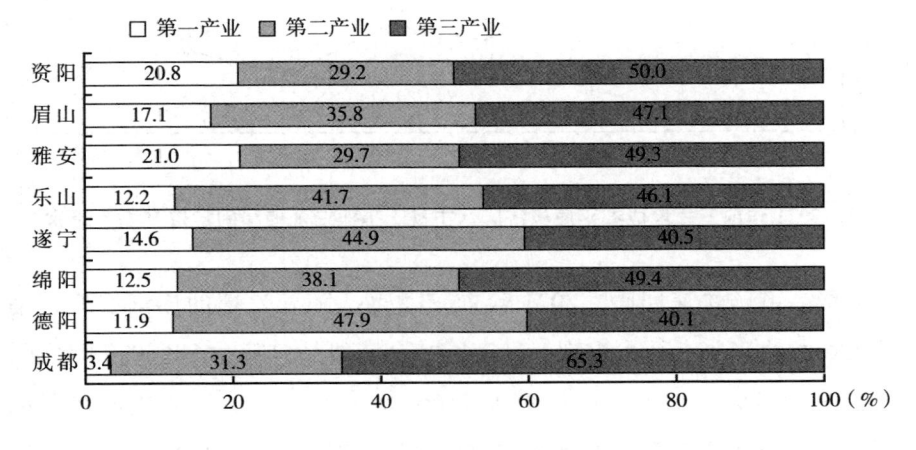

图2 2021年前三季度成都平原经济区八市三次产业结构

规上工业增加值增速恢复。2021年前三季度，经济区八市除雅安市规模以上工业增加值增速与全省平均水平（10.7%）持平外，其余七市均高于全省平均水平。绵阳增速最高，达12.2%；成都市以12.0%的增速排名第二；德阳、乐山并列第三（见图3）。与上年同期相比，经济区八市规上工业增加值增速均大幅提升，平均增速从3.3%上升为11.3%。其中，德阳增幅最大，上升11.2个百分点。

固定资产投资增速加快。2021年前三季度，经济区八市全社会固定资产投资增速均在11%以上，且增速较上年同期都有所提升。眉山投资增速连续两年位列第一，分别为9.8%及14%。德阳固定资产投资增速以13.8%位居第二，高出全省平均水平（11.5%），且与上年同期相比增幅最大，高达10.7个百分点（见图3）。

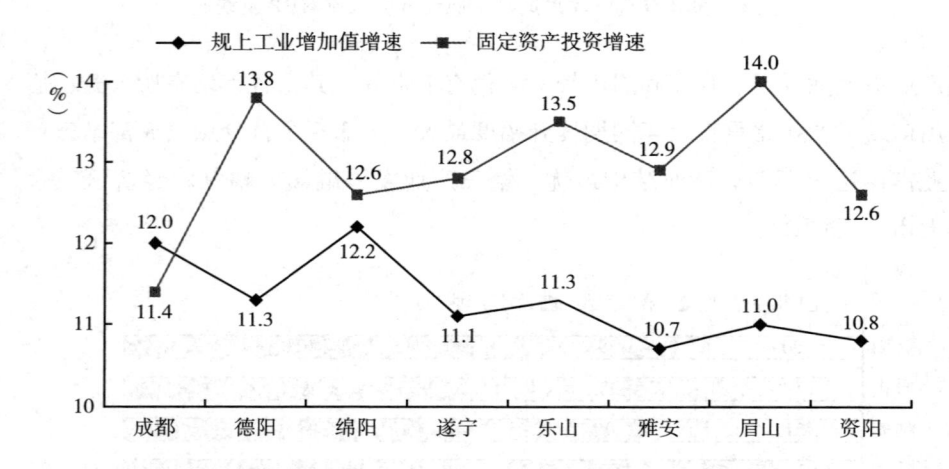

图3　2021年前三季度成都平原经济区八市规上工业增加值和固定资产投资增速

消费品市场快速回暖。2021年前三季度，随着疫情的逐渐稳定，消费品市场加快恢复，活力重现。经济区社会消费品总额达10640.23亿元，占全省的61.2%，比上年同期增加1666.45亿元。其中，乐山的消费品总额虽排名经济区第四，但增速最快，为21.8%；成都社会消费品总额最高，高达6692.1亿元，占经济区的62.9%，增速略低于全省平均水平（18.9%）1.3个百分点。绵阳是经济区第二个消费品总额上千亿元的城市，为1177.87亿元。

（二）经济运行的纵横对比

2015年以来，经济区GDP逐年递增，保持占全省经济总量60%以上的成绩；产业结构逐步调整优化，至2020年第三产业占比已达57.6%；固定资产投资规模扩大，呈不断上升趋势；消费市场十分活跃，社会消费品总额持续增加。总体而言，成都平原经济区近5年经济发展势头强劲，发展成果显著。

1. 纵向对比

成都平原经济区是四川省的五大经济区之首，其经济总量、产业结构、投资规模以及消费等均领跑其他四大经济区。

经济总量及增速上升。经济区GDP占据四川的"半壁江山"，2015~2018年占比均高于63%，2019年和2020年占比虽稍有下降，但仍高于60%。2020年，经济区经济总量为29523.29亿元，较2015年增长10397.29亿元，年均增速为8.1%（见图4）。2021年前三季度，经济区经济总量占全省的比重为61.1%。

图4 2015~2020年四川省与成都平原经济区GDP对比

产业结构深化调整。近五年来经济区产业结构深化调整，经济区与四川省的三次产业结构分别由2015年的8.4∶49∶42.6和12.2∶44.1∶43.7调整为2020年的8.0∶34.4∶57.6以及11.4∶36.2∶52.4，第三产业占比快速上升。2021年前三季度，经济区和四川省产业结构与上年同期相比也有所优化，分别为7.7∶34.7∶57.5和11.5∶35.9∶52.7。经济区第一产业和第二产业比重分别比全省低3.8个、1.2个百分点，第三产业比重比全省高4.8个百分点。

固定资产投资规模与增速。2020年，经济区全社会固定资产投资额为18208.72亿元，比2015年增加了4457.72亿元，占全省的比重也由2015年的52.9%增至2020年的53.6%，投资规模不断扩大。增速方面，经济区固定资产投资增速连续两年同四川省持平，分别为10.2%与9.9%。2021年前三季度，经济区固定资产投资平均增速为12.9%，比四川省平均增速（11.5%）高出1.4个百分点。

消费市场总额与增速。经济区社会消费品零售总额由2015年的8462.40亿元增至2020年的12764.04亿元，增加4301.64亿元。五年来，经济区社会消费品零售额占全省的比重由60.98%提升至61.29%，呈上升趋势。2020年，由于新冠肺炎疫情冲击，全省社会消费品零售总额较2019年下降2.4%，为20824.9亿元，但经济区社会消费品零售总额保持上升，增长480.21亿元，只是增速较前几年有所降低。

城乡居民收入不断提升。2021年前三季度，四川省与经济区城乡居民收入水平与增速同上年同期相比都有提升。四川省城镇居民人均可支配收入为31156元，增速为9.4%。经济区中，成都市城镇居民人均可支配收入最高，为40088元，遂宁市以28607元排在经济区末位。就增速而言，德阳市城镇居民人均可支配收入增速最高，达10%；最低的为眉山（9.4%），但与四川省平均水平持平。2021年前三季度，四川省农村居民人均可支配收入为13106元，增速达11.3%。经济区中，农村居民人均可支配收入最高的仍是成都，为24965元，最低的是雅安，为12370元。增速方面，遂宁以11.7%的增速排在第一位，比四川省平均水平高出0.4个百分点；成都、眉山和资阳以11.2%的增速并列末位（见图5）。

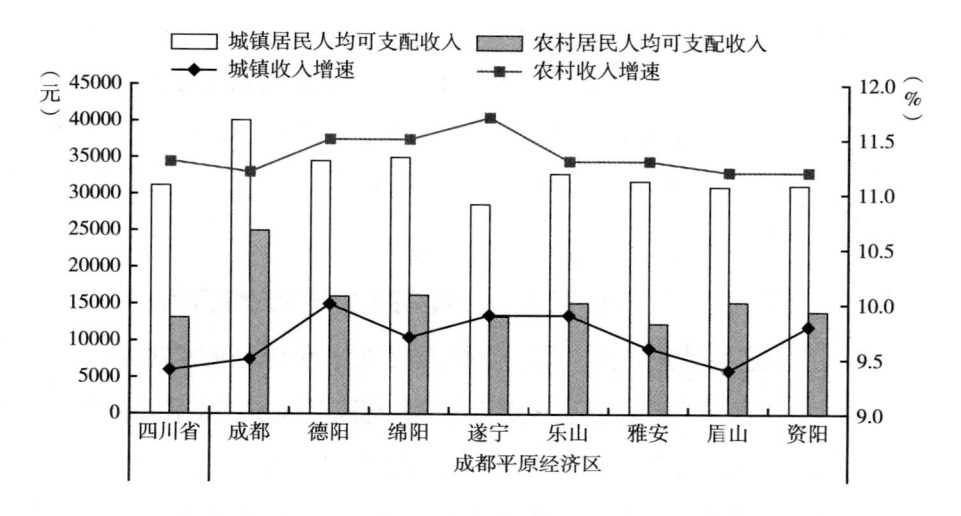

图5 2021年前三季度四川省与成都平原经济区
城乡居民人均可支配收入及增速

2. 横向对比

作为四川五大经济区中经济总量最大、经济活力最强、经济效益最优、发展能级最高的经济区，成都平原经济区引领和有力地支撑着四川经济发展。

经济总量居全省首位。2021年前三季度，成都平原经济区、川南经济区、川东北经济区、攀西经济区、川西北生态示范区的GDP分别为23811.91亿元、6296.76亿元、5956.94亿元、2300.52亿元和632.56亿元，成都平原经济区GDP占全省的61.1%。经济总量方面，在全省3个经济总量超2000亿元的市州中，成都平原经济区占据前2席（成都和绵阳），川南经济区占据1席（宜宾）；在全省经济发展水平排名前十的市州中，成都平原经济区占据4席，数量排五大经济区第一。经济增速方面，达到或超过全省平均增速（9.3%）的10个市州中，成都平原经济区占据6席。川南经济区的宜宾市增速位列全省第一。

经济结构全省最优。2021年前三季度，成都平原经济区经济结构为7.7∶34.7∶57.5，第三产业比例仅次于川西北生态示范区，第二产业占比适中，第一产业占比最小。同期，川南经济区三次产业结构为 14.0∶42.8∶43.2，川东北经济区三次产业结构为 20.4∶33.0∶46.6，攀西经济区和川西北生态示范区三次产业结构分别为 18.9∶38.9∶42.2、16.5∶25.0∶58.5，五大经济区均呈现三二一的产业结构（见图6）。

	第一产业	第二产业	第三产业
四川省	11.5	35.9	52.7
川西北	16.5	25.0	58.5
攀西	18.9	38.9	42.2
川东北	20.4	33.0	46.6
川南	14.0	42.8	43.2
成都平原	7.7	34.7	57.5

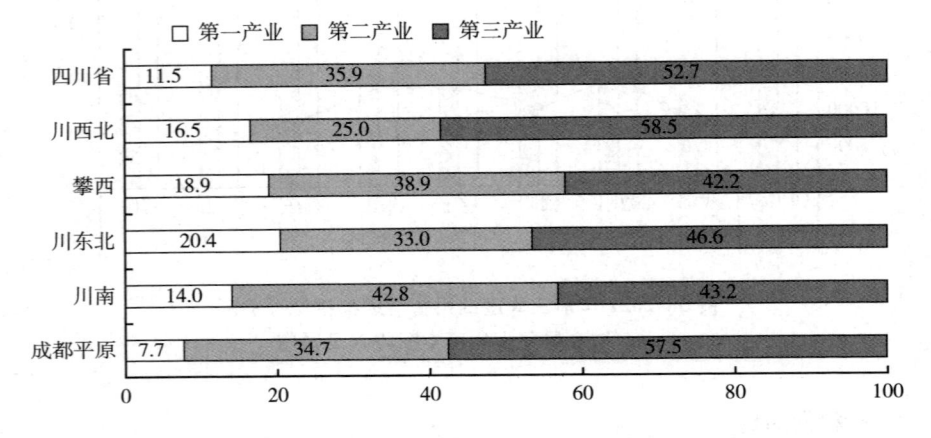

图 6　2021 年前三季度四川省五大经济区三次产业结构

规上工业增加值增长最快。2021 年前三季度，四川省规模以上工业增加值增速为 10.7%，成都平原经济区除雅安市规上工业增加值增速同全省持平外，其余七市增速均高于四川省平均水平（见图7）。五大经济区中，规上工业增加值增长最快的是川西北生态示范区的阿坝藏族羌族自治州（14.9%），增长最慢的是川东北经济区的巴中（-4.3%）。

固定资产投资增长动力最强。2021 年前三季度，四川省固定资产投资同口径同比增长 11.5%，成都平原经济区除成都市增速比全省低 0.1 个百分点外，其余七市增速均高于全省平均水平至少 1.1 个百分点。五大经济区各市州中，固定资产投资增速最快的是攀西经济区的凉山（15.7%），川东北经济区的巴中是唯一负增长的城市（-20.5%）。

消费市场表现最活跃。2021 年前三季度，成都平原经济区社会消费品零售总额为 10640.23 亿元，占全省的 61%，零售总额继续遥遥领先，是川南经济区、川东北经济区、攀西经济区以及川西北生态示范区零售总额

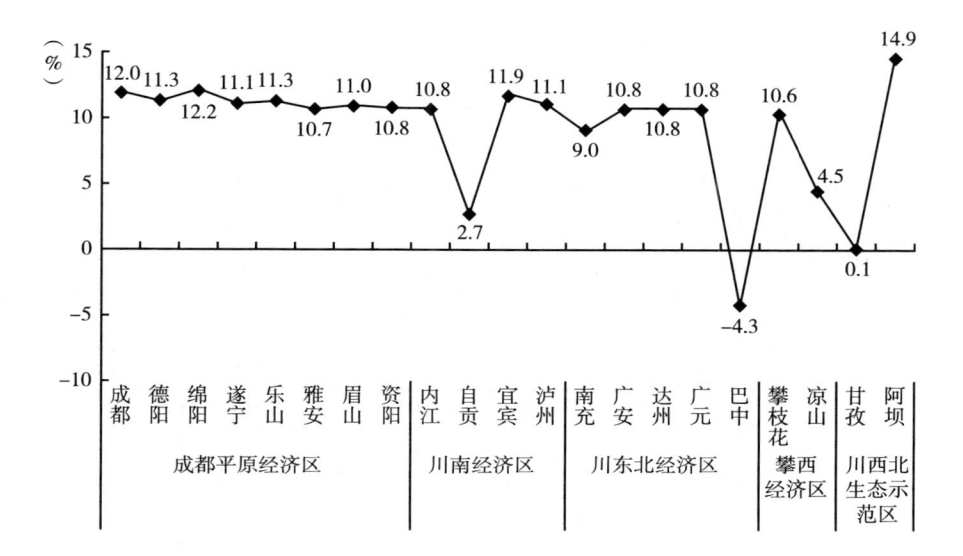

图 7　2021 年前三季度四川省五大经济区规上工业增加值增速

（6741.48 亿元）的 1.58 倍。社会消费品零售额增长最快的市州为成都平原经济区的乐山市（21.8%），最慢的市州为川东北经济区的巴中市（4.3%）。

城乡居民收入水平全省最高。2021 年前三季度，成都平原经济区城乡居民收入水平仍继续位居五大经济区之首。在城镇居民收入及增速方面，成都平原经济区的成都、绵阳、德阳、乐山、雅安、资阳六市的城镇居民收入进入全省前十，分别居第一、第四、第五、第六、第八和第九，攀西经济区的攀枝花市和凉山州分别以 37723 元、27037 元位居第二和最末。城镇居民人均可支配收入增速最高的为川南经济区的宜宾市（10.2%），比全省平均水平（9.4%）高出 0.8 个百分点（见图 8）。农村居民收入及增速方面，成都平原经济区有 5 个市农村居民人均可支配收入进入全省前十，成都市仍排名第一，收入为 24965 元。增速方面，川东北经济区的南充市增速最高，达 12.2%，攀西经济区凉山州农村居民人均可支配收入增速最低，为 11%，比全省平均水平（11.3%）低 0.3 个百分点（见图 9）。

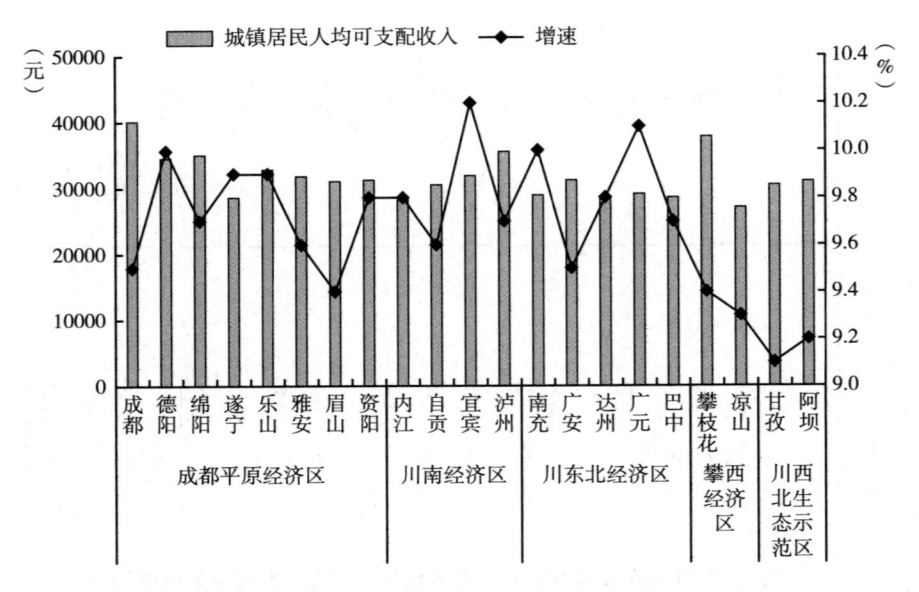

图8 2021年前三季度四川省五大经济区城镇居民人均可支配收入及增速

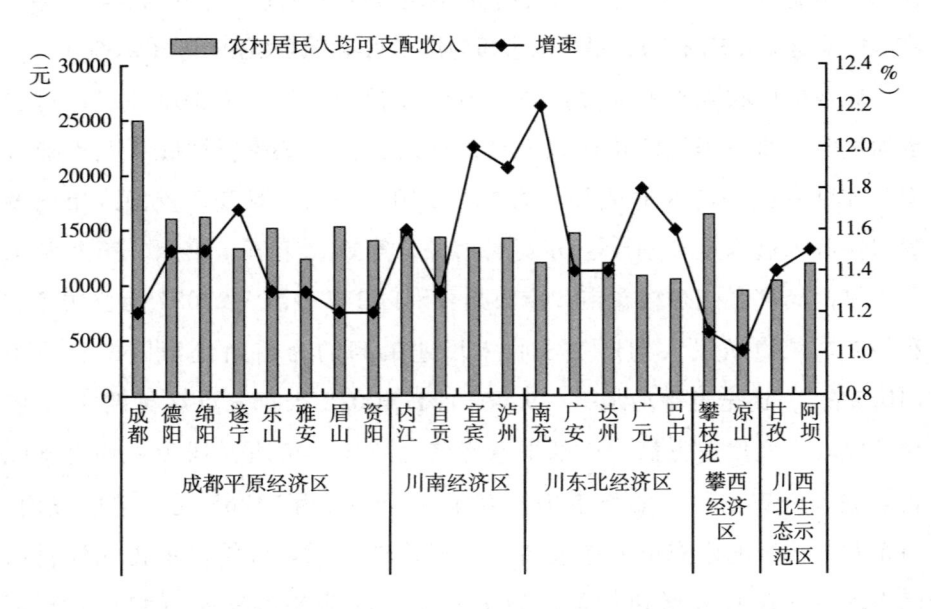

图9 2021年前三季度四川省五大经济区农村居民人均可支配收入及增速

二 经济区经济发展成效及面临的制约

成都平原经济区是全省人口最集中、经济活动最为活跃的区域,在全省发展格局中肩负着重要使命、发挥着重要作用。作为支撑四川经济社会发展的龙头和参与全国经济竞争的主体,作为携手重庆共同打造带动全国高质量发展的重要增长极和新的动力源以及四川构建"一干多支、五区协同"区域发展新格局的主引擎,经济区拥有优越的地理区位和良好的产业基础。"十三五"时期,经济区经济实力大幅提升,创新能力持续增强,基础设施明显改善,开放门户作用凸显,公共服务提质扩容,生态环境更加优良。经济区城乡区域发展协调性持续增强,协同发展体制机制不断完善,为"十四五"时期经济高质量发展奠定了坚实的基础。但也应看到,经济区仍存在内部发展不平衡、产业协作配备不完善等问题。

(一)经济区经济发展成效

1. 经济实力稳固提升

2020年,成都平原经济区实现GDP29523.29亿元,是2015年的1.5倍,2021年前三季度实现GDP23811.89亿元。成都市作为经济区的核心,2020年经济总量达17716.7亿元,在全国城市中排名第六。2021年前三季度实现GDP 14438.75亿元,辐射带动全省高质量发展的作用不断增强。2021年前三季度,绵阳GDP超过2000亿元,德阳、遂宁、乐山以及眉山的GDP超过1000亿元。经济区经济实力以及综合实力都持续提升,继续引领着四川经济高质量发展。

2. 基础设施不断完善

在完善传统基础设施的同时,经济区不断加快布局新型基础设施,着力构建现代化基础设施体系。交通基础设施方面,经济区加快构建"两环三射"轨道交通骨架,新建(包括在建)轨道交通已达1250公里;干线铁路、城际铁路、市域(郊)铁路和城市轨道交通"四网融合"的都市圈轨道交通网络骨架也正在加快形成，铁路公交化运营不断推进，实现公交"一卡通乘、一码通乘"，打造1小时通勤圈；成都－资阳、成都－眉山、成都－德阳等市域铁路加快建设，助力成德眉资同城化发展；经济区"三绕"（环线）高速公路、成绵高速扩容等项目稳步推进，为跨市公交常态化运行提供有力保障。成都天府国际机场建成并投入使用，成都双流国际机场与天府国际机场"两场一体"运行；绵阳、乐山与遂宁支线机场建设加快步伐，经济区综合交通枢纽能级大幅提升。新型基础设施方面，经济区加快推动5G通信基础设施建设，截至2020年底，5G发展指数成都市以89.5位居第一，其次是绵阳市64.1。5G基站建设数量排名前十的市州中，成都平原经济区占据一半，经济区高速信息网络覆盖范围不断扩大。

3. 创新能力显著提升

经济区重视重大创新平台以及高校知识产业建设，截至2020年末，经济区拥有各类高等院校93所、高新技术企业7225家，还拥有大批国家级重大科技基础设施、重点实验室、工程研究中心、地方联合工程研究中心、企业技术中心。四川9家国家级双创基地，经济区就占据6个。成都、绵阳、乐山、德阳4个国家级高新技术开发区集聚了全省绝大部分的科教资源和人力资源，展现出强劲的科技创新能力。西部（成都）科学城与绵阳科技城联动发展，协同德阳、眉山、乐山打造协同创新共同体。成德绵科技创新走廊建设和高新技术产业集聚发展势头良好。截至2020年底，经济区高新技术产业实现营业收入1.49万亿元。

4. 门户枢纽功能增强

中国（四川）自由贸易试验区改革取得显著成效，自贸试验区第六批共37项改革试点经验中5项成果入选推广，位居全国第三。德阳、眉山、资阳、温江纳入协同改革先行区，四川天府新区成功获批国家级进口贸易促进创新示范区。"一带一路"国际多式联运综合试验区加快建设，中欧班列（成都）开行量不断刷新纪录，"蓉欧+"东盟国际班列德阳和眉山基地建成投用。成都商贸城功能区、遂宁经开区成功认定为国家级外贸基地；成都高新技术产业开发区、德阳经济技术开发区以及绵阳市的国家科技兴贸基地纳入国家级外贸基地序列，经济区外贸基地队伍进一步壮大，集群集约效应初步显现。同时，成都平原经济区携手其他四大经济区共同打造南向开放门户，加快建设东向北向出川大通道，开放合作水平进一步提高。

5. 公共服务提质扩容

教育方面，经济区结对共建 300 所学校，成德眉资教育"八大共享平台"逐渐向全域拓展，实现教师继续教育学分互认、相互开放培养资源。医疗方面，经济区突发公共卫生事件联防联控机制不断完善，成德眉资居民就医"一码通"基本实现，四川大学华西医院与眉山市三家医院均已建立医联体，德阳市 20 余家医疗机构与华西医院、省人民医院等开展双向转诊、远程会诊、医联体构建等合作，资阳已构建起对接省级龙头医院的四级远程医疗体系，四川省在蓉优质医疗资源逐步向各市延伸。政务服务方面，经济区有效实施政务服务"最多跑一次""不见面审批"，统筹建立数据共享交换平台，互通共享政务信息资源，推动区域内政务联网互认，促进线下异地办理和全流程线上办理。社会保障方面，实现医疗保险关系无障碍转移接续，医保异地就医费用联网直接结算、医保基金协同监管。成德眉资成立全国首个社工服务联盟，成都 30 多家社工机构承接德阳、眉山、资阳三地服务项目 40 余个，经济区公共服务一体化水平显著提升。

6. 生态环境更加优良

经济区秉持"绿水青山就是金山银山"的理念，共同守护绿水青山。经济区加强环境污染联防联控，8 市联合签署一系列生态环境保护一体化发展合作协议。成都创新提出以空气质量预报和联合预警会商作为突破口和切入点，促进区域大气污染联防联控的进一步深化和落实。同时，经济区邀请专家学者为区域大气污染防控"把脉问诊"，促进平原区内城市大气污染防治技术水平的提升，进一步推动区域联防联控工作。经济区各市还建立了城市轮值制度，设置轮值主席一职，由平原区内各城市相关职责部门轮流担任，每月轮换一次。经济区空气环境质量和河流水质均得到持续改善。

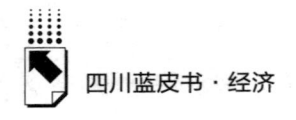

（二）经济区经济发展面临的制约

1. 内部发展极不平衡

经济区内部发展不平衡，一体化发展尚需时日。2021年前三季度，成都市实现GDP14438.75亿元，是经济区唯一一个GDP上万亿元的城市。位居经济区第二位的绵阳市，前三季度经济总量为2374.34亿元，仅占成都市的16.5%。同时，在高新技术产业、现代服务业以及人力资源等方面，成都均拥有绝对优势。成都首位度过高、"一城独大""一枝独秀"矛盾仍然突出。经济区内部八市城镇等级规模体系明显断层，除成都中心城市外，缺乏强有力的副中心城市支撑，形成多中心网络化的一体化发展格局任重道远。

2. 产业协作配套亟须加强

虽然成都平原经济区产业间的分工协作在不断加强，但是配套仍不够完备。成都在电子信息、汽车、生物医药、新能源、新材料等先进制造业方面已形成了明显的优势，绵阳、德阳、眉山、雅安等周边城市均重点发展汽车、电子信息等产业，但各城市间并未形成产业链上的合理分工，产业间关联度很低。例如，雅安的汽车零部件产品省外销售比重远大于省内，各城市间在新能源汽车研发及生产等方面的合作也很少。经济区各市间的合作园区较少，对"飞地经济"、"园中园"或"共建园"的产业合作模式未进行深入探索与借鉴，都市圈"研发+转化""总部+基地""终端产品+协作配套"等产业互动新格局还未真正形成，产业间联系不够紧密，产业协作配套不够完善。

3. 生态环境共保共治尚需时日

成都平原经济区是四川人口密度最大、工业化和城镇化水平最高的区域，工业污染、农业面源污染虽有改观但形势不容乐观。大气污染类型多、污染源复杂。冬季雾霾污染十分严重，经济区部分城市出现重度及以上的污染。进一步改善空气质量，实现空气质量全面达标，守护"蓝天幸福"需要八市携手开启一系列破圈行动。部分水环境功能区水质不达标，污水治理、河道治理成效还不显著。固体废弃物严重影响生活环境。鉴于此，实现可持续发展下的低碳工业化和经济绿色生态化任务艰巨。

4.一体化发展体制机制还不健全

区域协同发展需要健全的体制机制提供保障，成都平原经济区一体化发展的机制不够健全，影响了政策的执行效果和推行力度。经济区尚未建立起协同高效的合作机制，缺乏推进产业协调发展的统筹规划，容易引发经济区各市之间产业合作利益分享、风险分担等方面的矛盾和冲突，在遇到一些重大瓶颈问题时难以取得实质性突破。经济区"引进来"与"走出去"的利益共享与成本共担机制尚未真正建立，跨区域合作项目成本共担利益共享机制、招商引资项目异地流转利益共享机制仍在探索之中。

三 2022年成都平原经济区经济形势预测

目前，成渝地区双城经济圈建设、"一带一路"建设、长江经济带发展、新时代西部大开发、西部陆海新通道建设等一系列国家重大战略交汇叠加，一系列政策红利、改革红利和发展红利将加速释放。成都平原经济区作为四川经济发展主引擎，须紧抓国家战略多重叠加的重大机遇，借势借力实现经济高质量发展。

2021年，成都平原经济区经济稳中向好。2022年，成都平原经济区将深入构建新发展格局，继续保持经济平稳增长，加快推进内圈同城化、全域一体化。

（一）经济总量平稳增长

2021年前三季度，经济区GDP达到23811.89亿元，同比增长11.7%，增速比全国平均水平（9.8%）高出1.9个百分点，比四川省平均水平（9.3%）高出2.4个百分点，总体呈现出稳中恢复、稳中加固、稳中提质的特点。2022年，经济区将继续发挥成都中心城市的极核功能，推进经济区内圈同城化、全域一体化，全面提升区域发展能级；提升数字化发展水平，打造数字经济高地；完善协同创新体系，推动产业协作共兴；推动八市在基础设施、公共服务以及生态多样性等重点领域的协同联动。随着经济的平稳运行，2022年经济区GDP将实现平稳增长。

（二）经济结构不断优化

2021年前三季度，经济区三次产业结构为7.7∶34.7∶57.5，经济区第一产业比重比全省低3.8个百分点，第三产业比重比全省高4.8个百分点。经济区作为四川推动构建现代化开放型产业体系的主阵地，将大力发展特色产业，推动先进制造业和现代服务业深度融合发展，推动数字经济和实体经济深度融合。优化区域产业布局，进一步推动产业分工合作，为四川省加快完善"5+1"现代工业体系、"4+6"现代服务业体系、"10+3"现代农业体系注入源源不断的动力。2022年经济区经济结构将持续优化。

（三）消费品市场持续恢复

当前，我国正在加快构建以国内大循环为主体、国内国际双循环相互促进的双循环新发展格局。国家不断出台促消费的政策措施以及城乡居民收入水平的日益提高，将进一步促进消费的持续恢复和不断升级。2021年前三季度，经济区社会消费品总额为10640.23亿元。2022年，经济区将加大力度挖掘消费潜力，促进居民收入提高，将新一代信息技术融入消费领域，借助数字化培育消费新业态和推广消费新模式，打造国际消费中心，助推消费持续增长。

（四）数字经济作用凸显

当前，数字经济已成为新一轮科技革命和产业变革的重要引擎，是未来经济的发展方向。经济区作为四川数字经济创新发展的主战场，将深度参与国家数字经济创新试验区建设，助力打造数字经济新高地。2022年，经济区数字基础设施、智慧城市、智能制造产业等方面将迅速发展，数字经济核心产业竞争力将不断增强，产业数字化将取得重大突破，数字经济对经济区生产总值的贡献率将进一步提升。

四 成都平原经济区经济发展对策建议

目前，面对百年未有之大变局、经济下行压力以及高质量发展的目标，成都平原经济区必须保持经济发展优势，强化成都极核引领功能，打造成都都市圈，推动经济区一体化发展，在全省实施"一干多支"发展战略中走在前列、做好表率，成为推动成渝地区双城经济圈建设的动力源，努力在推进新时代西部大开发中发挥重要作用。

（一）健全协同发展机制，推动区域一体化发展

一是加强统筹协调，建立统一、综合、多层次的规划体系。在成都平原经济区"十四五"规划的基础上，促进其他区域规划及区域间合作协议转化为一体化发展行动计划。二是共建要素交易平台，推进要素市场一体化。打破行政壁垒，促进资本和技术等要素合理流动和高效配置，畅通劳动力和人才的跨区域流动渠道。例如，扩大交子金融"5＋2"平台服务范围，协同实施"五千五百"上市行动计划等，促进资金在经济区的顺畅流动；进一步协调经济区八市的户籍管理体制、完善区域人才服务保障特殊政策，保证人力资源和劳动力在经济区顺畅流动。三是加快探索共建共享体制机制。协商制定合理的成本分摊、利益共享机制，在基础设施建设、产业分工协作、公共服务一体化等方面形成共建共享的长效机制。推进经济区和行政区适度分离改革，逐步推行跨区域财政协同投入和税收联合征管，合理划分行政区合作项目产生的财税利益。四是建立产业协作配套机制，鼓励采用"总部＋基地""研发＋转化""终端产品＋协作配套"模式，推动经济区专业化分工协作，完善产业协作配套。

（二）立足各市比较优势，塑造特色化发展优势

依托要素促进区域特色化发展、差异化竞争。立足各市比较优势，突出功能定位，坚持错位发展、优势互补，构建布局合理、价值高端、

协作高效的现代产业体系，提升经济区整体发展层次。一是做大做强成都都市圈。成德眉资四市作为内圈，要充分发挥成都带动作用和德阳、眉山、资阳比较优势，以"三区三带"为重点，共建跨区域产业生态圈、产业功能区。如推动成都、德阳共建重大装备制造基地，打造成德临港经济产业带；加快天府新区成都片区和眉山片区融合发展，打造成眉高新技术产业带；创建成德眉资同城化综合试验区，不断提升都市圈的极核功能和综合承载能力。二是强化"双圈联动"。绵阳、乐山、遂宁、雅安四市作为外圈，应主动与内圈联动发展，有序承接内圈的产业转移。优化经济区空间布局，推动全域一体化发展，构建中心城市引领型、组团式多层次网络化空间结构。

（三）加大科技创新力度，打造科技创新策源地

提高自主创新能力，加快构建区域创新共同体。一是打造科技创新平台。高标准建设西部（成都）科学城，加快建设中国（绵阳）科技城；聚焦核能、航空航天、信息技术和生物医药、基础材料、锂电及新材料等领域，建设高水平综合性科学中心、工程（技术）研究中心、生物安全防护高等级实验室；大力建设世界一流的科研院所和高等学校，培养和吸引高技术创新人才，为科技创新提供源源不断的动力源泉。二是加强区域间技术交流。集聚科研力量合作开展重大项目攻关，实现关键核心技术的重大突破。三是共建科技成果转移转化平台；引进和培育技术转移示范机构和示范企业，提升科技成果转化能力；共同承办"一带一路"科技交流大会，推动科技成果转移转化。四是完善协同创新机制，为区域创新提供有力保障。例如，联合加强经济区知识产权保护、完善人才评价机制和服务保障体系、研究出台人才协同发展专项支持政策，等等。

（四）推动产业协作共兴，构建现代产业体系

一是聚焦"5+1"现代工业体系，以特色优势产业和战略性新兴产业为主攻方向，培育先进制造业产业集群，加强经济区产业链的稳链、

强链、补链、延链功能。在5G、区块链等新兴技术产业发展的基础上，积极探索数字产业集聚发展新模式。促进传统制造业向数字化网络化智能化转型，推进新一代信息技术与实体经济深度融合，创建国家数字化转型促进中心，实施"上云用数赋智"行动，推动传统企业智能化改造。支持雅安建设成渝地区大数据产业基地，支持建设国家级工业互联网平台、国家工业互联网大数据分中心。二是聚焦"4+6"现代服务业体系，持续推进服务业"三百工程"建设，协同塑造行业标杆和服务典范，合作共建经济区物流产业园，共同承办更多全国性国际性大型展会活动，协同发展会展配套服务产业。推动大数据与现代服务业深度融合，发展线上线下联动服务模式，大力培育智能零售、平台经济等新业态新模式。三是聚焦"10+3"现代农业体系，加快发展休闲农业、绿色农业、数字农业，促进农村一二三产业深度融合。广泛利用物联网、大数据、地理信息系统等信息技术推动农业的数字化转型发展，加快建设成德眉资都市现代高效特色农业示范区，打造重要农产品高质量保供基地，联手提升农产品品牌竞争力。

（五）秉持绿色发展理念，共护绿水青山

坚持绿色发展理念，促进生产生活生态"三生"融合，让绿色成为高质量发展的底色。一是继续打好"蓝天、碧水、净土"保卫战，继续深入实施《成都平原经济区生态环境保护一体化发展合作框架协议》，积极开展联防联控联保。加快推动区域协同编制二氧化碳排放达峰行动方案，联合开展空气质量持续稳定达标和碳达峰行动，助力国家"30·60"目标如期实现；深化流域水污染治理，建立水环境控制单元体系，联动开展岷江、沱江、涪江等重点流域水环境综合治理；协同推进固废处置与土壤修复，强化跨行政区划转移监管，鼓励垃圾环保发电厂跨市共建共用，开展土壤治理修复技术交流与合作。二是绿化城市空间。成都应持续推进公园城市建设，着力构建"山水田林城"公园城市总体格局，塑造"城园相融"的公园城市大美形态；支持雅安建设绿色发展示范市、

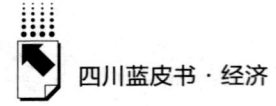

遂宁建设绿色经济强市。三是推进产业绿色化发展。加快淘汰落后产能，推进传统行业的绿色转型和升级改造，推行清洁能源替代工程，推动产业向高端化、融合化发展。四是生活方式绿色化。推动生活方式和消费模式向资源节约、低碳绿色的方向转变，守护绿色生态空间，促进人与自然和谐共处。

B.8
2021~2022年川南经济区经济形势分析与预测

龚勤林　孙小钰*

摘　要： 2021年上半年，全国疫情防控成效显著，经济运行环境比较平稳，川南经济区经济整体上得到了很大的恢复和发展。预计2022年川南经济区将维持经济发展的良好态势，消费市场稳中向好，产业结构将进一步调整优化，整体创新能力显著增强，在多重政策的辐射下，对外开放水平和区域一体化水平也将不断提高。在"十四五"规划的指导下，川南经济区只有抓住机遇，充分利用自己的区位优势和政策扶持，才能实现高质量发展，打造四川省第二增长极。因此，川南经济区要加快建立现代产业体系，加强区域创新能力建设，注重生态整体治理，提升区域一体化水平，持续融入双循环新发展格局，为四川省的经济发展提供强劲的动力支撑。

关键词： 川南经济区　经济恢复　区域一体化

一　川南经济区发展现状

川南经济区包括自贡、内江、宜宾、泸州四个市，共有28个县（市、

---

* 龚勤林，经济学博士，四川大学经济学院副院长、教授、博导，主要研究方向为区域与城市经济、产业经济；孙小钰，四川大学经济学院硕士研究生。

区),区域面积达到3.5万平方公里,占四川省总面积的7.3%,2020年末常住人口1447.3万人,占四川省总人口数的17.3%。川南经济区作为四川省南部的区域发展增长极,是四川省积极响应"十四五"规划,深入推进"一干多支、五区协同"战略的重要经济中心。"十三五"以来,川南经济区在城乡协同发展、产业转型升级等多领域取得了显著的成效,为"十四五"时期向第二个百年奋斗目标迈进奠定了坚实基础。2021年上半年,疫情得到基本控制,川南经济区的经济态势得到了很大的恢复和改善,特别是消费市场的"逆转式发展",对经济发展产生了很大的拉动作用,但经济区整体经济实力仍然有很大的提升空间,经济恢复基础比较脆弱,产业集中度不高,交通干线不够完善,对外开放程度较低。对不稳定的国内外形势,川南经济区经济发展仍面临较大的压力。2022年,川南经济区要抓住发展机会,于困难挑战中把握机遇,在未知变化中开辟新局,促进经济稳定增长。

(一)经济增长持续恢复

2021年上半年,防疫工作取得显著成效,疫情得到基本控制,为经济的持续恢复和稳定回升提供了稳定的环境,四川省整体经济与2020年同期比较,增速大幅回升,GDP达到25232.39亿元,同比增长12.1%。五大经济区中川南经济区的GDP为3988.73亿元,占全省的比重为15.8%,增速达到12.4%,增速高于全省0.3个百分点(见表1)。川南经济区内部的各市中,宜宾市经济发展势头最强劲,无论是GDP还是GDP增速都领先于其他三市。2021年上半年,宜宾市实现GDP 1381.79亿元,位居全省第三,增速达到13.3%,位居全省首位。泸州市紧随其后,GDP达到1122.80亿元,位居全省第六;增速达到12.1%,位居全省第七。内江市和自贡市的经济增速也有很大的提升,分别达到12.3%和11.8%,位居全省第五和第九,但是经济总量与宜宾市和泸州市相比仍有较大的差距。

表1　2021年上半年川南经济区GDP及增速

单位：亿元，%

地　区	GDP	全省位次	增速	全省位次
自　贡	740.07	11	11.8	9
内　江	744.07	10	12.3	5
宜　宾	1381.79	3	13.3	1
泸　州	1122.80	6	12.1	7
川南经济区	3988.73	—	12.4	—
全　省	25232.39	—	12.1	—

资料来源：四川省统计局、川南经济区四市统计局官网。

（二）产业结构持续优化

近年来四川省积极推进现代产业合作共兴，产业结构持续升级，在此背景下，川南经济区也加快发展现代产业，推进传统产业升级，加快淘汰落后产能，不断完善产业结构。2021年上半年川南经济区的产业结构调整为10.46∶43.50∶46.04，从过去长期的以第二产业为主导转型为第三产业占比最大（见图1）。分产业来看，第一产业和第二产业的比重整体上减少，从2014年到2021年上半年，第一产业比重下降了3.28个百分点，变化不大，而第二产业比重下降了16.82个百分点，下降较多；第三产业的比重有着显著的提高，从2014年的25.94%提升至2021年上半年的46.04%，提高了20.1个百分点。由此可见，近年来川南经济区的产业结构优化成效显著，第三产业的比重已经超过第二产业，得到了很大的发展，但是比起四川省8.20∶36.70∶55.10的产业结构，川南经济区老工业基地产业转型升级示范区建设仍有很大的提升空间。

（三）工业发展稳步回升

2021年上半年，川南经济区稳步推进工业经济的恢复发展和工业结构的持续优化，工业增加值增速稳步回升，达到12.4%，比全省平均水平高0.3个百分点。分城市来看，宜宾市的增速最高，达到13.1%，比全省平均水平

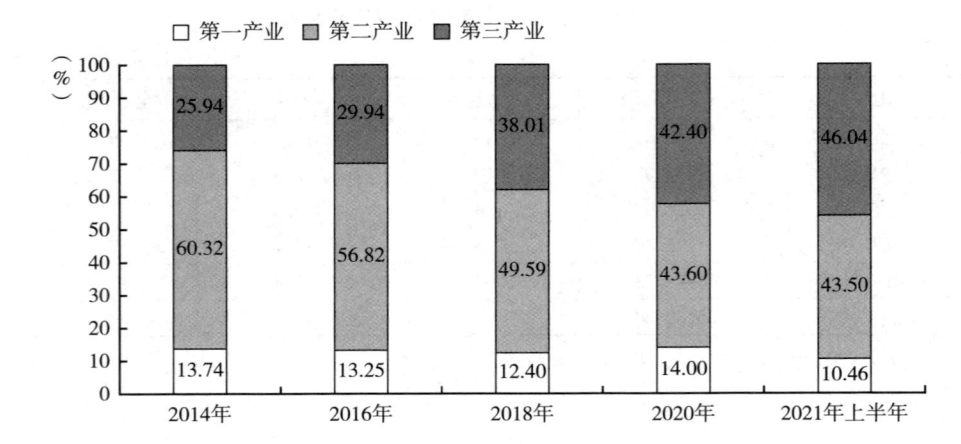

图1 川南经济区三次产业结构变化

资料来源：四川省统计局、川南经济区四市统计局官网。

高1个百分点，其中"5+1"产业的增速为12.5%，高技术产业增加值增长87.7%，智能终端、新能源及智能汽车等新兴产业前景向好。泸州市紧随其后，工业增加值增速达到12.6%，其中高技术产业稳步发展，增加值同比增长23.6%，特别是电子信息、医药制造业等行业，潜力巨大。内江市的工业增加值增速达到12.4%，高技术产业增势向好。自贡市相对来说发展较缓，工业增加值增速为9.2%，低于全省的平均水平（见表2），但高科技产业发展形势良好，比如航空航天器及设备制造业增长123.2%，发展势头迅猛。

表2 川南经济区规模以上工业增加值近年增速

单位：%

地区	2014年	2015年	2016年	2017年	2018年	2019年	2020年	2021年上半年
自贡	7.8	8.1	8.5	9.4	9.7	9.5	5.1	9.2
内江	9.4	8.1	9.4	6.1	9.3	9.5	5.0	12.4
宜宾	8.2	9.0	9.7	10.5	9.8	10.4	5.6	13.1
泸州	12.3	14.0	11.7	10.9	10.4	10.0	5.0	12.6
川南经济区	9.4	9.4	9.8	9.2	9.8	9.6	5.1	12.4
全省	9.6	7.9	7.9	8.5	8.3	8.0	4.5	12.1

资料来源：四川省统计局、川南经济区四市统计局官网。

（四）全社会固定资产投资稳步增长

2021年上半年，四川省全社会固定资产投资增速为13.9%，较2020年同期有很大的提升，其中川南经济区的固定资产投资增速达到15.3%，比四川省高1.4个百分点，整体走势稳中向好，持续回升。川南经济区各市中，宜宾市全社会固定资产投资增速最突出，达到16.1%，位居全省第二，比四川省高2.2个百分点；泸州市紧随其后，固定资产投资增速达到15.7%，位居全省第五，比四川省高1.8个百分点；内江市与泸州市固定资产投资增速相近，达到15.5%，位居全省第七，比四川省高1.6个百分点；自贡市在四市中相对落后，固定资产投资增速为13.9%，位居全省第17，与四川省的增速保持一致（见表3）。

表3　2020~2021年上半年川南经济区固定资产投资增速

单位：%

地　区	2020年	位次	2021年上半年	位次
自　贡	10.4	10	13.9	17
内　江	10.9	5	15.5	7
宜　宾	11.3	4	16.1	2
泸　州	10.8	6	15.7	5
川南经济区	10.9	—	15.3	—
四川省	9.9	—	13.9	—

资料来源：四川省统计局、川南经济区四市统计局官网。

（五）消费品市场持续回暖

2021年上半年，疫情的有效防控在很大程度上释放出消费品市场的潜在活力。四川省实现社会消费品零售总额11684.60亿元，同比增长23.70%，增速高于全国平均水平；川南经济区实现社会消费品零售总额1759.54亿元，同比增长25.20%，增速比四川省平均水平高1.5个百分点，总额占全省的15.06%。四市中泸州市的社会消费品零售总额增速处于领先地位，达到25.50%，位居全省第一；自贡市增速达到25.20%，消费需求稳中有升；内江市的增速达到25.10%，商品零售所占据的市场份额扩大；宜宾市的增速达到24.90%，四市的增速都高于全省平均水平，消费品市场持续回暖，增速大幅回升（见图2）。

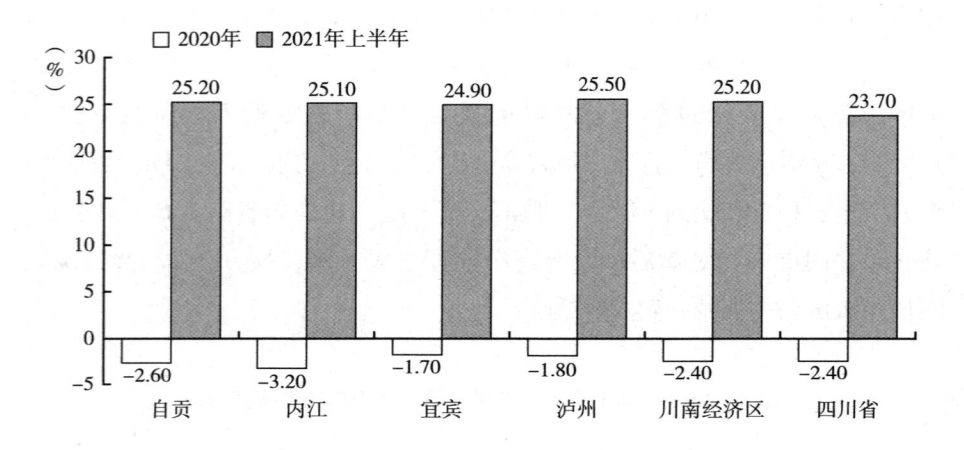

图2　川南经济区四市社会消费品零售总额增速

资料来源：四川省统计局、川南经济区四市统计局官网。

（六）财政收支稳健运行

2021年上半年，疫情得到基本控制，经济社会环境比较稳定，川南经济区的财政收支运行稳健，财政支出持续增加，财政收入增速较大。其中，宜宾市的财政收支总额和增幅都较大，一般公共预算支出达到264.38亿元，增速为18.40%；一般公共预算收入达到149.35亿元，增速为35.20%。泸州市预算支出达到233.30亿元，增速为5.00%；预算收入达到106.20亿元，增速为21.90%，在川南经济区各市的财政收支总额和增速中，与宜宾市同处于领先地位。自贡市与内江市的财政收支水平相近，自贡市预算支出达到116.61亿元，增速为5.47%；预算收入达到35.16亿元，增速为8.34%。内江市预算支出达到117.47亿元，增速为6.10%；预算收入达到42.59亿元，增速为9.90%（见图3）。

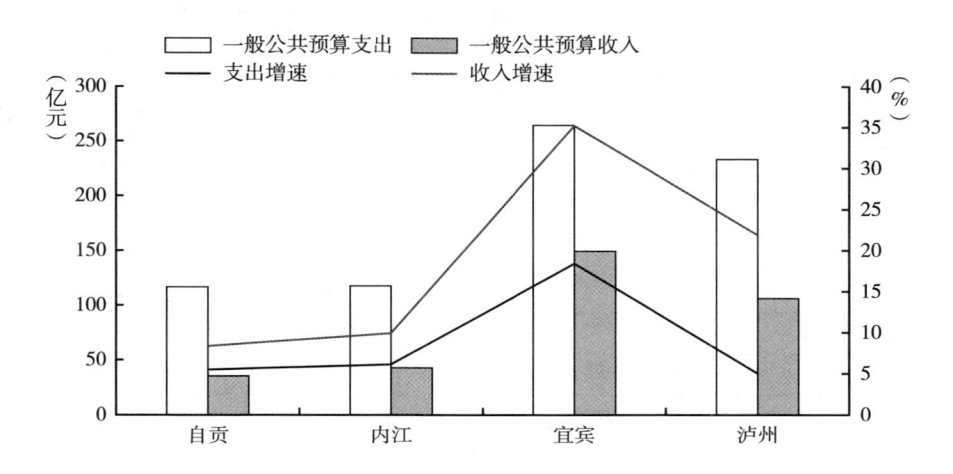

图3 2021年上半年川南经济区一般公共预算收支总额及增速

资料来源：四川省统计局、川南经济区四市统计局官网。

（七）城乡居民可支配收入恢复式增长

四川省积极推进巩固拓展脱贫攻坚成果同乡村振兴的有效衔接，川南经济区也积极推进城乡融合发展。2021年上半年，川南经济区城乡居民可支配收入增速喜人。从城镇居民人均可支配收入来看，川南经济区四市中泸州市的人均可支配收入最多，达到21247元，同比增长10.9%；宜宾市的增速最高，达到11.4%，人均可支配收入达到20615元；自贡市的人均可支配收入达到20986元，同比增长11.0%；内江市的人均可支配收入达到19039元，同比增长11.1%。从农村居民人均可支配收入来看，川南经济区四市的整体水平低于全省平均水平，人均可支配收入为9155元，但是增速比全省平均水平高0.5个百分点，达到13.7%，其中内江市的人均可支配收入最多，达到9722元，同比增长13.6%；宜宾市的增速最高，达到13.9%，人均可支配收入达到8663元（见表4）。

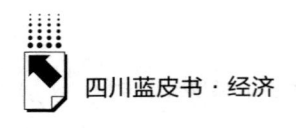

表4　2021年上半年川南经济区城乡居民人均可支配收入情况

单位：元，%

地区	城镇居民人均可支配收入		农村居民人均可支配收入	
	收入	同比增速	收入	同比增速
自贡	20986	11.0	9187	13.3
内江	19039	11.1	9722	13.6
宜宾	20615	11.4	8663	13.9
泸州	21247	10.9	9047	13.8
川南经济区	20472	11.1	9155	13.7
四川省	21065	10.7	9330	13.2

资料来源：四川省统计局、川南经济区四市统计局官网。

二　川南经济区发展面临的机遇和挑战

如今国内外局势严峻复杂，四川积极推进"一带一路"建设、长江经济带发展、新时代西部大开发、西部陆海新通道建设，为川南经济区的发展创造了难得的机遇。同时，新冠肺炎疫情的冲击和影响、国际竞争格局的深刻改变以及国内经济结构性、体制性、周期性问题的存在，也给川南经济区的发展带来了许多挑战。

（一）川南经济区发展面临的机遇

1. 区位优势和政策支持推动南向开放

川南经济区地处川渝滇黔四省市接合部，位于国家重大战略"一带一路"建设与长江经济带的交汇处，是西南区域重要的增长极，肩负着南向开放、构建区域协同开放新平台的时代责任。川南经济区可以充分利用"黄金水道"的交通优势，加强宜宾市、泸州市的沿江一体化发展；凭借西部陆海新通道建设、新时代推进西部大开发等政策的支撑作用，建设全国综合性交通枢纽，重点发展开放型经济，着力打通南向开放、贸易互通的渠道，不断深化区域之间的合作，合力共建更深层次的分工协作、更宽领域的产业互动、更高水平的对外开放平台。

2. 双循环的新发展格局促进区域一体化

在双循环的新发展格局背景下，四川省积极推动形成优势互补的高质量区域经济布局，提出构建成渝地区双城经济圈和"一干多支、五区协同"的区域发展新格局，这为川南经济区找准定位、发挥优势、实现区域一体化发展提供了有利条件。新发展格局下，川南经济区可以深化区域分工合作，突出特色，优势互补，实现市场资源的有效配置，畅通生产、分配、消费等环节，拓展发展空间，加快推进区域一体化建设。

3. 四川省良好经济形势提供稳定发展环境

目前疫情防控总体有效，企业基本复工复产，经济持续恢复。2021年上半年四川省坚持巩固拓展疫情防控、脱贫攻坚等经济社会发展的有效成果，深入贯彻"稳农业、强工业、促消费、扩内需、抓项目、重创新、畅循环、提质量"的工作思路，经济发展动力提升，GDP总量达到25232.39亿元，同比增长12.1%，经济整体稳中向好。四川省良好的经济形势给川南经济区的发展提供了稳定的环境，2021年上半年川南经济区GDP达到3988.73亿元，同比增长12.4%，增长势头强劲，这为川南经济区长期稳定发展奠定了良好的基础。

（二）川南经济区发展面临的挑战

1. 疫情影响与国际格局改变带来的不稳定性

疫情给全球经济社会环境带来了很大的冲击，导致世界经济的衰退和各国经济实力的变化，各国分工协作受阻，贸易受限严重，供需大幅下降，国际格局发生了深刻的改变。以美国为首的资本主义国家宣扬鼓吹贸易保护主义，进一步加剧了逆全球化趋势，阻碍了全球化进程，增强了外部环境的不稳定性和不确定性。这将对川南经济区的对外开放和贸易往来产生不利影响，给对国际市场依赖程度较高的企业，特别是从事国际贸易的企业带来很大冲击，不利于激发川南经济区的市场活力和消费动力。区域相对优势的发挥受限，阻碍川南经济区高质量发展。

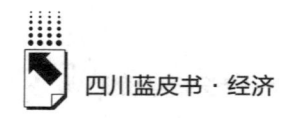

2. 区域内分工协作程度不高

整体来看，川南经济区综合经济实力尚不够雄厚，区域内部尚未形成通畅便捷的交通网络，区域间的分工协作程度不高。这导致川南经济区产业集中度和要素配置的市场化水平较低，产业趋同化严重，比较优势不突出，同质化竞争趋势明显，阻碍了川南经济区四市的错位发展，不利于打造内畅外联的川南经济区一体化发展格局。

3. 协同创新能力不足

川南经济区作为老工业基地，高新技术产业起步较晚，发展较慢，改革创新的原动力不足、推动力不强，区域间的协同创新能力有限，科技成果转化率较低。四川省的各大高校多集中于成都平原经济区，川南经济区不仅缺乏人才培养资源，也缺少完善的人才引进机制，创新型人才严重不足，限制了区域创新能力的提升。同时，川南经济区内部缺少创新领军企业，高端产业的引领带动作用发挥不足，区域之间尚未形成高效的现代产业分工体系，协同创新能力不足，阻碍了产业链和创新链的融合发展，不利于打造区域创新共同体。

三 2022年川南经济区经济形势预测

（一）经济增长稳中加固

2021年上半年，疫情防控工作取得了很大成效，经济运行环境基本恢复平稳，全国GDP同比增长12.7%，四川省GDP同比增长12.1%。川南经济区的GDP同比增长12.4%，比全省平均水平高0.3个百分点，经济增速持续回升，经济运行环境良好。在这样的背景下，预计2022年，川南经济区的经济增速仍将处于全省的领先位置，继续保持稳定的正向发展趋势，稳中加固，加速成长为全省第二增长极。

（二）产业结构深入优化

近年来，川南经济区着力优化和调整产业结构，第三产业的比重持续上升，产业结构日趋完善，2014年第三产业的比重仅为25.94%，2021年上半年已上升至46.04%，提高了20.1个百分点，提升幅度很大；第一产业的比重在2014年为13.74%，到2021年上半年降至10.46%，下降了3.28个百分点，变化幅度较小；第二产业的比重在2014年为60.32%，到2021年上半年降至43.50%，下降了16.82个百分点，变化幅度较大，其中第二产业内部也发生改变，逐步走上高技术发展路线。在这样的背景下，预计2022年，川南经济区产业结构将进一步优化，传统优势产业的转型升级进程将有所加快，相互融合的现代产业体系加速形成。

（三）消费市场稳中向好

2021年上半年，企业基本恢复正常经营，消费市场稳定恢复，持续回暖，社会消费品零售总额实现快速回弹，四川省社会消费品零售总额增速达到23.70%，其中川南经济区的社会消费品零售总额增速达到25.20%，高于全省平均水平，居民消费动力和水平持续回升。在这样的背景下，预计2022年，川南经济区各类市场主体的活力继续提升，市场环境持续优化，消费结构逐步完善，消费市场将继续保持良好态势，稳中向好。

（四）固定资产投资增势向好

2021年上半年，国内经济发展势头喜人，四川省经济保持恢复性增长态势，固定资产投资稳定恢复，全社会固定资产投资增速达到13.9%，其中川南经济区全社会固定资产投资增速达到15.3%，比全省平均水平高1.4个百分点，投资结构进一步优化，高技术产业的投资增长明显。在这样的背景下，预计2022年，川南经济区投资力度将继续加大，投资结构进一步优化，新兴产业和高技术产业持续壮大，有效投资持续增加，固定资产投资增势持续向好。

（五）区域一体化水平持续提升

川南经济区在产业合作、生态治理、基础设施、公共服务等方面的分工

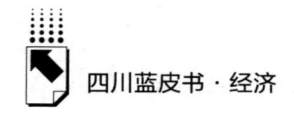

协作取得了显著的成效，区域一体化进程持续推进。预计未来川南经济区将继续强化区域分工协作，发挥区域优势，实质性推进内江自贡同城化和川南经济区一体化发展，构建高质量的协同创新发展平台和对外开放平台，加快川南渝西融合发展，全方位、多层次加强区域合作。

四 政策与建议

（一）持续融入双循环新发展格局

在构建双循环新发展格局的背景下，川南经济区作为四川省南向开放、对外发展的主战场之一，应充分发挥地处川渝滇黔接合部、坐拥"黄金水道"的区位优势，合理利用"一带一路"建设、长江经济带发展、成渝地区双城经济圈建设等政策机遇，推进宜宾市和泸州市沿江协同发展，推动内江市和自贡市同城化发展，联手建设川南渝西融合发展试验区，加快构建区域发展一体化、持续融入双循环的新发展格局。

（二）合力打造产业竞争新优势

区域高质量发展离不开产业结构的调整和优化，川南经济区要在坚持区域特色、发挥相对优势的前提下，持续优化产业结构，形成高效分工、梯度互补、相互融合的现代产业体系。既要提高制造业的现代化水平，打造以白酒为代表的特色产业、以装备制造为代表的基础产业和信息安全等高科技产业；也要利用自然禀赋，探索建设特色农业，一方面保障农产品充分供给，另一方面打造地区性农业品牌；同时更要加速服务业的发展升级，深入挖掘地域特色风俗文化，打造高质量风景带和度假区，建设特色消费集聚区，提升服务行业的数量和质量，合力打造各产业竞争的新优势。

（三）推动形成区域创新共同体

重视改革创新对经济发展的驱动作用，正视和改变创新人才不足、高科技产业匮乏、创新动力不足的现状。川南经济区在完善人才引进机制的同时，也要提升高等教育水平，提高自身培养高质量人才的能力，加强区域内的技术攻坚合作，打造国家技术创新中心等创新平台，推进产教融合发展。同时增强财政专项资金投入的针对性和有效性，完善相关体制机制，先发展一批具有较强竞争能力和较高科技含量的创新主力企业，引领带动其他科创企业发展，提高科技成果的利用率，加速形成区域创新共同体。

（四）协同共建绿色发展示范区

美好的生态环境是最公平的公共产品和最普惠的民生福祉，川南经济区地处长江经济带，要重视和保护长江上游的生态安全。川南四市要联手进行生态治理，实施水质监测信息共享、空气质量联合预报、危险废物跨界运输管理协作等联合治理措施，建设绿色生态廊道，修复破坏严重的生态区，切实维护生态系统。同时大力推行绿色发展模式，倡导绿色生活方式，积极响应"双碳"计划，扶持资源节约型产业、新能源产业等绿色产业，发展绿色经济，共建绿色发展示范区。

（五）加快推进城乡融合新发展

在脱贫攻坚取得全面胜利的背景下，川南经济区要巩固拓展这一伟大事业的有效成果，构建工农互促、城乡互补、全面融合、共同繁荣的新型城乡融合发展格局，努力实现巩固拓展脱贫攻坚成果同乡村振兴的有效衔接。川南经济区要结合区域特点，建设特色乡村，早日实现乡村经济与数字经济有效结合；继续推进新型城镇化，加大城乡交界地带开发力度，健全城乡融合的体制机制，实现公共服务合理布局、基础设施一体化建设和城乡要素高效分配，加快推进城乡融合新发展。

B.9
2021~2022年川东北经济区经济形势分析与预测

曹 瑛*

摘　要： 2021年前三季度川东北经济区经济运行渐入稳中加固状态。但受整体发展环境及新冠肺炎疫情等不确定因素影响，部分地区和部分产业恢复乏力，拖累经济区产出增速、投资和消费增速等指标落后于全省平均水平。在"稳字当头、稳中求进"的国内经济运行总基调下，以及成渝地区双城经济圈建设规划发布实施的条件下，川东北经济区2022年整体发展将进入相对更快速度的增长轨道和更高质量的恢复进程。

关键词： 川东北经济区　区域经济运行　潜在产出增长率

　　2021年前三季度川东北经济区经济延续2020年下半年以来的恢复态势，经济运行渐入稳中加固状态。但是，影响当前经济运行的外部不确定性和内部动力因素依旧存在。2022年川东北经济区有望在"稳字当头、稳中求进"工作总基调下，加快融入四川全省新的发展格局之中，推动地区经济运行进入稳中向上格局。

---

* 曹瑛，经济学博士，四川省社会科学院区域经济研究所副研究员，主要研究方向为区域经济理论与实践。

一 2021年前三季度川东北经济区经济运行总体情况及特征

川东北经济区经济增长总体处于稳中向上状态，但部分地区尚未完全恢复到新冠肺炎疫情之前的状态。2021年前三季度川东北经济区GDP增速低于全省平均水平，经济产出份额也较2020年及之前年份略有减少。

（一）地区经济总体运行状态

川东北经济区2021年前三季度完成GDP 5956.93亿元，同比增长8.16%，低于全省9.30%的平均增速1.14个百分点。就川东北经济区五市而言，2021年前三季度GDP增速也全部低于全省平均值，其中，历年产出份额最大的南充市增速低于全省均值1个百分点，而巴中市则仅增长3.20%，低于全省均值约6个百分点，也低于川东北经济区约5个百分点（见表1）。

表1 四川省五大经济区及川东北五市2021年前三季度GDP及三次产业增长情况

单位：亿元，%

地区	GDP 前三季度累计	GDP 同比增速	第一产业增加值 前三季度累计	第一产业增加值 同比增速	第二产业增加值 前三季度累计	第二产业增加值 同比增速	第三产业增加值 前三季度累计	第三产业增加值 同比增速
成都平原经济区	23811.87	9.81	1838.25	6.98	8270.70	10.12	13702.92	9.99
川南经济区	6296.80	9.79	882.85	7.36	2694.83	9.31	2719.12	11.07
川东北经济区	5956.93	8.16	1216.16	7.39	1965.86	6.98	2774.91	9.32
广元	804.47	9.00	168.83	7.40	297.73	8.80	337.91	9.90
南充	1846.53	8.30	364.11	7.60	652.71	6.00	829.71	10.40
广安	1025.56	9.00	183.50	7.10	340.55	11.30	501.51	8.20
达州	1672.33	9.00	347.30	7.30	517.12	7.40	807.91	10.80
巴中	608.04	3.20	152.42	7.40	157.75	-1.80	297.87	3.90
攀西经济区	2300.52	8.11	435.50	7.24	894.21	7.70	970.81	8.83
川西北生态示范区	632.56	7.81	104.24	6.95	158.02	8.11	370.30	7.95
全省	38998.66	9.30	4476.99	7.20	13983.62	9.20	20538.05	9.80

资料来源：四川省各市州统计局网站。

经测算所得的两年平均增速（2020年前三季度和2021年前三季度），川东北经济区为5.32%，整体增速低于全省平均值5.80%。其中，广元市、南充市、广安市、达州市和巴中市的两年平均增速分别为5.96%、5.92%、5.18%、5.80%和1.69%，仅广元市和南充市高于全省均值，达州市持平，广安市和巴中市低于全省均值。巴中市甚至分别落后川东北经济区和全省均值3.63个和4.11个百分点。

从产出份额来看，自2017年至2021年，川东北经济区前三季度经济产出占全省同时期的份额一直维持在15%上下，约占成都平原经济区的1/4，多年来持续低于川南经济区，长期居于全省五大经济区的第三位（见图1）。

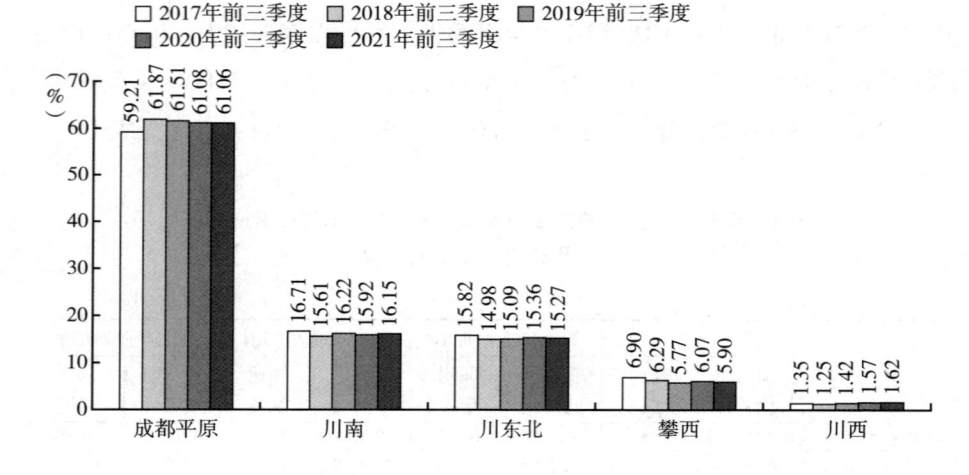

图1 2017年前三季度至2021年前三季度四川省五大经济区GDP占全省比重

资料来源：四川省各市州统计局网站。

（二）居民收入与地方财政

川东北经济区城乡居民人均可支配收入在增速上与全省及其他市州同步，但仍与全省均值之间存在一定差距。地方财政收入名义增速则低于全省平均值。

1. 城乡居民收入

2021年前三季度川东北经济区五市城乡居民人均可支配收入增速均高于全省平均水平，但与全省绝对额有差距。川东北经济区内除广安市以外，其余四市与全省绝对额仍有较大差距，其中城镇居民人均可支配收入有2000元以上的差距，农村居民人均可支配收入南充和达州有1000元以上的差距，广元和巴中有2000元以上的差距。整体上看，全省21个市州中，2021年前三季度有11个市州城镇居民人均可支配收入低于全省平均，有8个市州农村居民收入低于全省平均，而川东北经济区5市中分别有4个市进入此列（见表2）。这也显示就空间层面来讲，未来全省要实现共同富裕应将川东北经济区列入全省重点治理和发展区域。

表2　2021年前三季度四川省市州城乡居民人均可支配收入及名义增速

单位：元，%

地区	城镇居民人均可支配收入			农村居民人均可支配收入		
	前三季度累计	与全省均值的差幅	同比增速	前三季度累计	与全省均值的差幅	同比增速
成　都	40088	8932	9.5	24965	11859	11.2
自　贡	30487	-669	9.6	14323	1217	11.3
攀枝花	37723	6567	9.4	16393	3287	11.1
泸　州	35476	4320	9.7	14212	1106	11.9
德　阳	34513	3357	9.6	16052	2946	11.5
绵　阳	35014	3858	9.7	16230	3124	11.5
广　元	29102	-2054	10.1	10788	-2318	11.8
遂　宁	28607	-2549	9.9	13321	215	11.7
内　江	28957	-2199	9.8	14794	1688	11.6
乐　山	32812	1656	9.4	15170	2064	11.3
南　充	28921	-2235	10.0	11983	-1123	12.2
眉　山	31026	-130	9.4	15299	2193	11.2
宜　宾	31861	705	10.2	13347	241	12.0
广　安	31188	32	9.5	14672	1566	11.4
达　州	28477	-2679	9.8	11953	-1153	11.4
雅　安	31804	648	9.6	12370	-736	11.3
巴　中	28553	-2603	9.7	10471	-2635	11.6

续表

地区	城镇居民人均可支配收入			农村居民人均可支配收入		
	前三季度累计	与全省均值的差幅	同比增速	前三季度累计	与全省均值的差幅	同比增速
资 阳	31225	69	9.8	14012	906	11.2
阿 坝	30981	-175	9.2	11833	-1273	11.5
甘 孜	30423	-733	9.1	10320	-2786	11.4
凉 山	27037	-4119	9.3	9410	-3696	11.0
全 省	31156	—	9.4	13106	—	11.3

资料来源：四川省各市州统计局网站。

2. 地方财政收支

川东北经济区2021年前三季度地方财政收支情况总体表现良好，但在名义增速方面与其他指标类似，仍低于全省平均水平，其中收入增速低于全省3.92个百分点，支出增速低于全省0.54个百分点。五市之中，南充市财政收入增速（1.69%）低于全省平均值的幅度较大，广安市则在财政支出上出现负增长（见表3）。

表3 2021年前三季度川东北经济区地方一般公共预算收支情况

单位：亿元，%

地区	地方一般公共预算收入	名义增速	地方一般公共预算支出	名义增速
成都平原经济区	1864.72	17.75	3090.91	4.19
川南经济区	466.28	18.60	1064.61	2.05
川东北经济区	349.86	13.65	1437.88	2.68
广 元	44.64	23.96	215.63	5.03
南 充	105.40	1.69	424.34	1.80
广 安	72.09	16.60	245.97	-0.29
达 州	94.53	23.59	333.72	4.05
巴 中	33.20	11.13	218.23	3.55
攀西经济区	195.00	23.14	604.18	0.71
川西北生态示范区	58.70	18.63	509.51	-3.17
经济区合计	2934.55	17.74	6707.09	2.61
全省总计	3614.27	17.57	8156.77	3.22

资料来源：四川省各市州统计局网站。

（三）消费与投资

全社会固定资产投资增速方面，川东北经济区2021年前三季度逐步走低且明显低于全省及其他四个经济区。如表4所示，川东北经济区三个季度的累计增速分别低于全省8.22个、4.96个和3.74个百分点。五市之中，仅广元市略高于全省平均增速，三个季度的累计值分别高于全省0.10个、1.10个和1.00个百分点，而巴中市则全部呈现负增长状态，这也是全省21个市州中唯一的投资增速表现为负值的市（见表4）。

社会消费品零售总额增速方面，川东北经济区2021年前三个季度也逐渐走低且低于全省平均增速，与其他四个经济区相比，川东北经济区也仅在第一季度高于攀西经济区，上半年略高于攀西和川西北经济区，前三季度累计则仅高于川西北经济区。五市中巴中市三个季度仅第一季度取得24.9%的名义增速，上半年及前三季度分别骤降至全省市州中最低的11.70%和4.40%（见表4）。

表4 2021年全省五大经济区及川东北五市全社会固定资产投资总额与社会消费品零售总额季度增速

单位：%

地区	全社会固定资产投资总额增速			社会消费品零售总额增速		
	第一季度累计	上半年累计	前三季度累计	第一季度累计	上半年累计	前三季度累计
成都平原	20.60	15.08	12.95	28.86	23.48	19.61
川南	21.65	15.30	12.38	30.23	25.18	21.00
川东北	11.68	8.94	7.76	27.20	21.84	17.46
广元	20.00	15.00	12.50	28.20	24.50	20.00
南充	11.40	9.50	9.00	30.00	25.30	21.70
广安	14.30	12.40	10.80	27.60	24.90	21.10
达州	14.00	12.30	10.80	25.30	22.80	20.10
巴中	-1.30	-4.50	-4.30	24.90	11.70	4.40
攀西	24.90	15.65	14.20	25.80	21.60	18.30
川西北	26.30	15.50	12.15	30.30	20.85	16.55
全省	19.90	13.90	11.50	29.90	23.70	18.90

注：除川东北经济区五市及全省数据外，其他数据使用几何平均值表达。
资料来源：四川省各市州统计局网站。

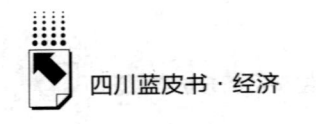

（四）规模以上工业

规模以上工业增加值增速方面，川东北经济区2021年前三个季度同样逐季走低，且明显低于全省及其他四个经济区。川东北经济区前三季度的累计增速低于全省3.28个百分点，并分别低于成都平原、川南和攀西经济区各3.92个、3.26个、0.13个百分点，仅高于川西北生态示范区5.12个百分点。川东北经济区的五市之中，巴中市2021年按季度统计累计增速全部为负值，且是全省21个市州中唯一负增长的城市（见表5）。

表5　四川省五大经济区规模以上工业增加值增速

单位：%

地区	规模以上工业增加值增速		
	第一季度累计	上半年累计	前三季度累计
成都平原	15.79	12.78	11.34
川南	15.30	11.83	10.68
川东北	10.08	8.26	7.42
广元	12.00	11.60	10.80
南充	11.40	9.50	9.00
广安	14.30	12.40	10.80
达州	14.00	12.30	10.80
巴中	-1.30	-4.50	-4.30
攀西	13.15	9.60	7.55
川西北	11.00	10.00	2.30
全省	15.50	12.10	10.70

注：除川东北经济区五市及全省数据外，其他增速数据全部使用几何平均值表达。
资料来源：四川省各市州统计局网站。

二　2022年经济形势与地区产出增速估计

2022年国内经济或面临下行压力，结合川东北经济区历年地方产出潜在增长率的下行趋势，以及经济恢复工作尚未完全完成的现状，预计2022

年川东北经济区经济增长将承担较大压力。尽管如此，综合考虑2022年国内和地方政策重点和发展方向，以及川东北经济区地方产出潜在增速仍位于5%之上，预估川东北经济区2022年GDP实际增速或达7%之上。

（一）国内经济形势展望：2022年国内经济存在下行压力

2021年1~9月，按季度统计我国GDP同比增速分别为18.3%、7.9%和4.9%[①]，呈逐季度下行状态。四川省2021年前三季度按季度统计GDP同比增速同样处于逐渐下行态势，三个季度分别为15.8%、12.1%和9.3%[②]。

国内外权威研究机构的预测同样显示我国国内经济存在下行趋势。2021年4月初，IMF预测2021年和2022年我国经济增速为8.4%和5.6%[③]。结合中国社会科学院预测2021年我国经济增速为8.0%左右、2022年经济增速为5.3%左右[④]，大致判断未来国内经济产出存在下行压力。中共中央政治局2021年12月初的会议实际上确定了这一趋向——2021年12月6日中共中央政治局会议确定2022年经济工作主基调，提出"着力稳定宏观经济大盘，保持经济运行在合理区间"，强调2022年"经济工作要稳字当头、稳中求进。宏观政策要稳健有效，继续实施积极的财政政策和稳健的货币政策。"

（二）川东北经济区GDP潜在增速走势及2022年增速估计

1. 时间序列模型拟合与预测

本部分首先使用季节时间序列模型（sARiMA）对2021年第四季度至

[①] 国家统计局官网查询数据，https://data.stats.gov.cn/easyquery.htm?cn=B01，2021年12月8日。
[②] 四川省统计局官网数据，http://tjj.sc.gov.cn/scstjj/c105852/sjtj.shtml，2021年12月16日。
[③] 《IMF最新预计中国增速8.4% 全球经济重启将加速》，https://finance.sina.com.cn/roll/2021-04-07/doc-ikmxzfmk5353195.shtml。2021年4月7日。
[④] 《中国社科院分析我国经济形势预计今年经济增长8.0%》，http://news.hexun.com/2021-12-07/204886222.html，2021年12月7日。

2022年第四季度川东北经济区GDP及其增速进行预估，模型所使用基础数据为川东北经济区五市2012年第一季度至2021年第三季度GDP（基于2019年价格）。经时间序列平稳性测试后确定川东北经济区使用ARMA（1,1,2）X（0,1,1）[4]模型。通过该模型测试和预测，最终获得川东北经济区2021年第四季度及2022年全年4个季度地方产出（地方GDP）预测数值（见表6）。本部分测算软件使用EVIEWS（v.7.2）。预测数列与原始数据数列拟合见图2。

表6 川东北经济区按季度GDP及时间序列预测值
（2012年第一季度至2022年第四季度）

单位：亿元

季 度	季度GDP	预测序列	季度	季度GDP	预测序列
2012年Q1	848.6	—	2017年Q3	1607.1	1642.3345
2012年Q2	978.8	—	2017年Q4	1515.3	1495.6613
2012年Q3	1104.0	—	2018年Q1	1390.6	1386.9029
2012年Q4	997.0	—	2018年Q2	1618.7	1564.7846
2013年Q1	942.0	—	2018年Q3	1742.3	1762.4849
2013年Q2	1088.0	—	2018年Q4	1642.6	1602.9832
2013年Q3	1216.0	1205.3377	2019年Q1	1501.7	1486.4027
2013年Q4	1100.7	1101.8980	2019年Q2	1748.9	1674.6429
2014年Q1	1022.1	1023.4017	2019年Q3	1869.5	1886.4607
2014年Q2	1184.4	1159.3373	2019年Q4	1757.4	1713.0210
2014年Q3	1318.9	1307.5830	2020年Q1	1466.3	1588.9022
2014年Q4	1191.6	1194.3767	2020年Q2	1800.4	1786.9608
2015年Q1	1101.2	1108.6977	2020年Q3	1954.7	2013.9767
2015年Q2	1273.6	1254.8846	2020年Q4	1914.6	1825.1819
2015年Q3	1389.4	1414.6335	2021年Q1	1654.9	1694.1784
2015年Q4	1290.3	1291.0054	2021年Q2	1936.1	1901.0737
2016年Q1	1186.1	1197.8347	2021年Q3	2057.2	2144.7806
2016年Q2	1370.2	1354.5082	2021年Q4	—	1938.7343
2016年Q3	1493.2	1526.2952	2022年Q1	—	1802.0526
2016年Q4	1397.4	1391.5820	2022年Q2	—	2016.1581
2017年Q1	1283.5	1290.6381	2022年Q3	—	2278.7005
2017年Q2	1490.6	1457.9266	2022年Q4	—	2052.7672

基于表6预测值测算，川东北经济区2021年GDP增速为6.3%，2022年GDP增速为7.4%。

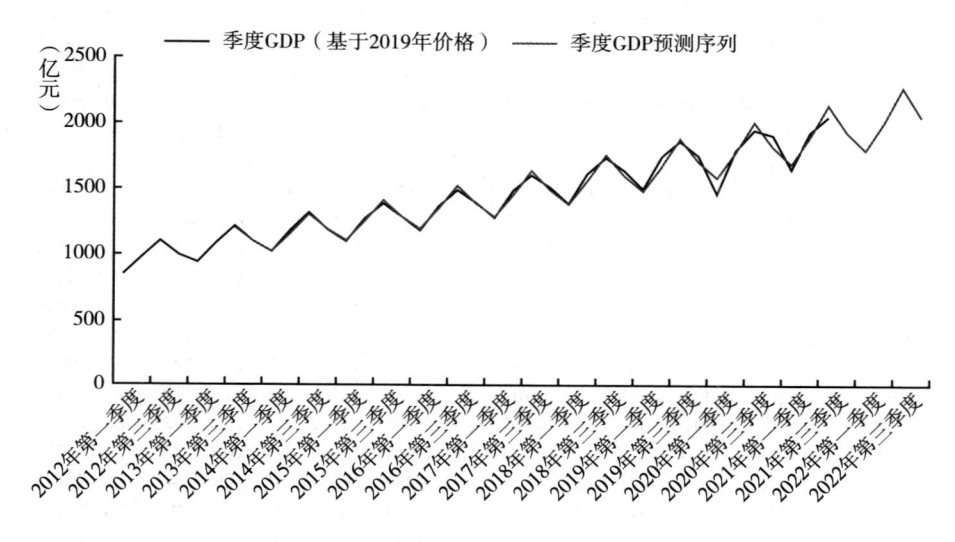

图2 川东北经济区GDP序列与预测序列拟合示意

2. 潜在增速观察

本部分同时使用HP滤波法对川东北经济区GDP未来增长趋势进行观察。此处测算使用的数据为2000~2021年川东北经济区GDP年同比增速，其中2021年增速使用前述时间序列模型所得预测值。HP滤波法提取的四川省及川东北经济区各市GDP年同比增速长期趋势或潜在增速参见表7和图3。此次测算使用的参数为年度数据系列经验值，即lambda=100，测算软件使用EVIEWS（v.7.2）。

经HP滤波后的趋势图表（见表7和图3）显示，川东北经济区产出潜在增速自2010年到达阶段顶点后逐年下行，2021年潜在增速约为5%，2022年还将继续走低，并位于5%以下。考虑到2022年国内和省内"稳字当头、稳中求进"的政策取向，川东北经济区2022年全年经济潜在增速大概率位于5%以上。

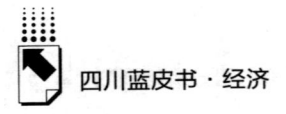

表7　2000～2021年四川省及川东北经济区五市产出潜在增长趋势

年份	四川省	川东北	广元市	南充市	广安市	达州市	巴中市
2000	109.53928	108.27955	104.04396	110.69129	109.96970	109.61370	106.82916
2001	110.19491	109.21277	105.53816	111.23680	110.78117	110.35304	107.89452
2002	110.84014	110.13219	107.00993	111.78041	111.56895	111.07524	108.95858
2003	111.45264	110.99493	108.39544	112.31181	112.28752	111.75164	109.95612
2004	112.00466	111.75946	109.62677	112.80594	112.90369	112.35081	110.83630
2005	112.46693	112.39387	110.65203	113.23459	113.39837	112.83983	111.57075
2006	112.81714	112.88378	111.45611	113.56749	113.76947	113.19923	112.15571
2007	113.03430	113.21814	112.04031	113.77504	114.00889	113.40919	112.59475
2008	113.10425	113.38462	112.42644	113.82996	114.10084	113.44587	112.87583
2009	113.02750	113.37890	112.65885	113.71420	114.03244	113.29633	112.98201
2010	112.78350	113.18291	112.69066	113.41644	113.79180	112.95420	112.89056
2011	112.36643	112.79123	112.50038	112.93720	113.37372	112.42213	112.59196
2012	111.79365	112.21969	112.09863	112.29584	112.79107	111.72422	112.09475
2013	111.10883	111.50933	111.52702	111.53535	112.07597	110.91236	111.43358
2014	110.36372	110.71806	110.84417	110.71776	111.27266	110.05720	110.66113
2015	109.59898	109.89524	110.09844	109.89974	110.41260	109.22226	109.82276
2016	108.83663	109.07071	109.32173	109.10280	109.51652	108.45449	108.94721
2017	108.08170	108.25215	108.53098	108.32543	108.60704	107.73962	108.05100
2018	107.32886	107.43449	107.72989	107.55311	107.69059	107.05382	107.13916
2019	106.57295	106.61221	106.91787	106.77306	106.76857	106.37789	106.21725
2020	105.81555	105.78892	106.10101	105.98696	105.84543	105.70507	105.29938
2021	105.06746	104.97588	105.29124	105.20877	104.93296	105.04183	104.39754

资料来源：四川省各市州统计局网站。

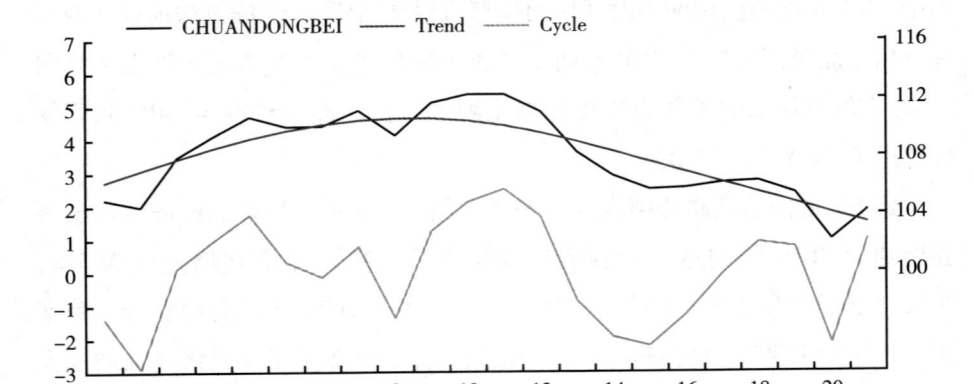

图3　2000～2021年川东北经济区历年产出指数HP滤波测算结果

三 政策建议

总体上看，2021年前三季度川东北经济区经济继续处于恢复性增长态势之中。同时，由于来自内外经济发展环境的不确定性依旧存在，新冠肺炎疫情的未来控制仍存挑战，地区经济运行不可避免面临诸多困难。重点地区、重点产业、重点企业、重大项目恢复需做好进一步的基础加强和巩固工作。建议川东北经济区五市地方政府推进以下方面工作。

（一）切实做好2022年经济领域稳增长工作

2021年12月6日中共中央政治局会议定调2022年经济工作要"稳字当头、稳中求进"。就川东北经济区而言，继续围绕稳中求进工作总基调加快地区经济增速恢复，应作为2022年区内五市的核心议题和工作重点。其中，遏制重点地区重点产业和重点企业生产下滑趋势应属首要任务。其次，切实了解并积极解决企业生产运营面临的各种实际困难。最后，主动落实有利于企业生产运营的各项优惠政策。

（二）加快成渝地区双城经济圈北翼建设进程

2021年10月成渝地区双城经济圈建设规划发布，规划在空间上涵盖了川东北经济区的南充、广安和达州（万源市除外）三市共21个区（县），与重庆市的万州、垫江、梁平、丰都、忠县、云阳、开州共同组成双城经济圈北翼。由于"推动渝东北、川东北地区一体化发展"是规划中川渝未来地理空间重塑的关键任务之一，未来川东北经济区经济社会发展必将面临重大机遇。这其中，南充、达州区域中心城市建设和万达开（万州、达州、开州）川渝统筹发展示范区的共建是川东北经济区两个重点任务。规划同时提出"辐射带动川渝两省市全域发展"，川东北经济区所涉及的秦巴山区等地理区域，未来也将迎来经济社会发展新机遇，因此积极融入双城经济圈建设也是广元市和巴中市未来经济社会发展的重点任务。

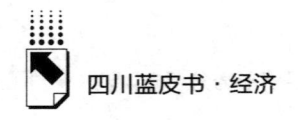

（三）解决好增长乏力地区发展问题

一方面，巴中市的经济增长近年来一直处于川东北经济区乃至全省的"下游"位置，新冠肺炎疫情加剧甚至恶化了其经济增长乏力的局面。另一方面，成渝地区双城经济圈建设规划未覆盖巴中市，令其无法直接受益于这一国家级的城市群建设规划。因此建议四川省有必要对巴中市的经济增长问题进行专门研究，提出专门的治理措施，尽快使其经济增速止住逐年下滑趋势，尽早防止这一地区成为真正的"问题区域"，这同时也有利于全省区域经济协调发展。

（四）制定专门规划提升城乡居民收入

2020年全年，川东北经济区城乡居民收入长期位于全省"后排"位置。城镇居民人均可支配收入方面，广元、巴中、达州、南充、广安分别排全省21市州的第20、第19、第18、第17和第11位；农村居民人均可支配收入方面，广元、巴中、南充、达州、广安分别居于第20、第19、第15、第14和第12位。并且，城镇居民人均可支配收入与全省平均值差距，除广安外，其余四市均有2000元以上缺口；农村居民人均可支配收入表现尚可，广安、达州和南充分别高出全省均值1938元、947元和502元，广元和巴中则分别低于全省均值1562元和1500元之多。因此，建议全省对此进行专门研究，出台专门治理措施，制定专门规划，加快川东北经济区城乡居民收入增长速度，使其更快进入共同富裕轨道。

B.10
2021~2022年攀西经济区经济形势分析与预测

段莉 鲜益明[*]

摘　要： 2021年前三季度攀西经济区经济持续性恢复增长。尽管2022年我国还将面临疫情等不确定因素的影响，但经济区通过确保疫情防控形势持续稳定可控、加强创新能力建设、促进经济绿色低碳发展、促进农民增收和消费，经济发展稳中向好的态势有望延续。

关键词： 攀西经济区　经济增长　稳中向好

2021年是攀西经济区（以下简称经济区）全面开启发展新征程的开局之年、是巩固拓展脱贫攻坚成果同乡村振兴有效衔接的关键之年。前三季度，经济区经济增势总体平稳，为"十四五"时期经济发展行稳致远打下了扎实基础。

一　2021年前三季度攀西经济区经济运行现状

当前，经济区两个市州抢抓国内国际双循环相互促进战略、"一带一路"建设、长江经济带发展、新时代推进西部大开发形成新格局、成渝地区双城经济圈建设等国家战略在四川省深入实施的重大机遇，落实省委对经

---

[*] 段莉，经济学博士，四川省社会科学院管理学研究所副研究员，主要研究方向为宏观经济分析、公共政策与公共管理；鲜益明，四川省社会科学院公共政策与公共管理专业硕士研究生。

济区的发展定位要求，分别制定了《攀枝花市国民经济和社会发展第十四个五年规划和二〇三五年远景目标纲要》《凉山彝族自治州国民经济和社会发展第十四个五年规划和二〇三五年远景目标纲要》，谋划了"十四五"及今后一个时期两地经济社会发展的总体思路、新目标和重点任务。按照规划确定的任务时间表，两市州积极围绕经济发展的总量、质量"双提升"主动作为，经济发展情势持续向好。

（一）经济持续性恢复增长

前三季度，经济区GDP增长8.1%，占全省GDP比重为5.9%。经济区GDP增速低于成都平原经济区和川南经济区（GDP增速均为9.8%），略低于川东北经济区（GDP增速为8.2%），高于川西北生态示范区（GDP增速为7.8%）[1]。经济区两市州中，攀枝花实现GDP 838.98亿元，同比增长9.2%。其中：第一产业增加值79.55亿元，同比增长7.4%；第二产业增加值437.28亿元，同比增长7.9%；第三产业增加值322.15亿元，同比增长11.4%[2]。凉山实现GDP 1461.54亿元，同比增长7.5%。其中：第一产业（不包括农林牧渔服务业）实现增加值355.95亿元，同比增长7.2%，拉动GDP增长1.8个百分点；第二产业实现增加值456.93亿元，同比增长7.5%，拉动GDP增长2.4个百分点；第三产业实现增加值648.66亿元，同比增长7.6%，拉动GDP增长3.3个百分点[3]。与全省比较，攀枝花的GDP增速低于全省0.1个百分点，其中第一产业增速高于全省0.2个百分点，第二产业增速低于全省1.3个百分点，第三产业增速高于全省1.6个百分点；而凉山的GDP增速低于全省1.8个百分点，其

---

[1] 四川省统计局：《2021年前三季度四川经济延续恢复态势 区域协同发展增强》，http://tjj.sc.gov.cn/scstjj/c105849/2021/10/20/33c3bb6f35ed40d6b8f5e90f52066079.shtml，2021年10月20日。

[2] 本报告数据主要来源于四川省统计局与攀西经济区的攀枝花市和凉山彝族自治州人民政府网站、统计局网站。

[3] 凉山州统计局核算科：《前三季度凉山GDP延续恢复增长态势》，http://tjj.lsz.gov.cn/xxfx/xxfx_19274/202110/t20211021_2055416.html，2021年10月21日。

中第一产业的增速与全省持平，第二产业增速低于全省1.7个百分点，第三产业增速低于全省2.2个百分点。

（二）产业结构优化速度减缓

前三季度，经济区三次产业增加值分别为435.5亿元、894.21亿元、970.81亿元，产业结构由上年同期的18.9∶38.2∶42.9调整为18.9∶38.9∶42.2。受新冠肺炎疫情影响，经济区第三产业发展虽然恢复速度加快，但增加值占GDP的比重较上年同期还略有下降。其中，攀枝花三次产业结构由上年同期的8.7∶52.4∶38.9调整为9.5∶52.1∶38.4，第一产业占比有所上升，第二产业、第三产业占比均有小幅下降；凉山三次产业结构由上年同期的24.5∶30.4∶45.1调整为24.3∶31.3∶44.4，第二产业的占比略微上升，第一产业、第三产业的占比略微下降。

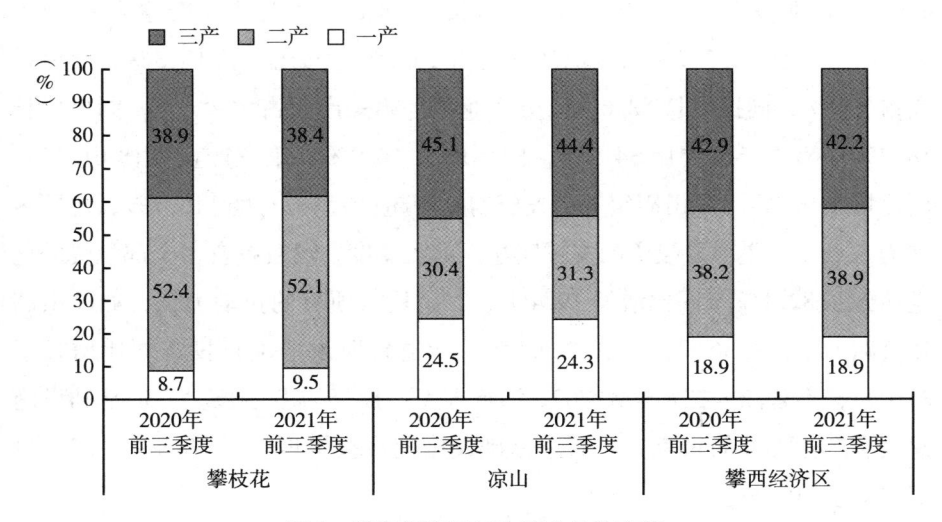

图1　攀西经济区三次产业结构变化

（三）规上工业发展节奏不一

前三季度，经济区两市州中攀枝花规上工业发展提速，凉山则相对平稳。前三季度，攀枝花规模以上工业增加值同比增长了10.6%。从效益指标看，规上工业企业效益持续向好。1~8月，规模以上工业企业实现营业收入1458.8亿元，同比增长24.9%；实现利润总额135.9亿元，同比增长105.6%[1]。1~7月，凉山规上工业增加值同比增长6.4%。从行业看，26个行业大类中有18个行业大类的增加值实现了同比增长。其中，黑色金属矿采选业、有色金属冶炼和压延加工业、医药制造业的增速均超过20.0%。从产业看，食品医药产业实现两位数增长。食品医药产业增加值同比增长16.7%。其中，农副食品加工业、医药制造业分别增长44.5%、20.7%[2]。

（四）全社会固定资产投资加速

前三季度，经济区两市州的全社会固定资产投资表现较好，投资增速均超过了12%。前三季度攀枝花的全社会固定资产投资同比增长了12.7%。分结构看，基础设施投资占全社会固定资产投资的34.7%，同比增长4.6%；产业投资占35.4%，同比增长19.8%；民生及社会事业投资占9.9%，同比增长7.7%；房地产开发占16.1%，同比增长13.3%；其他投资占3.9%，同比增长52.6%。分产业看，第一产业占比4.6%，同比增长58.9%；第二产业占比34.2%，同比增长14.9%；第三产业占比61.2%，同比增长9.2%。凉山固定资产投资增速则超过15%，达到15.7%，主要表现为三点。一是项目投资的支撑明显，前三季度，项目投资占全部投资的比重达到了82.1%，同比增长19.4%。二是重点项目的拉动力强，如凉山高速公路的项目投资同比增长229.9%；成昆铁路改造项目投资同比增长了25.0%；雅砻江卡拉水电站2021年新入库，投资为净增长。三是基础设施建设和产业投资的贡献大，其中基础设施建设投资增长了70.4%，产业投资增长了10.9%[3]。

---

[1] 攀枝花市统计局：《2021年前三季度攀枝花市经济运行情况简析》，http://tjj.panzhihua.gov.cn/zwgk/tjsj/sjjd/4070234.shtml，2021年11月17日。
[2] 凉山州统计局工业科：《1~7月全州规上工业增长6.4%》，http://tjj.lsz.gov.cn/xxfx/xxfx_19274/202108/t20210816_1983562.html，2021年8月16日。
[3] 凉山州统计局投资科：《1~9月全州固定资产投资保持快速增长》，http://tjj.lsz.gov.cn/xxfx/xxfx_19274/202110/t20211025_2058942.html，2021年10月25日。

（五）消费品市场持续恢复性增长

前三季度，经济区消费需求增加，呈现快速增长趋势。前三季度，攀枝花累计实现社会消费品零售总额194.95亿元，同比增长20.1%。从经营地来看，城镇实现社会消费品零售总额177.00亿元，占全市总量的90.8%，同比增长20%；乡村实现社会消费品零售总额17.95亿元，占全市总量的9.2%，同比增长21.5%。从消费形态来看，餐饮收入实现31.04亿元，占全市总量的15.9%，同比增长43.6%；商品零售收入实现163.91亿元，占全市总量的84.1%，同比增长16.5%。凉山实现社会消费品零售总额560.9亿元，同比增长16.49%，两年平均增长4.9%。其中，限额以上企业（单位）消费品零售额118.0亿元，同比增长14.2%。从经营地来看，城镇的消费品零售额达到404.6亿元，同比增长18.1%；乡村的消费品零售额达到156.3亿元，同比增长12.4%。从消费形态来看，餐饮收入实现82.7亿元，同比增长37.5%；商品零售收入实现478.2亿元，同比增长13.5%。在商品零售中，限额以上企业（单位）通过互联网实现商品零售额107.6亿元，增长13.7%[1]。两市州中，攀枝花的乡村市场消费发展略快于城镇市场、商品零售收入增速远高于餐饮收入，而凉山则是城镇市场消费发展快于乡村市场，餐饮收入增速远高于商品零售收入。而且，凉山的网络消费比较活跃，发展速度也较快。

（六）财政收入实现较快增长

前三季度，经济区经济恢复拉动税收收入较快增长。在财政支出方面，社会保障和就业等民生支出得到较好保障。前三季度攀枝花一般公共预算收入累计实现65.56亿元，同比增长36.5%。其中完成税收收入37.43亿元，同比增长13.9%。一般公共预算支出达到125.02亿元，同比增长38.3%。

---

[1] 凉山州统计局服务业科：《前三季度全州社会消费品零售总额增长16.49%》，http://tjj.lsz.gov.cn/xxfx/xxfx_19274/202110/t20211020_2053581.html，2021年10月20日。

其中一般公共服务支出12.20亿元，同比增长4.0%；教育支出17.99亿元，同比增长4.3%；社会保障和就业支出22.71亿元，同比增长104.3%。凉山一般公共预算收入累计实现129.44亿元，同比增长17.3%。其中完成税收收入73.89亿元，同比增长6.7%。一般公共预算支出达到479.16亿元，同比下降6%。其中一般公共服务支出40.87亿元，同比下降6.8%。

（七）城乡居民的生活质量稳步提高

前三季度经济区的农村居民的人均可支配收入增速高于城镇居民，表现出收入多元化的增长态势，城乡收入差距得到进一步缩小。由于收入的持续稳定增长，城乡居民的消费能力也有较大提升，且农村居民的人均生活消费支出增速快于城镇居民。

从居民人均可支配收入来看，前三季度，攀枝花全体居民的人均可支配收入达到30293元，同比增长9.7%。其中，工资性收入达到16705元，同比增长10.3%；经营性净收入达到7684元，同比增长10.1%；财产性收入达到1057元，同比增长7.0%；转移性收入达到4847元，同比增长7.9%。分区域看，城镇居民人均可支配收入达到37723元，高于全省水平（31156元）；同比增长9.4%，增速与全省增长幅度持平。其中工资性收入达到22777元，同比增长10.3%；经营性净收入达到6558元，同比增长8.8%；财产性收入达到1447元，同比增长6.9%；转移性收入达到6941元，同比增长7.7%。农村居民人均可支配收入达到16393元，高于全省水平（13106元）；同比增长11.1%，增速低于全省水平（11.3%）0.2个百分点。其中，工资性收入达到5345元，同比增长10.2%；经营性净收入达到9792元，同比增长11.8%；财产性收入达到327元，同比增长8.6%；转移性收入达到929元，同比增长10.6%。凉山全体居民人均可支配收入为15606元，同比增长10.5%。其中工资性收入8257元，同比增长10.1%；经营性收入3906元，同比增长10.3%；财产性收入603元，同比增长11.0%；转移性收入2840元，同比增长12.0%。分区域看，城镇居民人均可支配收入为27037元，低于全省水平（31156元）；同比增长9.3%，增速低于全省水平0.1个百分点。其中工资性收入16447元，同比增长8.3%；经营性收入4654元，同比增长10.2%；财产性收入1504元，同比增长8.3%；转移性收入4432元，同比增长12.8%。农村居民人均可支配收入为9410元，远低于全省水平（13106元）；同比增长11.0%，增速低于全省水平（11.3%）0.3个百分点。其中工资性收入3818元，同比增长12.0%；经营性收入3501元，同比增长10.2%；财产性收入114元，同比增长22.4%；转移性收入1977元，同比增长10.1%。

经济区的两市州中，工资性收入是攀枝花城镇居民收入增长的主要来源，经营性收入、转移性收入和工资性收入构成了攀枝花农村居民收入增长的主要来源。在凉山，转移性收入和经营性收入是城镇居民收入增长的主要来源，财产性收入虽是农村居民收入增长的最主要来源，但工资性收入、经营性收入、转移性收入的增速也较高，均超过10%。

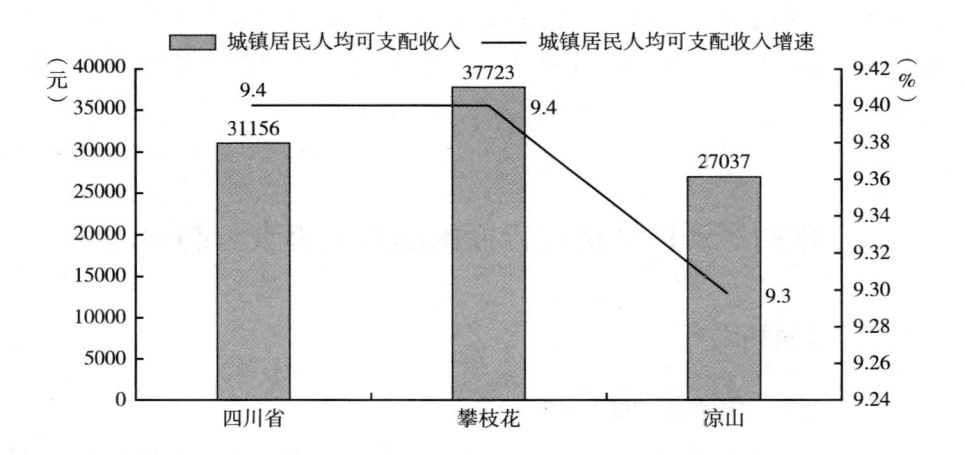

图2　2021年前三季度攀西经济区城镇居民人均可支配收入及增速

从居民消费水平来看，前三季度攀枝花全体居民的人均生活消费支出达到16443元，同比增长9.8%。其中城镇居民的人均生活消费支出达到19569元，同比增长9.3%；农村居民的人均生活消费支出达到10578元，同比增长11.6%。凉山全体居民的人均生活消费支出达到10434元，同比增长11.2%。其中，城镇居民的人均生活消费支出达到17114元，同

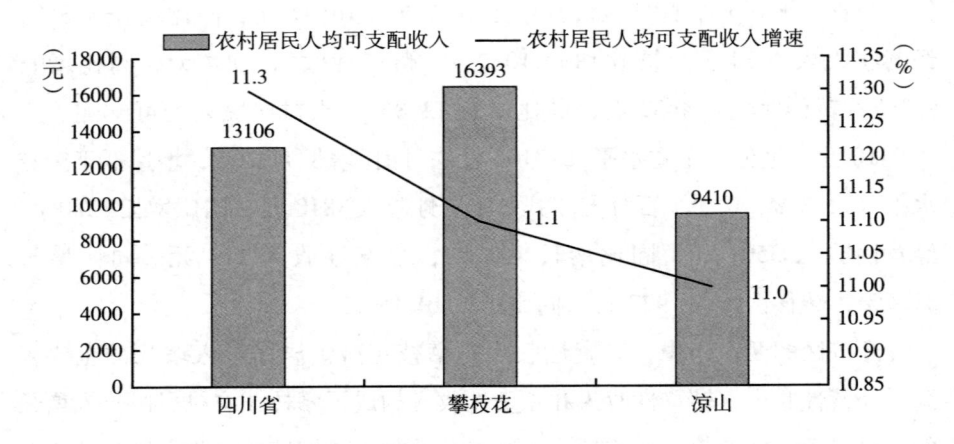

图3　2021年前三季度攀西经济区农村居民人均可支配收入及增速

比增长9.5%；农村居民的人均生活消费支出达到6814元，同比增长12.5%。总体上看，经济区农村居民的人均生活消费增长幅度普遍高于城镇居民，凉山居民（包括城镇和农村）的人均生活消费增长幅度高于攀枝花。

二　攀西经济区经济运行面临的有利因素与制约因素

（一）有利因素

1. 十九届六中全会指明了发展方向

党的十九届六中全会审议通过的《中共中央关于党的百年奋斗重大成就和历史经验的决议》强调，"必须实现创新成为第一动力、协调成为内生特点、绿色成为普遍形态、开放成为必由之路、共享成为根本目的的高质量发展，推动经济发展质量变革、效率变革、动力变革。"这为经济区今后5年乃至更长一段时间经济社会的快速健康发展提供了行动指引。这要求经济区将决议精神与当前的重点工作紧密结合起来，继续围绕高质量发展这一主线，聚焦经济发展质量变革、效率变革、动力变革，保持经济恢复增长的势头,坚持目标导向和问题导向,从供给侧发力,提升经济发展的稳定性和持续性。

2. 四川省委省政府对经济区发展给予了明确定位

根据《四川省国民经济和社会发展第十四个五年规划和二〇三五年远景目标纲要》《攀西经济区"十四五"转型升级发展规划》,经济区将围绕国家战略资源创新开发试验区、现代农业示范基地和国际阳光康养旅游目的地建设,激发经济发展内生动力,加速聚集创新资源,加快发展优势产业,大力促进产业链优化升级,着力促进产业融合发展,打造攀枝花的钒钛产业创新中心、世界级钒钛产业基地和凉山的清洁能源产业基地、现代农业示范基地。

3. 交通基础设施建设力度加快

2020年8月,省委省政府出台《关于贯彻落实〈交通强国建设纲要〉加快建设交通强省的实施意见》,其中"完善立体互联的交通基础设施布局"是七项重点任务之一。目前,经济区正在围绕"四川南向开放大通道"加强交通基础设施建设,打通交通"大动脉",进一步改善制约经济区经济高质量发展的瓶颈,增强融入成渝地区双城经济圈建设、融入对外开放大局的基础设施支撑能力。大理至攀枝花铁路(四川境内段)为2021年四川13个重点交通建设开工项目之一;凉山正在加快推进宜攀、西昭、乐西、德会高速公路等项目建设,推进西香、西宁、禄会等高速公路尽快开工;推进西昌青山机场改造升级,推动会东、甘洛、盐源等机场前期工作;在水运方面,正在加强与宜宾港和泸州港合作,加快溪洛渡、白鹤滩、乌东德库区翻坝综合运输体系建设,畅通金沙江连接成渝地区黄金水道[①]。

4. 国家、省政府大力支持脱贫攻坚成果同乡村振兴有效衔接

巩固拓展脱贫攻坚成果同乡村振兴有效衔接、全面推进乡村振兴是经济区当前农村工作最重要的任务,凉山彝区更是全省巩固拓展脱贫攻坚成果的

---

① 《凉山日报》:《抢抓机遇 砥砺前行 凉山奏响高质量发展"交响曲"》,http://www.lsz.gov.cn/jrls/zfgzzl/gyzxsj/202111/t20211118_2081385.html,2021年11月18日。

重中之重。2021年6月攀枝花市乡村振兴局、凉山彝族自治州乡村振兴局成立。经济区在中央、省政府的大力支持下，在借鉴脱贫攻坚取得的重要经验的基础上，持续强化防返贫动态监测和帮扶，继续发展壮大脱贫地区乡村特色产业、进一步促进村级集体经济增收等。2021年中央和省级财政衔接推进乡村振兴补助资金中，攀枝花获得20650.67万元，占总补助资金的1.01%，其中获得中央资金11771.67万元，占中央总补助资金的0.96%，获得省级资金8879.00万元，占省级总补助资金的1.08%；凉山获得566003.91万元，占总补助资金的27.68%，其中获得中央资金479293.91万元，占中央总补助资金的39.28%，获得省级资金86710.00万元，占省级总补助资金的10.51%[①]。2021年，攀枝花投入各级财政衔接推进乡村振兴补助资金2.88亿元，比2020年原财政专项扶贫资金增长22.74%，计划实施巩固拓展脱贫攻坚成果和乡村振兴项目236个[②]。另外，凉山11县还获得2021年度中央财政衔接推进乡村振兴补助资金（第二批）18282.16万元，占总补助资金的35.12%[③]。

（二）制约因素

1. 经济总量较小

经济区经济总量较小，仅占全省GDP的5.9%。从2021年前三季度四川省各地GDP排名情况看，经济总量排名前十的市州中经济区占有1席，凉山排名第9位，位居成都、绵阳、宜宾、德阳、南充、泸州、达州、乐山之后；攀枝花则位居全省第15位。从GDP增速来看，经济区的发展速度总

[①] 四川省乡村振兴局计财处：《关于2021年度中央和省级财政衔接推进乡村振兴补助资金分配情况公告》，http://xczxj.sc.gov.cn/scfpkfj/tzgg/2021/7/14/f51b759e259840e3abbaee0894b1f24d.shtml，2021年7月14日。

[②] 攀枝花综合广播：《固脱贫攻坚成果！市乡村振兴局上线〈阳光政务〉》，https://mp.weixin.qq.com/s/onpllpY9-ITfTDdlCBSJeA，2021年11月6日。

[③] 四川省乡村振兴局计财处：《关于2021年度中央财政衔接推进乡村振兴补助资金（第二批）分配情况公告》，http://xczxj.sc.gov.cn/scfpkfj/tzgg/2021/11/5/9ef12ce4752f45ecba458404732d50de.shtml，2021年11月5日。

体上较低。其中，攀枝花以9.2%的发展增速排名第11位，位居宜宾、绵阳、成都、德阳、泸州、内江、眉山、自贡、雅安、资阳之后；凉山的发展增速仅高于甘孜和巴中。经济区两市州的经济综合实力和竞争力与省内先进地区相比还存有较大差距。

2.新冠肺炎疫情持续影响

当前国内外疫情形势依然复杂严峻，2021年发生的本土疫情尚未彻底结束。而且新型冠状病毒还在不断变异，新毒株奥密克戎传播的范围不断扩大。世卫组织表示，截至欧洲中部时间12月21日14时，全球已有106个国家和地区出现奥密克戎毒株。近期证据表明，奥密克戎毒株比德尔塔毒株更有传播力，且正在迅速传播，因此该毒株的整体风险仍非常高。[①] 而且12月13日天津在入境人员中首次检出了奥密克戎变异株。奥密克戎变种病毒在本土的出现，将对国内疫情防控提出更多挑战，也将对经济区建设国际阳光康养旅游目的地带来持续性影响，加大了经济区经济快速复苏的难度。

3.绿色转型发展面临升级压力

2021年是我国的"碳中和"元年。随着2030年碳达峰、2060年碳中和"双碳"目标的推出与全面推进，尤其是2021年4月中共中央政治局明确要求各级政府尽快拿出碳达峰碳中和的路线图、时间表、施工图，各地已将产业绿色低碳发展放在了空前重要的位置。在"双碳"目标下，经济区钒钛产业、钢铁产业、化工业等产业的企业减排压力剧增，需要在较短时间内加大技术研发投入，加快超低排放改造，提高生产智能化水平，但这可能会遇到经济、技术上的制约。

三 2022年攀西经济区经济形势预测

2021年以来，我国统筹推进疫情防控和经济社会发展，获得了国际社

[①] 每日经济新闻：《警惕！106个国家和地区出现奥密克戎毒株！美国一周内增加近6倍，英国病例超6万例，法国每10万人中545人感染》，https://baijiahao.baidu.com/s?id=1719801534003208360&wfr=spider&for=pc，2021年12月22日。

会的充分肯定。国际社会对中国经济发展的前景依然充满信心。据国际货币基金组织（IMF）10月发布的《世界经济展望报告》预测，2021年和2022年全球经济将分别增长5.9%和4.9%，其中中国经济分别增长8.0%和5.6%①。尽管2022年我国还将面临疫情等不确定因素的干扰，但国内经济仍将持续稳定发展。在这一大背景下，2022年经济区经济发展稳中向好的态势有望延续。

（一）经济发展稳中向好

2021年前三季度经济区经济恢复性增长势头已经显现，释放出经济持续向好发展的积极信号。在疫情防控和经济社会发展统筹推进下，2022年经济区将聚焦转型升级发展，依托攀西国家战略资源创新开发试验区、清洁能源基地、现代农业示范基地建设，以项目建设为抓手推动创新发展、绿色发展，经济总量将进一步扩大，经济增速将小幅回升。

（二）产业结构优化速度持续放缓

新冠肺炎疫情对服务业的冲击较大。受疫情影响，经济区以康养旅游为主导的服务业在2022年仍以恢复性发展为主。同时，鉴于经济区会严格按照中央、省上相关要求，从严落实各项常态化疫情防控措施，并能紧密结合疫情变化的新形势新特征，不断完善疫情防控机制，经济区的服务业发展虽呈现恢复性发展趋势，但发展速度有望高于2021年。

（三）投资继续拉动经济增长

经济区基础设施总体水平还不高，在教育、卫生等民生领域以及对外交通、新型城镇化等方面还存有短板，在产业绿色发展、产业链延伸等方面还需要提质发展。从前三季度情况看，经济区两市州积极通过重

---

① 人民网：《IMF报告预计：2021年中国经济增速有望达到8%》，http://finance.people.com.cn/n1/2021/1014/c1004-32253605.html，2021年10月14日。

大项目稳定投资，全社会固定资产投资增速均超过12%。攀枝花在第四季度开工了56个重大项目、总投资212.3亿元，2021年计划投资28.5亿元。其中产业发展类项目29个，总投资142.7亿元，占67.2%；基础设施类项目7个，总投资13.6亿元，占6.5%；民生及社会事业类项目13个，总投资17.9亿元，占8.4%；房地产等其他投资类项目7个，总投资38.1亿元，占17.9%①。凉山2021年确定了110个州级重点项目，计划总投资达到3989亿元，其中年度计划投资达到716.8亿元。110个项目中，续建项目60个，总投资达到3443亿元，年度计划投资达到595.4亿元；新开工项目50个，总投资达到546亿元，年度计划投资达到121.4亿元。分领域看，110个项目中，乡村振兴及"三农"项目有22个，年度投资占比9%；工业经济项目有38个，年度投资占比51%；城市基础设施项目有17个，年度投资占比8%；文教卫旅项目有19个，年度投资占比5%；交通基础设施项目有13个，年度投资占比26%；绿色家园项目有1个，年度投资占比1%。② 2022年投资依然是经济区经济增长的主要动力。

（四）消费对经济增长的拉动作用增强

从前三季度情况看，经济区的社会消费呈现出良好的发展态势。一方面，城镇居民收入水平提高，带动整体消费规模扩大。特别是近年来经济区农民持续增收，农村居民人均可支配收入增速连续高于城镇居民，提高了农村居民的消费能力，农村消费市场不断扩容。另一方面，在常态化疫情防控时期，城镇居民的消费习惯正在悄然发生改变，网络消费的支出份额逐步扩大。2022年，经济区城乡消费市场将保持较快发展趋势。

---

① 《攀枝花日报》：《四川省2021年第四季度重大项目集中开工》，http://pzhrb.pzhnews.org/html/2021-10/09/content_81672_13977449.htm，2021年10月9日。
② 四川新闻网：《凉山确定2021年州级重点项目110个》，http://ls.newssc.org/system/20210302/003125644.html，2021年3月2日。

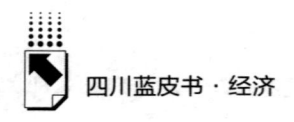

四　对策与建议

（一）继续确保疫情防控形势稳定可控

一方面，严格按照中央、省上疫情防控要求，坚决落实"外防输入、内防反弹"防控策略，进一步细化常态化疫情防控工作，健全完善常态化疫情防控机制，加强重点人群、重点场所、农村地区防控。另一方面，密切关注疫情发展态势，完善疫情应急防控预案。加强医疗机构核酸检测能力建设，不断提高病例筛查和监测预警能力。组织开展疫情应急处置演练，不断提高突发疫情应急指挥能力、现场快速处置能力、部门协调配合能力、资源有效配置能力。

（二）加强创新能力建设

立足国家战略资源创新开发试验区建设，以创建国家钒钛新材料产业创新中心为抓手，大力加强高层次创新创业平台建设，进一步推进人才链与创新链、产业链有机衔接。大力鼓励校院企深度开放合作，围绕钒钛、稀土关键核心技术加强产学研协同创新，增强产业关键共性技术供给，提升战略资源综合利用水平。加强科技服务平台、检验检测平台等科技公共服务平台建设，推进科技资源共建共享，进一步提高科技资源利用效率。积极鼓励高层次人才创新创业，加强创新创业培训辅导，开展创新创业成果发布、大赛路演等活动，有效促进科技成果市场化。围绕产业发展重大技术瓶颈问题，实施项目"揭榜挂帅"制，充分利用域内外资源破解产业转型升级发展中存在的技术"痛点""堵点"。紧贴攀枝花、凉山高层次人才服务保障需求，丰富完善天府英才卡B卡服务内容，切实提高高层次人才的获得感和荣誉感，用优质服务保障留住人才、用好人才。

（三）促进经济绿色低碳发展

围绕工业绿色转型升级，以行业龙头企业为示范，加强绿色工厂建设，推进绿色智能化改造，推广绿色低碳技术，进一步降低资源消耗。加快传统产业清洁化改造，强化工业固废综合利用，推广应用工业固废减量化先进工艺、技术和装备，促进工业固废资源在建筑材料中的再利用。加强低碳示范企业、低碳示范园区建设，研究制定低碳示范企业、低碳示范园区评定标准，帮助企业制定碳减排解决方案，引导企业特别是外贸企业开展产品低碳或碳足迹认证，拓宽低碳企业直接融资渠道，加大对企业特别是中小企业降碳技改投入的金融支持力度。

（四）进一步促进农民增收和消费

充分利用阳光资源、民族文化特色，促进文农旅深度融合，不断完善基础设施，加强项目差异化定位，增强项目市场辨识度，提高服务质量标准化水平，增加农民工资性收入、经营性收入。以盘活用好镇村公有资产为抓手，不断探索村级集体经济发展壮大的有效途径，持续带动农民增收致富。根据闲置资产权属关系、地理位置、折旧状况等，制定个性化方案，实施"一处一策"。加强资产监督管理服务，建立健全协调联动、问题协商等机制，不断提高资产盘活的有效性和持续性。释放农村消费潜力，以重点乡镇为依托，不断完善乡镇商贸流通体系，支持供销合作社、邮政、快递机构等向农村延伸物流服务网络，发展便民生活消费综合服务站、点，带动周边区域居民消费。

B.11
2021~2022年川西北生态示范区经济形势分析与预测

周 俊*

摘　要： 2021年，新冠肺炎及其变异毒株继续在全世界蔓延，但对经济冲击力度减弱，经济逐渐恢复。我国疫情得到有效控制，经济在全球率先复苏并实现了较快增长。川西北生态示范区经济实现持续复苏，但也面临较大挑战。全球疫情得到有效控制、国内宏观调控措施更加灵活精准，必将全面激活内需动力，预计2022年，川西北生态示范区将实现经济持续增长。

关键词： 川西北生态示范区　高质量发展　结构调整

一　川西北生态示范区经济发展现状

川西北生态示范区涵盖阿坝藏族羌族自治州和甘孜藏族自治州共计31个县（市、区），区域面积23.26万平方公里，占全省面积的47.9%。2021年前三季度经济总量仅占全省的1.6%。2021年，川西北生态示范区深入贯彻落实党中央、国务院和省委、省政府决策部署，统筹做好疫情防控和经济社会发展，按照"稳农业、强工业、促消费、扩内需、抓项目、重创新、畅循环、提质量"的工作思路，扎实做好"六稳"工作，全面落实"六保"任务，前三季度经济持续稳定恢复，发展韧性持续增

---

* 周俊，四川省社会科学院区域经济研究所副研究员，主要研究方向为区域经济、城市经济。

强，主要经济指标实现较快增长，但个别指标与目标差距较大，完成目标存在一定困难。

（一）2021年前三季度经济运行总体情况

2021年前三季度，川西北生态示范区实现GDP 632.56亿元，同比增长7.8%，增速低于全国平均水平2个百分点，低于全省平均水平1.5个百分点，仍居全省五大经济区末位。阿坝州实现GDP 323.73亿元，同比增长8.2%，两年平均增长4.8%。其中，第一产业增加值为57.52亿元，同比增长7.4%，两年平均增长5.7%；第二产业增加值为81.69亿元，同比增长8.6%，两年平均增长4.1%；第三产业增加值为184.52亿元，同比增长8.3%，两年平均增长5.1%。甘孜州实现GDP 308.83亿元，同比增长7.4%，两年平均增长4.6%。其中，第一产业增加值为46.72亿元，同比增长6.4%；第二产业增加值为76.33亿元，同比增长7.6%；第三产业增加值为185.78亿元，同比增长7.6%（见表1）。

表1 2021年前三季度川西北生态示范区GDP及增速

单位：亿元，%

地区	GDP	增速	第一产业产值	增速	第二产业产值	增速	第三产业产值	增速
阿坝州	323.73	8.2(4.8)	57.52	7.4(5.7)	81.69	8.6(4.1)	184.52	8.3(5.1)
甘孜州	308.83	7.4(4.6)	46.72	6.4	76.33	7.6	185.78	7.6
川西北	632.56	7.8	104.24	—	158.02	—	370.30	—
四川省	38998.66	9.3(5.8)	4476.59	7.2(5.2)	13983.62	9.2(5.7)	20538.05	9.8(5.9)

注："（）"数据为两年平均增速。
资料来源：四川省统计局、阿坝州统计局、甘孜州统计局。

前三季度，川西北生态示范区三次产业增加值分别为104.24亿元、158.02亿元、370.30亿元，三次产业比重为16.5∶25.0∶58.5，相较全省11.5∶35.9∶52.6的产业结构，第二产业比重较低、第一和第三产业比重较高。这与川西北生态示范区的主体功能区定位是相符的。两州第二、第三产业增速全面落后于全省平均水平，由于示范区经济的主导产业是以旅游为核心的服务业，受全国多地多次新冠肺炎疫情冲击，加上经济形势错综复杂，旅游酒店业等发展多次中断，示范区经济增速在全省垫底。总体来看，川西北生态示范区全年经济运行呈现前高后低的特征，总体上经济延续稳定恢复态势。

（二）农业生产稳中向好

农业生产稳中向好，生猪产能持续恢复，牛羊出栏量下降。阿坝州实现农林牧渔业总产值102.6亿元，同比增长8.7%。生猪出栏24.15万头，增长20.5%；牛出栏31.09万头，下降2.9%；羊出栏26.43万只，下降14.1%；家禽出栏29.78万只，下降3.7%。甘孜州实现农林牧渔业总产值71.76亿元，同比增长7.6%。生猪出栏16.34万头，同比增长10.2%；牛出栏31.88万头，同比下降7.2%；羊出栏16.27万只，下降17%；家禽出栏13.08万只，下降1.7%。

（三）工业发展进度差异较大

前三季度，阿坝州规模以上工业增加值同比增长14.9%（含园区），增速居全省第一，两年平均增长7.7%，其中州内规模以上工业增加值增长9.7%。分轻重工业看，轻工业下降1.4%，重工业增长10.2%。其中，有色金属矿采选业增长214.3%，黑色金属冶炼和压延加工业增长173%，计算机、通信和其他电子设备制造业增长31.3%。工业支柱行业电力、热力生产和供应业增长6.8%。1~8月，规模以上工业企业实现营业收入137.8亿元，同比增长28.1%；实现利润总额18.07亿元，同比增长67.3%。甘孜州工业生产波动较大，工业增加值同比增长6.3%，但规模以上工业增加值同比增速仅为0.1%，增速比上半年分别回落2.5个和12.3个百分点，完成进度不甚理想，进而拖累GDP增速。其中，电力、矿产行业回落幅度较大。1~9月，发电量和全社会用电量分别为341.8亿千瓦时和27.05亿千瓦时，累计下降1.6%和10.2%，9月当月分别下降7.9%和46.6%。电力行业增加值累计增长2%，增速较上半年回落10.2个百分点，其中9月当月增加值下降14.8%。矿产行业增加值9月下降29.3%，累计下降8%。工业门类主要产品产量中，仅黄金增长18.4%，水泥下降5.4%，发电量下降1.6%，铜、铅、锌金属分别下降9.7%、24.7%和21.7%。

（四）服务业增速呈现前高后低

前三季度，两州服务业增速均低于全省平均水平。阿坝州实现服务业增加值184.52亿元，同比增长8.3%，增速低于全省1.5个百分点；两年平均增长5.1%，增速低于全省0.8个百分点。其中，住宿和餐饮业增加值同比增长41.9%，批发和零售业增加值同比增长9.6%，居民服务、修理和其他服务业增加值同比增长60.8%，文化、体育和娱乐业增加值同比增长41.4%，交通运输、仓储和邮政业增加值同比增长8.5%，金融业增加值同比增长2.1%，房地产业增加值同比增长6.4%，租赁和商务服务业增加值同比增长11.8%。甘孜州实现服务业增加值185.78亿元，同比增长7.6%，低于全省2.2个百分点，较第二季度回落3.7个百分点。其中，限上单位仅实现零售额19.85亿元，同比增长10.3%，增速从4月开始持续回落。九龙县、白玉县、巴塘县、乡城县、稻城县、得荣县6个县9月当月负增长；道孚县、新龙县、白玉县、色达县、乡城县、得荣县6个县1~9月累计出现负增长。

（五）固定资产投资进度加快

前三季度，阿坝州全社会固定资产投资同比增长10.7%，两年平均增长11.0%，比全省两年平均增速高1.4个百分点。分产业看，第一产业投资下降3.7%；第二产业投资增长15.7%，其中，工业投资增长15.6%；第三产业投资增长9.9%，其中，交通运输投资增长5.6%。从房地产开发看，房地产开发投资增长133.1%。甘孜州全社会固定资产投资同比增长13.6%，增速居全省第四位，两年平均增长6.6%，比上半年加快2.4个百分点，由于2020年固投几乎是零增长，两年平均增速仍低于全省3个百分点。重大基础设施项目投资完成年度计划的92.1%，重大产业项目投资完成年度计划的87.2%。其中，交通项目投资增长35.7%，工业项目投资增长12.1%。生态能源投资同比增长14%，电网建设投资同比增长34.9%，优势矿产投资同比增长46.1%，但制造业投资同比下降9.3%。

表2 2021年前三季度川西北生态示范区固投和消费情况

单位：亿元，%

地　区	全社会固定资产投资增速	社会消费品零售总额	社会消费品零售总额增速
阿坝州	10.7(11.0)	82.16	19.4(5.0)
甘孜州	13.6(6.6)	91.08	13.7(3.5)
四川省	11.5(9.6)	17381.7	18.9(10.5)

注："（）"数据为两年平均增速。
资料来源：四川省统计局、阿坝州统计局、甘孜州统计局网站。

（六）消费市场持续恢复

前三季度，川西北生态示范区实现社会消费品零售总额173.24亿元，仅占全省消费的1%，比GDP占全省1.6%的份额还低，部分消费外溢。商品零售平稳增长，餐饮消费加快复苏，但总体增速仍远低于全省平均水平。阿坝州实现社会消费品零售总额82.16亿元，同比增长19.4%，两年平均增长5.0%，增速低于全省两年平均水平5.5个百分点。其中，实现城镇消费品零售额60.67亿元，同比增长17.9%，增速低于全省0.7个百分点；实现乡村市场消费品零售额21.49亿元，同比增长23.7%，增速高于全省3.4个百分点。按消费形态分，实现餐饮收入30.40亿元，增长31.4%，增速低于全省15.3个百分点；实现商品零售收入51.76亿元，增长13.3%，增速低于全省2个百分点。甘孜州实现社会消费品零售总额91.08亿元，同比增长13.7%，增速低于全省5.2个百分点，居全省第20位；两年平均增长3.5%，增速低于全省平均水平7个百分点。其中，城镇市场实现社会消费品零售总额66.58亿元，同比增长13.5%，增速低于全省5.1个百分点；乡村市场实现消费品零售额24.5亿元，同比增长14.1%，增速低于全省6.2

个百分点。按消费形态分，实现商品零售额65.97亿元，同比增长10.1%，增速低于全省5.2个百分点；餐饮收入25.11亿元，同比增长24.2%，增速低于全省22.5个百分点。

二 经济运行面临的主要问题

2021年中央经济工作会议指出，面对疫情冲击，百年变局加速演变，外部环境更趋复杂严峻和更加不确定。国内经济发展面临需求收缩、供给冲击、预期转弱三重压力，但经济韧性增强，长期向好的基本面没有变。川西北生态示范区按照中央省委决策部署，努力恢复经济发展，但受疫情、自然灾害影响和结构性矛盾拖累，经济运行总体呈恢复态势，但动能减弱，甚至出现逐季回落现象。尤其是旅游主导产业不强且易受外因干扰；产业结构畸重畸轻，易受外需和政策影响；工业、服务业、社会消费品零售额波动较大等问题更加凸显。

（一）工业发展面临更多不确定性

两州工业企业高度依赖于资源禀赋，且以矿业和电力为主，受需求和价格波动影响大。飞地园区的发展差异较大，成阿工业园区发展比较成熟，为工业发展贡献较大；甘孜州飞地园区发展仍在起步阶段，两州发展差异较大。前三季度，阿坝州规上工业增加值同比增长14.9%（含两个飞地园区），居全省第一位，增速比全省高4.2个百分点，其中成阿园区规上93户企业工业增加值同比增长34.8%，贡献5.5个百分点；甘孜州（含园区）规上工业增加值同比下降0.2%，由1~6月增长12.3%转为下降。阿坝州涉及的16个行业大类呈"10升6降"趋势，其中起支撑拉动作用的主要是锂、硅、碳化钙、盐化工等化学原料和化学制品制造业，铁合金等黑色金属冶炼和压延加工业，电力生产供应三大行业，合计拉动州内规上工业增加值增速10.1个百分点。而甘孜州67户规模以上工业企业中，44户累计产值不同程度下降，下降面达65.7%。同时受"双控"环保督察、资源、资金、成本增加等因素影响，部分矿产企业处于停产和半停产状态，甘孜州16户矿产企业9户产值下降，矿产行业增加值累计下降8%，较上半年回落31.3个百分点。同时，受国家电网输配电价（过网费）上涨，结算电价下降（2020年0.14元/度，2021年为0.08元/度），电力外送交易量不足2020年一半，"比特币挖矿"所涉企业停产等影响，全州39户电力企业26户累计产值下降，发电量和全社会用电量均出现负增长，电力行业增加值累计仅增长2%。

川西北地区"以电养企、以企促电"的"电力+高载能"工业特征十分明显。在能耗双控政策及中央环保督察的影响下，拉闸限电影响了产出量，但同时高耗能工业品价格出现持续大幅上涨。主要产品工业硅、水泥、原铝和铝合金、铝箔材、碳化钙、铜、铅、锌均出现了量跌价升，但因限产停产，增加值增速并不高，尤其是甘孜州受影响较大。国家"双控""双碳"目标的有计划施行，将对川西北高载能行业发展产生深远影响。

（二）旅游主导的服务业增长缓慢

川西北生态示范区拥有丰富优质的自然旅游景观和藏、羌等多民族文化旅游资源、红色旅游资源等，旅游业一直是全区的主导产业。但年中几次受全国多地疫情影响，尤其是"十一"黄金假期跨省旅游严重受限，旅游业发展不尽如人意，相关的住宿、餐饮、酒店等服务业发展增速不及预期。阿坝州和甘孜州服务业增速分别低于全省平均水平1.5个和2.2个百分点，两年平均增速也低于全省。阿坝州批发和零售业增加值同比增长9.6%，增速比全省低4.4个百分点；交通运输、仓储和邮政业增加值同比增长8.5%，增速比全省低4.6个百分点。甘孜州批发零售业同比增长10.1%，增速比全省低3.9个百分点，限额以上单位吃穿用类商品零售额同比增长2.7%，其中粮油食品、饮料、烟酒类和服装鞋帽针纺织品类商品零售额同比分别增长6.0%和12.0%，增速均低于全省平均水平。同时，受国家政策影响，房地产业增长缓慢。

（三）消费市场发展未达预期

从消费市场情况看，阿坝州餐饮收入和商品零售收入同比增速分别低于全省15.6个和2个百分点。甘孜州出现逐季回落情况，1~9月较第二季度回落3.7个百分点，限上单位零售额增速4月后持续回落，有6个县累计负增长，非营利性服务业增加值仅增长0.8%，影响完成全年目标的不确定因素仍然较多。甘孜州因疫情等多种因素，出现企业停业、转产、拆分、注销的情况，贡嘎悬崖温泉酒店有限责任公司、甘孜州康巴味蕾餐饮有限公司等11家限上单位关停，白玉县正荣商贸有限公司、丹巴县快捷318汽车旅馆有限责任公司等11家限上单位退库，对消费市场产生持续影响。消费领域限上企业规模小、比重低，但关停退库影响大。

总体来看，川西北生态示范区产业结构单一给经济增速带来很大的不确定性。工业发展以矿产和电力等高耗能产业为主，其他制造业占比低，国家环保监督日渐加码，工业转型升级压力大、挑战大。旅游主导的服务业高度依赖外部因素，抗风险能力极弱。经济总量小、产业体系不强、增速不快、动力不足、抗风险能力差仍然是该区面临的主要问题。

三 2022年川西北生态示范区经济形势预测

2022年，预计全球新冠肺炎疫情将得到有效控制，全球经济有望逐渐回到正轨，但增长并不均衡。中国经济增长速度仍有望保持全球领先。川西北生态示范区虽然面临产业结构转型的极大挑战和压力，但中央和四川省支持川西北生态示范区高质量发展。贯彻新发展理念，树立"绿水青山就是金山银山"的理念，优化发展格局，努力建设国家生态建设示范区、国家全域旅游示范区、国际精品旅游目的地，既符合中央精神，也契合国家主体功能区的定位，川西北进入寻求更高质量发展的新阶段。同时，川西北围绕川藏铁路建设，必将推动一批重大基础设施和公共服务设施建设，继续推动脱贫攻坚和乡村振兴相衔接，基础设施和民生都将进一步改善。考虑到

2020年和2021年基数影响,预计2022年川西北生态示范区GDP增速将达到6%左右;第一产业增速达到4%;工业增加值达到5%以上;随着疫情好转和管制政策放松,以旅游业为主的服务业有望获得10%以上的增速;全社会固定资产投资达到10%左右;社会消费品零售总额增长10%以上;居民人均可支配收入增长8%以上,城乡收入差距将进一步缩小。

四　对策与建议

(一)促进绿色工业高质量发展

加快工业结构调整,发展现代绿色工业。发展绿色电力,创建国家级水风光一体化可再生能源基地。优化现有电力资源,重点关注两河口、孟底沟电站建设进度。加快通道建设,加强向上及与相关部门衔接力度,积极协调解决送出通道受阻问题,增强电力外送能力,同时提高上网电价议价能力。加快建设省级水电消纳产业示范区,建立飞地园区合作共赢机制。有序开发绿色锂、硅、铝、铜、锌等矿产资源,建立飞地园区绿色加工示范基地,享受留存电量。积极推进中藏药业发展,开发与旅游相关的便携民族文化手工艺品、牦牛肉(奶)、沙棘、矿泉水,做强"圣洁甘孜"和"净土阿坝"品牌。重点关注工业企业投产入库入统,同时加大重点企业的督查指导服务,做到"一企一策",切实解决企业发展中遇到的实际困难和问题。

(二)大力发展旅游主导的生态服务业

以创建国家全域旅游示范区为抓手,提升九寨沟、黄龙、稻城亚丁、海螺沟、汶川AAAAA级景区基础设施和配套服务功能。加强龙头旅游品牌营销,多渠道做好线上线下宣传推介工作,擦亮香格里拉、大九寨、大草原、大雪山、大熊猫金字招牌。加强G317、G318最美景观大道,黄河天路国家旅游风景道,"重走长征路"红色旅游廊道,九寨沟-黄龙大环线建设,带动川西旅游环线大发展。

（三）全面激发城乡消费市场活力

随着疫情的有效控制，旅游业将迎来爆发式增长，应全力做好迎接2022年大发展的准备工作。做好香格里拉、磨西、川主寺、九寨沟、汶川、小金等文旅小镇及景区的功能服务提升工作，全面做好住宿酒店、餐饮娱乐、特色商贸、商业街、餐饮街的形象塑造和品质服务提升工作。切实促进文旅体、批发零售、居民服务和仓储物流等行业发展，稳定传统消费、培育新兴消费、做强旅游消费。开展"消费+互联网"行动，开拓消费新渠道，创建全国民族地区电商发展示范州。开展节庆促销、家电促销等活动，持续培育"赶场经济""假日经济""旅游经济""节庆经济"，全面激发内需活力。同时，重点关注商贸企业发展，做好服务工作，促使升规入统，形成新的增长点。同时，培育好州内商品及服务市场，尽量减少消费外溢，全面提振城乡消费市场。

产业与行业篇

B.12
2021~2022年四川省农业经济发展形势分析与预测

陈红霞[*]

摘　要： 2021年，面对更为复杂的国际国内形势，四川农业呈现出稳中有进、持续向好的良好态势，为稳定经济社会发展大局提供了有力支撑。展望2022年，"稳农业"目标仍有望实现，农业现代化步伐将会进一步加快。

关键词： 四川　农业　"10+3"产业体系　农业园区　农业现代化

2021年是我国"十四五"规划的开局之年，面对更为复杂的国际国内形势，四川省委省政府统筹推进常态化疫情防控和经济社会发展，按照

---

[*] 陈红霞，博士，四川省社会科学院产业经济研究所副研究员，主要研究方向为产业经济、区域经济、制度经济。

"稳农业、强工业、促消费、扩内需、抓项目、重创新、畅循环、提质量"的工作思路,以乡村振兴战略为抓手,加快推进农业农村现代化进程,坚决贯彻"非粮化""非农化"安排部署,加快恢复生猪生产,扎实推进农业园区建设,农业生产条件持续改善,全省农业呈现稳中有进、持续向好的良好态势。前三季度,第一产业实现增加值4476.99亿元,同比增长7.2%,两年平均增长5.2%,两年平均增速高于全国0.4个百分点,对经济增长的贡献率为9.6%,拉动经济增长0.9个百分点,农业压舱石作用更加凸显,为稳定经济社会发展大局提供了有力支撑。

一 2021年前三季度全省农业发展特点

(一)农业回归常态化增长,发展基础牢固

前三季度全省实现农业产值4350亿元,同比增长7.4%,拉动经济总量增速1.7个百分点。农作物长势良好,产量稳定增长,全省夏粮产量达429.2万吨、增产2.9万吨;秋粮播种面积扩大,各品种种植结构得以调整完善,除稻谷播种面积基本稳定外,玉米、高粱、大豆播种面积都有所增加,减少了马铃薯和甘蔗的种植面积。农业气候条件好于上年,病虫害和旱涝灾害轻于上年,农业发展基础牢固。

(二)生猪产能继续释放,畜禽生产形势好转

全省生猪出栏量保持较快增长速度,前三季度出栏生猪达到4402万头,增长30%。其中,第三季度出栏1473万头,增长26.6%,增速比第二季度高1.6个百分点。其他畜禽类受生猪市场价格影响,且未处于肉类消费旺季,出栏量下降,但降幅有所收窄,生产形势得以好转。前三季度,全省牛出栏量达到201.1万头,同比下降1.5%,其中第三季度出栏67.9万头,同比下降3.4%,降幅比第二季度收窄1个百分点;羊出栏量达到1206.3万只,同比下降2.0%,其中第三季度出栏410万只,下降3.0%,降幅比第

二季度收窄 2.5 个百分点。家禽出栏 4.95 亿只，增长 0.2%，其中第三季度出栏 1.64 亿只，下降 3.8%，降幅比第二季度收窄 3 个百分点。

（三）现代产业体系深入推进，经济作物增产形势良好

随着全省现代农业"10+3"产业体系的深入推进，以川粮油、川菜、川果、川茶、川药为代表的经济作物增产增收。据统计，全省大春经济作物播种面积 2296.3 万亩，同比增长 2.2%。其中，油料、药材、蔬菜等经济作物播种面积扩大，棉花、糖料、烟草、青饲料等播种面积减少。在科技和产业政策的加持下，主要经济作物单产稳定，产量增长。蔬菜及食用菌产量达到 2976.1 万吨，同比增长 4.6%；油料产量达到 79.9 万吨，同比增长 3.1%；水果产量达到 1077.8 万吨，同比增长 5.6%；中草药材产量达到 38.8 万吨，同比增长 10.9%；茶叶产量达到 18.1 万吨，同比增长 8.1%。

（四）现代农业园区建设稳步推进，农业现代化进程加快

高水平打造现代农业园区，推动农业高质量发展。与省内外科研机构、院校组建科技服务团队，科技支撑力量得以加强；大力实现人才培育工程，园区建设人才支撑进一步巩固，形成了各园区竞相发展的良好氛围，初步构建起国家－省－市－县四级联动、梯次推进的现代农业园区体系。当前，全省共创建国家级现代农业产业园 11 个，数量居全国第二；全省累计认定省星级现代农业园区 94 个、市级园区 364 个、县级园区 673 个。全力推进农业现代化，大力推进特色农业发展。根据不同区域农业发展的差异性，夯实农业基础，强化科技支撑，创新经营方式，分区分类推进农业现代化示范区建设，构建现代农业经营体系，强化新型经营主体的带动作用，培育国家重点龙头企业 75 家，数量居全国第四、西部第一。省级以上龙头企业达到 902 家，初步形成了国家－省－市－县四级联动的乡村产业龙头企业"新雁阵"，并发挥龙头企业的领头雁作用。累计培育农民合作社 10.56 万家，农民专业合作社联合社 461 家，家庭农场 16.6 万家。

（五）各区域发展总体均衡，成都平原占比有所下降

前三季度，全省坚持因地制宜，推进不同地区特色化、差异化、专业化发展，积极促进各区域产业协调、全面发展。前三季度，农林牧副渔业方面，成都平原经济区实现总产值2970.6亿元，同比增长8.3%；川南经济区实现总产值1404.6亿元，增长8.9%；川东北经济区实现总产值2039.1亿元，增长8.9%；攀西经济区实现总产值710.1亿元，增长8.7%。成都平原经济区农业总产值占全省的比重为41%，同比下降了1.1个百分点，其余经济区占比均不同程度提高。

二 2021~2022年四川农业发展面临形势及趋势预测

（一）面临形势

2021年是"十四五"开局之年，我国进入加快农业现代化发展的新阶段。2021年"中央一号文件"明确提出要加快推进农业现代化，农业现代化进程直接关系到社会主义现代化目标能否顺利推进，必须贯彻新发展理念，走产出高效、产品安全、资源节约、环境友好的农业现代化道路。乡村振兴战略是新时代"三农"工作的总抓手，城乡融合发展的政策体系已逐步建立，农业农村优先发展成为重大政策导向。"一带一路"倡议、长江经济带发展、新时代西部大开发、成渝地区双城经济圈等国家区域战略深入实施，为持续提高四川省农业经济效益和农业产业竞争力提供了有力保障和重要政策支撑。构建以国内大循环为主体、国内国际双循环相互促进的新发展格局，也是"十四五"时期农业高质量发展的重要引领，将为四川农业发展带来新动能，促进四川农业在科技创新、互联网、物流等方面加大投入力度，提升农业的内生动力和在国内外市场的竞争力。

但也应看到，国外局势依然复杂，不确定性日益增强，新冠肺炎疫情短

时期内很难完全消除。面对国内外风险挑战明显上升的复杂局面，迫切需要统筹发展和安全，夯实稳住农业基本盘，守好"三农"基础。

（二）趋势预测与展望

2021年以来，四川经济稳定恢复、稳中加固、稳中向好的特征明显。但同时也要看到，经济发展依然面临疫情零星散发和大宗商品价格快速上涨等带来的诸多不确定性、不稳定性因素，省内行业、区域经济恢复也不稳固、不均衡，巩固回升仍需加力加劲。目前，国内局部地区仍有零星散发疫情，四川经济还存在恢复不均衡、不稳固等问题。

1. 四川"稳农业"有望实现

2021年四川省粮食增产已成定局，大棚蔬菜产量稳定，产业化种植的食用菌随着生产规模扩大能保持较高增长速度，产业脱贫发展的水果已进入盛果期，柑橘等果类产量预计增长。畜禽生产方面，牛、羊出栏量预计能扭转负增长的趋势，家禽出栏量预计会实现增长，虽然受农资涨价、灾情疫情等影响，近期大部分蔬菜品种价格上涨，但第四季度农业经济较为平稳，预计2021年能实现"稳农业"发展目标。虽然2021年全省农业经济实现了良好开局，但受基数影响，上半年四川省比全国优势已明显缩小，前三季度增速继续走低，2021年全年农业经济与全国同步发展或好于全国的压力较大。展望2022年，若不发生自然灾害，在继续落实粮食安全省长责任制下，预计粮食产量会有所增加，水稻、油菜、肉蛋奶产量可总体保持稳步增长。

2. 生猪行业发展波动较大

从全省来看，生猪价格由于非洲猪瘟疫情从2019年下半年开始走高，到2020年2月达到顶峰，并在2021年5月后持续下跌。截至目前，生猪及猪肉价格继续下探，而玉米、豆粕、小麦麸等饲料原料价格走高，养猪头均收益由最高峰时期的3000元以上到减少为目前亏损500~1000元，对养殖户造成较大冲击。虽然春节期间生猪价格会有所稳定，但展望2022年，生猪价格也会有所波动，整个生猪行业稳定发展仍然压力很大。

3. 农业现代化步伐加快

2020年四川脱贫攻坚任务全部完成，为推进四川乡村振兴、发展现代农业产业奠定了坚实的基础。"双循环"新发展格局下，广阔的国内市场需求将激发农业的创新潜能，四川农业将在科技创新、互联网、物流等方面加大投入力度，融入国内大循环。与此同时，疫情下对稳定农产品供应和提升农产品质量安全水平的要求更高，促进新型职业农民队伍建设，新型农业经营主体将加快成长。国家鼓励因地制宜探索不同类型、不同条件地区的农业现代化模式，为四川农业强优势、补短板提供了契机，能进一步促进农业现代化示范区建设。

三 推进四川农业现代化发展的对策建议

习近平总书记强调，稳住农业基本盘、守好"三农"基础是应变局、开新局的"压舱石"。"十四五"时期，四川应立足省情农情，遵循农业发展内在规律，强力推进农业现代化，提升农业对经济社会发展的支撑保障能力，为建设现代化四川提供坚实基础。

（一）稳定粮食生产

切实扛起粮食安全政治责任，稳定粮食生产，稳步提高粮食产量。一是加强耕地保护，守住粮食安全底线。严格控制非农建设占用耕地，加快高标准农田建设，稳定粮食播种面积。深入实施重要农产品保障战略，加强农村水利设施建设，推进"优质粮食工程"，保障粮、棉、油、糖、肉等的供给安全，加强全省粮食仓储的统筹利用，提高粮食储备能力，进一步提升粮食市场调控能力。二是调整优化农业产业结构。提高现代农业科技含量，强化农业物质装备建设，用现代化的农业设施、装备，用科学技术手段革新传统农业，进一步提高农业科技化、标准化水平。优化农产品品种、品质结构，调整、优化、平衡农业产业结构，积极推进畜牧业的现代化发展步伐，提升养殖业、农产品和农林牧副渔服务业的现代化程度。三是实施农业技术集成应用示范工程。支持农业科技基础研究，加快种子、农机装备等技术研发，支持良种育种制种基地建设，加强农业种质资源保护开发和利用，推进良种良法配套。

（二）做优做强现代特色农业

围绕全省"10+3"现代农业产业体系，做优做强现代特色农业，提升四川现代农业的质量效益和竞争力。一是推动农业特色产业集聚发展。根据各区域资源优势和发展基础，打造当地特色主导产业，培育一批优质白酒、粮油、肉制品、精制茶、果蔬、中药材等农产品加工产业集群。扩大农产品初级加工提升初级农产品产值，积极推动特色产业的龙头企业重视使用精深加工要素，提升农产品的深加工水平。二是积极培育农产品品牌。深入实施"川字号"农产品品牌创建活动，推进农产品区域公用品牌、企业自主品牌以及农产品品牌培育和建设，培育一批知名"川字号"农业品牌和金字招牌。广泛利用"互联网+"等新媒体，加强品牌市场营销，讲好品牌故事，提升品牌传播力。重视对老字号、老工艺等专利的保护，强化知识产权保护，严厉惩治假冒伪劣行为。三是加快产业融合发展。充分发挥农业的多样化功能，推动农业与第二、第三产业的交叉融合发展。围绕农业上下游产业链，聚焦"10+3"现代农业产业体系，深入推进全产业链开发、全价值链提升，在粮、猪、茶、竹、果、鱼产业融合高质量发展上积极探索，在建设当前10个国家级农村产业融合发展示范园的基础上，进一步开拓创新，打造新一批特色鲜明、品牌响亮、示范作用强、管理高效的产业融合发展示范园。

（三）加快现代农业产业平台建设

园区是优势特色产业发展的重要载体，应以现代农业园区建设为抓手，分区分类推进农业现代化示范区建设。一是加快推进现代农业园区建设。应围绕四川"10+3"现代农业产业体系，加强优质特色农产品产业基地建设，进一步聚集要素和资源，创建一批"绿色、特色、高效、活力、智慧、开放"的国家级、省级特色现代农业园区。创新园区管理体制机制和推进机制，完善园区考核认定机制，健全动态管理机制，尤其是在省星级现代农业园区考核认定中，要科学严谨规范，统一升星、降星、摘牌的标准，促进园区科学发展。充分发挥省星级产业园区的示范带动作用，将资源优势转化为产业优势，促进优质农产品提档升级。二是积极创建农业现代化示范区。主动探索四川农业现代化道路，综合考虑地区资源禀赋差异以及产业发展基础等因素，以县（市、区）为单位，分类创建农业现代化示范区，将成都平原地区打造成重要农产品现代化示范区、将大中城市郊区打造成智慧农业现代化示范区、将丘陵地区以及川西北高原地区打造成生态农业现代化示范区。全面推动现代农业示范园区转型升级，努力建成一批产业深度融合、辐射带动能力强的现代农业园区（产业园），成为全省农业现代化的样板区。三是健全产业链利益连接机制，组成园区内新的企业与农民利益共同体。以"公司+专业合作社+农户"为重要形式，继续创新利益连接方式，将订单分红与超产分红相结合，鼓励农户自愿以土地入股合作社参与经营并获得分红收益，优先返聘因土地流转而失地的农村劳动力，变农民为园区工人，让更多农民分享到全产业链的增值收益。

（四）健全农业现代化服务体系

顺应四川农业组织方式和生产方式的深刻变化，以普惠为农为切入点，积极打造全程化、集成化、一站式的现代农业社会化服务体系，为农业发展提供专业化服务。一是扶持新型农业经营主体。培育家庭农场、农民合作社等各类新型农业经营主体发展，完善规章制度，强化经营管理，围绕国家示范家庭农场、示范社、重点龙头企业，进一步创新服务方式，强化规范化建设。二是积极转变农业经营方式。农业产业化经营为农业增效注入了新动能，推动"龙头企业+合作社+家庭农场+基地+农户"的产业化运作模式，促进农产品就地加工销售，推动一二三产业融合发展。三是打造农业数字化服务体系。健全专业化社会化服务体系，积极主动利用现有的数字技术，打造农业服务大数据库，建立数字化的可追溯服务体系，提高服务农业的效率和水平。

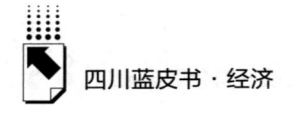

（五）强化政策保障

一是深化制度改革。进一步深化农村土地制度改革、农村集体产权制度改革等，坚持在农地农用基础上改革创新，完善土地流转制度，建立健全土地流转履约责任制，培育壮大农村产权流转交易市场，全方位保障农民的土地权益，增强农业发展的动力和活力。二是加大政策扶持力度。加大农业补贴力度，协调联动发改、财政、农行等部门，进一步整合优化财政资金，充分发挥财政资金的杠杆作用。在财政、金融、保险等方面出台惠农扶持政策，大力拓宽涉农企业的融资渠道，完善农业融资贷款机制，减免农业贷款利息，进一步缓解融资难题，支持新型农业经营主体扩大经营规模、提高生产效益。三是强化人才支撑。强化职业农民培训，开展青年农场主、返乡入乡创新创业者、农业经理人、农村实用人才等新型农业经营主体带头人的培训，提升他们的专业知识、技术应用、经营管理和综合素质水平，培养一批新型职业农民。

B.13
2021~2022年四川省工业经济发展形势分析与预测[*]

王磊 达捷[**]

摘　要： 2021年，四川科学统筹疫情防控和经济社会发展，采取有效措施推动工业稳步回升，并实现较快恢复性增长。2022年，尽管仍面临较多不确定性因素，但全省将全力支持工业低碳绿色转型，打造三大制造业集群，提升"5+1"产业发展能级，确保实现合理增长。

关键词： 四川省工业　绿色低碳　高质量发展

2021年，面对复杂多变的国内外经济形势和疫情防控压力，四川工业在有效防控疫情、确保正常生产经营的基础上，不断加大结构调整和市场开拓力度，实现了较快的恢复性增长。2022年是"十四五"建设的关键年份，全省将全力推动工业低碳绿色转型，增强创新能力，打造三大制造业集群，提升"5+1"产业能级，预计将实现8%左右的增长，并进一步提升发展质量和效益。

---

[*] 基金项目：四川省社会科学院2015年度重点项目"新常态下四川省工业经济转型升级研究"（2015ZD02）。

[**] 王磊，四川省社会科学院产业经济研究所副研究员，主要研究方向为产业经济学；达捷，经济学博士，四川省社会科学院产业经济研究所所长、研究员，主要研究方向为产业经济和金融投资。

一 2021年1~11月四川工业运行分析

(一) 工业经济持续保持恢复性增长

2021年,四川工业面临的国内外经贸环境复杂严峻,美国新一届政府仍顽固坚持对华经贸打压政策,并试图拉拢欧盟、澳大利亚、印度、日本、韩国等围堵我国,给全球供应链和产业链造成严重影响。并且疫情仍在全球肆虐,特别是部分欧美发达国家和新兴经济体始终无法有效防控不断变异的病毒,致使疫情不断反复,严重影响了正常的生产、生活秩序,延缓了全球经贸复苏的势头,经贸增速远低于预期。中央和四川省则始终坚持以人为本、生命至上的原则,科学统筹疫情防控和经济社会发展,在有效防控疫情的基础上,全力确保各类市场主体正常的生产经营活动,推动国民经济持续恢复发展,为全国乃至四川工业的恢复发展提供了有力支撑,2021年1~11月,我国规模以上工业增加值同比增长10.1%,两年平均增长6.1%[1]。四川省规模以上工业增加值增速略低于全国平均水平,为10%,排在全国各省区市第13位,两年平均增长7.1%。从月度看,在经历了年初前四个月的快速恢复性增长后,全省工业月度增速有所回落,但平均增速仍保持在7%以上,累计增速保持在10%以上,两年平均增速保持在7%左右,有力支撑了全省经济的恢复和增长[2]。

表1 2021年1~11月四川省规模以上工业增加值月度及累计增速

单位:%

增速类型	1月	2月	3月	4月	5月	6月	7月	8月	9月	10月	11月
月度增速	—	16.4	14.1	10.2	7.3	9.1	8.4	7.8	7.2	5.7	7.2
累计增速	—	16.4	15.5	14.1	12.8	12.1	11.6	11.2	10.7	10.2	10.0
两年平均增速	—	5.0	7.0	7.4	7.3	7.2	7.0	7.0	6.9	6.9	7.1

---

[1] 国家统计局:《2021年11月份规模以上工业增加值增长3.8%》,http://www.stats.gov.cn/tjsj/zxfb/202112/t20211215_1825289.html,2021年12月15日。

[2] 四川省统计局:《2021年1~11月四川省国民经济主要指标数据》,http://tjj.sc.gov.cn/scstjj/c105897/2021/12/16/fe32219b6362432da29d8a9f595bff42.shtml,2021年12月16日。

（二）工业结构持续优化，转型升级步伐加快

四川工业紧紧围绕加快融入双循环发展新格局，增强产业链、供应链保障能力，提升产业能级，构建竞争新优势，不断补短板、强弱项，全面深化供给侧结构性改革，构建现代产业体系，增强创新发展能力，推动工业转型升级。2021年1~11月，全省41个大类行业中有33个实现了增长；电子信息、食品饮料、装备制造等主导产业恢复增长较快，其中，电子信息增长20.6%；酒、饮料和精制茶制造业增长10.7%；能源化工增长10.3%；电气机械和器材制造业增长21.2%。前三季度，全省规模以上工业高新技术产业实现营业收入12833.3亿元，同比增长21.1%，引导带动能力显著增强。主要工业品产量保持恢复增长态势，1~11月，全省117种主要工业品中有78种实现正增长。其中，发电设备同比增长37.8%；计算机整机增长32.1%；天然气增长15.5%；汽车产量达62.9万辆，增长9.8%；发电量增长6.5%；白酒产量增长4.3%。从所有制结构来看，全省国有工业企业增加值同比增长14.4%；外商及港澳台商企业增长13.3%；股份制企业增长9.9%；私营企业增速有所放缓，为4%[1]。

（三）重点区域恢复较快，布局调整力度加大

全省主要工业区和重点市州工业经济恢复发展态势良好，2021年1~11月，成都平原经济区和川南经济区规模以上工业增加值分别增长11.2%和10.5%，增速高于全省平均水平；攀西和川东北经济区则分别增长8.7%和8.4%；川西北生态示范区增速相对较低，为6.5%。从各市州来看，1~10月，成都平原经济区各市规模以上工业增加值增幅均超过了10%，成都市增幅达11.8%，位居全省第一；川南经济区除自贡市增速为8.7%外，其余各市增幅均超过10%。川东北的广元、广安、达州和攀西的攀枝花以及川

---

[1] 《四川省统计局网站，2021年1~11月四川省国民经济主要指标数据》，http://tjj.sc.gov.cn/scstjj/c105897/2021/12/16/fe32219b6362432da29d8a9f595bff42.shtml，2021年12月16。

西北的阿坝州工业增幅也在10%以上，巴中成为全省唯一负增长的市，甘孜州增幅也仅有0.2%（见表2）①。从整体看，全省区位条件优越、营商环境较好的成都、绵阳、宜宾等市州工业恢复较快，企业聚集发展态势突出；而甘孜、巴中等部分市州工业结构调整压力仍较大，吸引和聚集工业企业的能力也有待提升。

表2　2021年1~10月四川省各市州规模以上工业增加值情况

单位：%

地　区	1~10月规模以上工业增加值增速	排位
成　都	11.8	1
德　阳	10.8	5
绵　阳	11.6	2
眉　山	10.6	8
资　阳	10.3	10
乐　山	10.9	4
遂　宁	10.7	6
雅　安	10.2	13
自　贡	8.7	17
内　江	10.2	13
泸　州	10.7	6
宜　宾	11.4	3
广　元	10.3	10
南　充	8.7	17
广　安	10.2	13
达　州	10.3	10
巴　中	-4.5	21
攀枝花	10.2	13
凉　山	4.7	19
阿　坝	10.4	9
甘　孜	0.2	20

---

① 四川省统计局：《2021年1~11月四川规模以上工业增加值增长10.0%》，http://tjj.sc.gov.cn/scstjj/c105846/2021/12/20/f517b958cd414564bdf530e3d547796f.shtml，2021年12月20日。

（四）工业企业加快恢复，综合竞争力稳步增强

工业企业恢复发展步伐加快。2021年11月，全省90%的重点工业企业产值实现了正增长，其中排名前50的企业中有47家实现正增长。1~10月，全省有规模以上工业企业15474家，总资产达54780.8亿元，完成营业收入41813亿元，实现利润3364.8亿元，同比增长40.1%，两年平均增长22.3%；41个工业大类行业全部实现盈利，31个行业利润实现增长，增长面达78%。其中制造业实现利润2734.5亿元，同比增长45.3%；采矿业实现利润316.1亿元，增长42.5%；电力等供应业实现利润297.7亿元，增长5.6%。从所有制来看，国有控股企业实现利润1215.9亿元，同比增长41.3%；股份制企业实现利润2961.9亿元，增长43.4%；外商企业实现利润333.6亿元，增长19.7%；私营企业实现利润1170.5亿元，增长25.9%。大型工业企业集团发展态势良好，2021年，四川省有14家企业入选中国企业500强，其中新希望控股集团首次进入世界500强企业名单。四川制造业100强企业总资产达17321.6亿元，实现营收12191亿元，利润629.4亿元[1]。中小工业企业创新创业活力不断提升，大中小企业间的协同配合不断加强，产业链、供应链不断延伸，聚集效应明显加强，企业整体实力、经济效益和创新发展能力持续提升。1~11月，全省规模以上工业企业产品产销率达97.4%，实现出口交货值5558.4亿元，同比增长21.2%[2]。

二　2022年四川省工业经济面临的环境及发展趋势分析

2022年，四川工业发展面临的国内外宏观环境依旧复杂严峻，百年未

---

[1] 四川省统计局：《1~11月四川规模以上工业利润同比增长39.4%》，http：//tjj. sc. gov. cn/scstjj/c105846/2021/12/28/4a92a2d1bddb463e8d45404528d48bdc. shtml，2021年12月28日。
[2] 四川省统计局：《2021年1~11月四川规模以上工业增加值增长10.0%》，http：//tjj. sc. gov. cn/scstjj/c105846/2021/12/20/f517b958cd414564bdf530e3d547796f. shtml，2021年12月20日。

有之大变局持续深化，全球抗疫形势仍不乐观，给国际经贸恢复带来很大不确定性，我国经济增速也有放缓趋势。但整体看，我国成功的防疫政策和加快构建双循环发展新格局，推动经济高质量发展等战略举措，以及四川省全力推动工业转型升级、提质增效多项政策措施的出台，为全省工业稳增长提供了有力支撑。预计2022年，全省工业仍将保持8%左右的增长，有力促进全省经济复苏。

（一）全球抗疫和宏观经贸形势依旧复杂严峻

进入2022年，全球疫情仍没有根本好转的迹象，且病毒仍在不断变异，近期部分国家新增病例屡创新高。百年未有之大变局仍在持续深化，少数西方国家不顾全球抗疫和经济复苏大局，不断加大对我国的干涉和打压力度，给全球供应链和产业链造成极大破坏。且近几年，欧美发达国家为抗疫和刺激经济复苏，持续实施宽松的货币政策和积极的财政政策，导致货币超发，能源、消费品及大宗商品价格大幅增长，全球通货膨胀压力大增。2021年11月，美国CPI同比上涨6.8%，创1986年11月以来新高，PPI同比上升9.6%，创2010年11月以来最大涨幅，同时欧洲多数国家CPI和PPI涨幅也较大。国际货币基金组织公布的大宗商品价格指数显示，2021年11月全球能源类价格指数较2020年1月上涨87%，大宗商品价格指数同比也增长了54%[1]。同时欧美等发达国家的财政预算赤字和负债总额也屡创新高，多数新兴经济体也在抗疫和恢复生产间徘徊，给全球经济进一步复苏带来了较大不确定性。联合国经合组织、国际货币基金组织和世界银行均调低了2022年全球经济增长预期，预计增速将在4.5%~5%区间，而2023年将放缓至3%左右。

（二）我国经济整体将保持稳定发展态势

尽管从2021年第四季度看，我国经济增长特别是工业增速有所放缓，

---

[1] 《美国11月CPI和PPI携手飙升，美联储明年6月加息概率升至80%》，https://baijiahao.baidu.com/s?id=1719175958981019221&wfr=spider&for=pc，2021年12月15日。

但从消费需求、投资和出口来看，整体仍保持了增长态势，特别是工业投资和出口保持稳定增长势头。1~12月，中国制造业采购经理指数（PMI）除了9月和10月均保持在50%以上，11月和12月分别为50.1%和50.3%，处于扩张区间①。中央经济工作会议明确提出2022年全国经济工作的首要任务是稳中求进，努力实现高质量发展。为此，会议还提出要实施稳健有效的宏观政策，即稳健的货币政策和积极的财政政策，全力支持稳增长。工业作为稳增长的重要支柱也得到了国家的重点支持。国家先后出台了《"十四五"工业绿色发展规划》《"十四五"信息化和工业化深度融合发展规划》《关于振作工业经济运行推动工业高质量发展的实施方案》《关于加强产融合作推动工业绿色发展的指导意见》等规划和政策文件，全力支持工业转型升级和稳定发展。而我国始终坚持"以人为本，生命至上"的防疫政策，也为经济特别是工业生产的恢复运营提供了重要保障。因此，尽管全国仍不时会出现一些国外输入的散发病例，但在我国严格实施"外防输入、内防扩散"和"动态清零"等措施的保护下，疫情仍将得到有效防控，为工业发展保驾护航。

（三）2022年四川工业经济运行趋势及发展前景预测

尽管面临全球抗疫和国际经贸复苏不利等复杂严峻挑战，四川省工业经济在2022年保持稳定增长仍有较好的基础和有利条件，特别是国家全力支持实体经济和成渝地区双城经济圈建设，四川省全力支持制造业转型升级，将推动全省工业稳中有进，实现合理增长。

2021年以来，为支持成渝地区双城经济圈建设，国家又密集出台了支持成渝共建西部金融中心、多层次轨道交通体系等规划，重庆和四川还印发了《成渝地区双城经济圈建设规划纲要》联合实施方案，给四川工业发展带来了重要机遇。同时四川还印发了《中共四川省委关于以实现碳达峰碳

---

① 国家统计局网站：《2021年12月中国采购经理指数运行情况》，http：//www.stats.gov.cn/tjsj/zxfb/202112/t20211231_1825791.html，2021年12月31日。

中和目标为引领推动绿色低碳优势产业高质量发展的决定》《四川省"十四五"制造业高质量发展规划》和众多重点产业发展专项规划,全力引导和支持工业高质量发展,也为全省工业经济稳增长提供了良好条件。而从全省工业品消费、投资及出口趋势来看,2021年1~11月,全省社会消费品零售总额同比增长16.7%,工业品销售增幅也较大;全省工业生产者出厂价格(PPI)上涨5.7%;全省工业投资同比增长9.1%,其中制造业投资增长12.5%,工业实现出口5558.4亿元,同比增长21.2%,增幅均保持在合理区间①。预计2022年,全省工业仍将延续这种稳中有进的发展态势,全年实现8%左右的增长,工业整体实力进一步提高,结构和布局持续优化,发展质量和效益稳步提高。

三 2022年四川工业稳中有进高质量发展的对策建议

坚持科学统筹推进疫情防控和工业经济发展,按照稳中求进的工作总基调,积极融入新发展格局,推动工业低碳绿色转型,加快建设三大制造业集群,培育企业主体,增强创新能力,提升整体发展能级,推动制造强省建设迈上新台阶。

(一)加强关键要素和政策保障,全力稳增长

认真贯彻中央经济工作会议和四川省委十一届十次全会精神,全面落实国家和省委、省政府关于工业发展的战略部署,按照稳中求进和高质量发展的要求,全力做好能源电力、原材料、人才、技术、资金等关键生产要素的保障工作。特别是在全球通胀预期高企的环境下,聚焦能源电力及大宗原材料供给,全力做好保供稳价工作。继续加大减税降费力度,切实为企业纾困解难,稳定企业生产。进一步深化"放管服"改革,全面优化市场和营商

---

① 《2021年1~11月四川规模以上工业增加值增长10.0%》,http://tjj.sc.gov.cn/scstjj/c105846/2021/12/20/f517b958cd414564bdf530e3d547796f.shtml,2021年12月20日。

发展环境，加大招商引资力度，积极承接产业转移，吸引更多优秀企业聚集发展，切实稳投资、促增长。全力融入双循环新发展格局，持续扩大对外开放，增加工业企业对外出口，努力实现稳生产、稳投资、稳市场、稳主体和稳重点领域的五稳目标。

（二）提升主导优势产业能级，增强综合竞争优势

按照做强优势产业、做优特色产业、做大新兴产业的要求，持续提升"5+1"产业能级，加快培育绿色低碳产业和新兴产业。重点打造电子信息、装备制造及特色消费品三大优势产业集群；建设能源化工、汽车、先进材料及医药健康等四大产业基地；做优做强川酒、川茶等食品饮料及家具、丝绸等特色产业；加快冶金、机械、建材、轻工等传统产业的改造提升；推动新能源等绿色低碳产业高质量发展；加快培育生物医药、轨道交通等战略性新兴产业。实施产业基础再造工程、产业延链补链强链行动，提升供应链保障能力，深化品牌质量提升战略，增强产业综合竞争力。加快企业主体培育。加大对大型企业集团的支持力度，实施"贡嘎培优"行动，培育壮大专注主业、创新发展能力强的优质企业，支持"专精特新"中小企业发展，鼓励企业间加强协同配合。积极推动工业低碳绿色转型和数字化、信息化改造，提升传统产业信息化、智能化水平。大力实施节能减排降碳行动，加快培育一批低碳绿色工厂、园区和供应链。推进工业向能源消费低碳化、资源利用循环化、生产智能清洁化方向转型。

（三）优化工业布局，强化区域协同

按照发挥优势、突出特色、集群集聚、差异化发展、协同配合的要求，进一步优化五大经济区及各市州的工业布局，努力形成特色鲜明、聚集效应突出、竞争力强的产业集群，重点支持以成都城市群先进制造业聚集区为主轴，川南经济区、川东北经济区为"两翼"的"一轴两翼"以及三带制造业集群发展，培育发展一批重点工业强县，推动各经济区及市州加强分工协作，努力实现协同发展，提高综合竞争力。以园区和基地为主，加快优势产

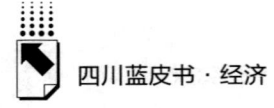

业集群培育，重点培育一批国家级、省级特色优势产业园区，支持有条件的市州积极创建国家级、省级新型工业化产业示范基地，提升产业集群协同发展水平。加强与重庆工业发展的协同配合，全面落实成渝地区双城经济圈发展规划，加强川渝工业分工及协同配合，在招商引资、企业培育、园区建设、人才培养、技术创新、要素保障、市场开拓等领域开展全方位协同，共同建设我国中西部工业经济增长极。

B.14
2021~2022年四川省服务业发展形势分析与预测

何 飞[*]

摘 要: 2021年四川省服务业呈现出服务业持续增长、协调发展布局持续优化、新经济领域服务业增强新动能、经济社会贡献持续增强等特点。"十四五"时期,国际新形势提出新挑战,双循环新发展格局带来新机遇,"双碳"新目标催生新要求。应着力构建现代服务业产业体系,打造服务业发展载体,培育服务业主体,构建区域协同发展新格局,营造良好的发展环境,推动四川服务业高质量发展。

关键词: 四川省 服务业 高质量发展 "十四五"

2021年是"十四五"的开局之年,四川坚持疫情防控和经济社会发展两手硬,稳中求进,经济运行稳中向好,服务业持续增长。

一 2021年四川省服务业发展特点

2021年上半年,四川服务业增加值实现13896.92亿元,占全省GDP的55.08%,同比增长14.1%,高于第一产业同比增速(8.0%)6.1个百分点,高于第二产业同比增速(10.2%)3.9个百分点。2021年四川省服务业发展呈现以下特点。

---

[*] 何飞,四川省社会科学院产业经济研究所副研究员,主要研究方向为产业经济、区域经济。

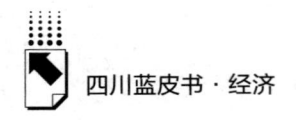

（一）服务业实现持续增长

2020年，新冠肺炎疫情对四川服务业的冲击较大，尤其对交通运输、住宿餐饮、文体娱乐等服务业行业影响较大，2020年下半年艰难恢复后，全年服务业增加值同比增长3.4%，增速比全国高1.3个百分点。2021年，疫情防控进入动态化、常态化发展阶段，经济社会发展步入正常轨道，服务业实现持续增长。2021年上半年，四川省服务业增加值实现13896.92亿元，同比增长14.1%，高于全国平均水平。其中，住宿和餐饮业增长30.4%，交通运输、仓储和邮政业增长19.3%，批发和零售业增长16.3%，房地产业增长10.3%，金融业增长6.3%。服务业投资和社会消费品零售总额均实现较大增长，2021年1~11月，服务业投资增长10.1%，全省实现社会消费品零售总额21779.9亿元，同比增长16.7%，两年平均增长6.3%。其中，餐饮收入3031.2亿元，同比增长37.9%；商品零售收入18748.7亿元，同比增长13.9%。

（二）区域协调发展布局持续优化

2021年，四川省服务业区域协调发展布局持续优化。成都市服务业核心功能、消费资源集聚能力进一步增强。2021年上半年，成都市服务业增加值实现6433.52亿元，同比增长14.2%，占全省比重为46.3%。绵阳、德阳、乐山、泸州、南充、宜宾、达州和凉山等8个区域性服务业中心城市加快发展，2021年上半年，绵阳、德阳、乐山、泸州、南充、宜宾、达州和凉山等8个区域性服务业中心城市服务业增加值总和达4423.98亿元，占全省的31.8%，区域中心城市地位进一步提升，"1+8+N"的区域协调发展布局持续优化。

表1　2021年上半年8个区域中心城市服务业增加值及增速

单位：亿元，%

市　州	服务业增加值	同比增速
绵　阳	789.14	15.0
德　阳	529.45	15.3
乐　山	486.45	12.9

续表

市　州	服务业增加值	同比增速
泸　州	506.84	15.0
南　充	568.63	13.8
宜　宾	569.17	16.6
达　州	539.14	12.5
凉　山	435.16	11.4

（三）新经济领域服务业增强新动能

受新冠肺炎疫情影响，传统服务业特别是交通运输、住宿餐饮、商城超市、文体娱乐等行业受到极大冲击，但以线上线下融合为特征的新业态、新模式、新经济反而逆势增长。2021年1~11月，在商品零售中，全省限额以上企业（单位）通过互联网实现商品零售额1363.5亿元，增长23.3%。2021年前三季度，全省音乐产业稳中有进、逆势增长，品牌活动影响力进一步提升，消费场景创新提速。四川省音乐产业发展领导小组办公室公布数据显示，2021年第三季度，全省音乐产业实现总产值226.13亿元，同比增长14.16%；新增音乐产业相关企业137家，音乐产业相关企业数量增至10213家。2021年上半年，全省互联网和相关服务营业收入增长1.8倍；成都市现代服务业增势较好，信息传输软件和信息技术服务业、金融业增加值分别增长24.2%、6.3%；2021年上半年，成都全市新登记新经济企业增长43.9%。

（四）经济社会贡献进一步巩固

2020年，全省三次产业结构由2015年的12.1∶43.5∶44.4调整为11.4∶36.2∶52.4，服务业增加值占全省GDP比重上升9个百分点。2021年上半年，四川服务业增加值占全省GDP比重达到55.08%，呈现稳步提升的态势，服务业对经济社会发展的贡献地位和主导作用进一步巩固。2021年上半年，四川货物贸易进出口总值为4189.5亿元，规模位列全国第八，同比增长16.1%，创历史新高。2021年上半年，全省城镇新增就业56.4万人，就业形势保持总体稳定、稳中向好，服务业的吸纳就业作用功不可没，积极发展人力资源服务业是全省稳就业的重要措施。

当前，服务业已成为全省经济社会发展的主要动力源，但面临一些问题和挑战。一是整体规模仍然不大。2021年上半年，四川服务业增加值实现13896.92亿元，占全省GDP的55.08%，低于全国平均水平（55.74%）0.66个百分点，与四川经济大省地位基本适应，发展规模仍有提升空间。二是产业结构不优。生产性服务业比重低，生活性服务业高品质供给不足，产业融合度不高，对农业和制造业支撑作用不强。三是市场主体不强。服务业企业普遍规模较小，规上企业少，大企业大集团更少。2021年9月，全国工商联发布"2021中国民营服务业企业100强排行榜"，100强企业大多集中在广东省（23家）、北京市（13家）、浙江省（12家），无一家四川企业上榜。

二 2022年服务业发展面临形势

"十四五"时期是服务业迈向高质量发展的关键阶段。四川服务业发展既面临疫情冲击的特殊考验和错综复杂的国际形势，也具有加快发展的独特优势和有利条件。必须抓住机遇，积极应对挑战，坚持新发展理念，加快推进现代服务业强省建设。

（一）国际新形势提出新挑战

新冠肺炎疫情的国际蔓延使得贸易保护主义抬头，全球供应链产业链发展格局也发生重大调整，中美贸易摩擦仍在持续，错综复杂的国际形势极大冲击了商品的生产、流通和消费，直接影响货物贸易和服务贸易的发展。同时，全球已进入服务经济新时代，产业深度融合加速，制造业服务化、服务数字化、外包化进程加快，全球价值链加速重构，全球服务分工格局将深度调整，服务业发展面临着产业变革、体制机制改革与开放合作等方面的挑战。

（二）双循环新发展格局带来新机遇

构建以国内大循环为主体、国内国际双循环相互促进的新发展格局，通过扩大内需和消费，平衡供给和需求，实现新旧动能接续转换，找到新的增长空间，为四川服务业发展带来新的机遇。四川人口众多、市场潜力大，因此挖掘市场潜力、加快消费升级、发挥超大规模市场效应，有助于推动服务业加快发展。构建双循环新发展格局，必须优化产业链和供应链，深化供给侧结构性改革，推动产业创新、科技创新、模式创新、体制机制创新，优化服务业发展要素配置，全面提升服务业发展综合竞争力。

（三）"双碳"新目标催生新要求

2021年12月，《中共四川省委关于以实现碳达峰碳中和目标为引领推动绿色低碳优势产业高质量发展的决定》指出，实现碳达峰碳中和，是一场广泛而深刻的经济社会系统性变革，必将重塑能源结构、产业结构和区域发展格局，要建立健全绿色低碳循环发展的经济体系，坚定不移走生态优先、绿色低碳的高质量发展道路。四川服务业发展必须以实现碳达峰碳中和目标为引领，抢抓发展机遇，主动选择重点产业领域，培育经济增长新动能。

三 "十四五"促进四川服务业高质量发展的对策建议

"十四五"时期是推进四川省服务业高质量发展，加快建设现代服务业强省的关键阶段。必须立足新发展阶段，贯彻新发展理念，融入新发展格局，抢抓成渝地区双城经济圈建设机遇，深入实施"一干多支、五区协同""四向拓展、全域开放"战略部署，加快构建现代服务业产业体系，推动服务业高质量发展。

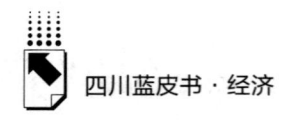

（一）着力构建现代服务业产业体系

推动四大支柱型服务业转型升级、提质增效，大力发展六大成长型服务业，实现提速增量、做大做强，加快构建"4+6"现代服务业产业体系。一是依托产业优势和资源禀赋条件，推动四大支柱型服务业转型升级。提升商业贸易供给水平，推动商贸消费结构升级，推动商业贸易业转型发展。完善物流运行体系，提升物流现代化水平，打造全国物流高质量发展示范区，推动现代物流业创新发展。抢抓成渝地区共建西部金融中心机遇，完善现代金融组织体系，健全金融市场体系，提升金融服务实体经济水平，大力发展绿色金融，深化金融改革，防范金融风险，推动金融服务业积极发展。着力塑造三星堆、九寨沟、大熊猫三大超级IP，加强川渝两地战略协同、政策衔接、规划对接，打造巴蜀文化旅游走廊，加快体育产业发展，促进文体旅产业融合发展。二是依托资源优势、品牌优势，培育壮大六大成长型服务业。加快发展科技信息重点行业，建立完善技术服务体系，打造科技信息服务产业集群，大力发展科技信息服务。聚焦会展服务等重点领域，提升商务会展服务业专业化、品牌化和国际化水平，大力发展商务会展服务业。实施人力资源服务提升工程，做优做强人力资源服务产业园区，打造中西部人力资源服务高地，大力发展人力资源服务业。延伸产业链条，推进传承创新，加快提质升级，大力发展川派餐饮服务业。创新发展医养结合产业，加快发展中医药健康服务，培育智慧医养新业态，打造西部医疗康养高地，大力发展医疗康养服务业。以需求为导向，加快发展社区育幼、养老、家政、物业等社区家庭服务业，发展社区商业新业态新模式，大力发展家庭社区服务业。

（二）着力打造产业载体

着力打造现代服务业集聚区，夯实服务业集群发展的空间载体。一是加快布局一批产业特色鲜明、配套功能完善的服务业集聚区，筑巢引凤，大力发展现代服务业重点培育产业，实现增量聚变。二是推动一批服务业集聚区转型升级，聚焦优势产业开展强链延链补链，引进产业战略投资者和行业领跑者，吸引上下游关联产业、配套产业集群发展，实现存量裂变。三是培育一批省级现代服务业集聚区创新发展示范区，打造一批"千亿级""五百亿级""百亿级"省级现代服务业集聚区，做大做强，发挥示范引领和辐射带动作用，由量变到质变，实现质量蝶变。

（三）着力培育市场主体

针对不同产业领域，围绕服务业和制造业深度融合发展，从建链补链延链强链入手，梯度培育企业，构建分工协作、融通发展的大中小企业梯队体系，促进产业成链发展、集聚发展。实施头部企业培育计划，开展"百亿强企""千亿跨越"大集团大企业提升行动，培育一批综合实力强、具有核心竞争力的领军企业，提升产业竞争力。实施中小企业梯度培育计划，培育一批"专精特新"企业和行业"小巨人"企业，培育一批"瞪羚""独角兽"企业。推动大中小企业融通发展。聚焦供应链整合、创新能力共享等关键环节，建立健全大中小企业协同发展机制，推进大中小企业融通型载体建设，构建"龙头企业+孵化"的共生共赢生态。

（四）着力构建区域协同发展格局

坚持"一干多支、五区协同"发展战略，在协同干与支中优化空间布局，积极构建分类推进、协调发展的服务业新格局。一是发挥成都主干和极核作用。支持成都加快建设国家服务业核心城市，高质量推进国际门户枢纽、"三城三都"、国际消费中心城市建设，加快建设国家数字经济创新发展试验区，全面推动数字政府建设，促进数字经济与实体经济深度融合，推动区块链技术创新应用等来促进数字产业集聚发展，大力发展数字消费新业态新模式来加快传统行业数字化转型。发挥成都服务业核心城市带动作用，推动成德眉资服务业同城化，支持环成都经济圈城市集聚发展航空服务、电子信息、数字经济、商贸物流、旅游康养等产业。强化区域协同发展。强化绵阳、德阳、乐山、泸州、南充、宜宾、达州和凉山等区域性服务业中心城

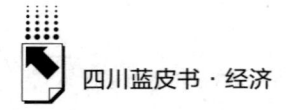

市辐射功能，推动五大经济区协同发展。坚持差异化特色化发展，推动川南和川东北经济区大力发展现代服务业，推动攀西经济区商贸、文化、旅游、康养等重点产业协同合作发展，推动川西北生态示范区建设国家全域旅游示范区。做大做强县域服务业，建设一批引领带动型、融合创新型、绿色生态型服务业强县。

（五）着力优化服务业发展环境

着力优化政策体制环境、政务服务环境和市场运行环境，推动服务业高质量发展。一是深化服务业领域改革开放。推进高水平制度型开放。聚焦云服务、数字内容、数字服务、跨境电子商务等重点领域，稳步推进规则、规制、管理、标准等制度型开放，探索建立以投资贸易自由化便利化为核心的制度体系，深化服务贸易创新发展试点，加快国家数字经济创新发展试验区（四川）建设。全面实施外商投资准入前国民待遇加负面清单管理制度，完善促进和保障外商投资的法律、政策和服务体系，健全对外投资合作政策和服务体系。推进自贸试验区改革创新。加快推进宜宾、德阳、资阳等8个自贸试验区协同改革先行区建设，积极创新一批协同改革先行区，推动川渝自贸试验区协同开放示范区建设。加快完善航空、港口、铁路开放平台建设，打造立体开放体系，建设一批高水平中外合作新产业园区，打造一批高能级品牌性开放合作平台。二是完善新型监管机制。探索建立以"双随机、一公开"监管为基本手段、以重点监管为补充、以信用监管为基础的新型服务质量监管机制。加强服务行业信用监管，健全服务企业信用记录，加快构建跨地区、跨部门、跨领域的协同监管和联合惩戒机制。三是形成政策新支撑。出台支持重点领域服务业发展的配套政策措施，形成新方案，提出新举措，精准施策，着力解决要素供给、技术创新等关键发展问题。

B.15
2021~2022年四川省装备制造业发展形势分析与预测

邵平桢*

摘　要： 2022年四川省加快装备制造业数字化转型升级，加快"小核心大协作"装备制造业集群化发展，大力推广"首台套"重大技术装备研制，大力发展前瞻性战略性装备产业，提高装备产品成套能力和基础零部件、原材料配套能力。2022年四川省聚焦发展航空航天、轨道交通、能源装备、工业机器人、仪器仪表、数控机床、摩托车等领域，在培育世界级装备制造产业集群等方面将取得巨大成就。

关键词： 装备制造业　产业集群　高质量发展

一　四川省装备制造业发展现状

四川是中国重要的重大技术装备制造基地和三大动力设备制造基地之一，已发展成为国内最重要的水电、火电、核电、风电、天然气发电、太阳能发电等"六电并举"的装备制造基地。四川清洁高效发电设备产品远销海内外。重型机械及容器产品链继续维持较高的市场占有率。四川是全国最大、国内领先的油气装备研发制造基地，在油气井测试、钻井、采油

---

* 邵平桢，四川省社会科学院产业经济研究所副研究员，主要研究方向为产业经济、区域经济、国防科技工业、革命老区发展。

(气)、油气输送、海洋装备及油气工程技术服务上形成了较为完备的产业链。四川航空与燃机产业拥有100多家科研院所、生产制造企业和试验研究基地，具备国内唯一完整的飞机、航空发动机和燃气轮机总体设计、总装制造、系统集成、试验验证、维修服务和人才教育培训体系。四川从事轨道交通产业的企事业单位约有100家，数量位居全国第二，形成了集科技研发、勘探设计、工程建设、运营维护、装备制造等板块及系统集成于一体的全产业链格局。四川泸州拥有长起、长挖、长液等大中型企业，是全国九大工程机械生产基地之一、全国大中型全液压汽车起重机和挖掘机制造中心、全国唯一的国家高性能液压件高新技术产业基地。四川智能制造装备产品链完备，在数控机床、机器人、增材制造装备等方面均有所突破；工程施工机械产品链走差异化发展道路，在冶金成套设备、矿山设备、工程施工和基础设施专用设备等方面取得突破。

二 2021年四川工业及装备制造业发展情况

2021年以来，四川深入贯彻落实党中央、国务院和省委、省政府决策部署，统筹推进常态化疫情防控和经济社会发展，前三季度全省经济运行稳中恢复、稳中加固、稳中提质。2021年工业生产稳定增长，1~9月规上工业增加值同比增长10.7%，三大门类采矿业增长10.0%，电力、热力、燃气及水生产和供应业增长9.5%，制造业增长11.0%。装备制造行业加快增长，1~9月装备制造业增加值同比增长15.6%，明显高于其他行业板块；两年平均增长11.0%，高于规上工业4.1个百分点。其中，计算机、通信和其他电子设备制造业，电气机械和器材制造业，通用设备制造业，仪器仪表制造业，金属制品业分别增长25.1%、20.1%、13.0%、12.9%、12.1%。总体来看，2021年四川工业稳步运行，稳中有进特征明显，但是外部环境不确定因素影响较大，产业链、供应链短缺，大宗商品价格上涨过快、国际物流成本较高等情况仍然存在。2022年工业发展仍面临很大考验，要加快构建新的发展格局，延长产业链、供应链，积极有效应对大宗商品价格上涨过快、煤炭电力供应紧张的压力，稳定工业发展态势，保持工业稳中求进。

三 2022年四川装备制造业发展影响因素

随着成渝地区双城经济圈建设国家战略深入实施，四川装备制造业发展面临着提升战略位势、加快产业变革、优化空间格局、绿色发展先行等重大机遇，也面临着许多困难挑战。但总体来看，四川装备制造业跨越有基础、发展有条件、未来有前景，将为全面建设社会主义现代化四川、奠定四川在国家产业版图中的地位提供有力支撑。

（一）有利因素

1. 新一轮科技革命和产业变革带来机遇

当前，世界产业发展迎来了新一代科技革命的机遇期。放眼全球，新一轮科技革命风起云涌，移动互联网、智能终端、大数据、云计算、高端芯片等新一代信息技术发展日新月异，新能源、生命科学、生物技术、海洋开发等新技术层出不穷，新一轮科技革命带动新一轮产业变革，促使世界经济由高速增长转向高质量发展。四川需紧抓科技革命和产业变革的历史性的机遇窗口期，发挥四川装备制造业的优势，加快科技创新、产业创新，加快培育新动能，抢占新一轮科技革命和产业革命的制高点。

2. 成渝地区双城经济圈建设机遇

成渝地区双城经济圈建设是国家重大区域发展战略，目标定位是在西部形成高质量发展的重要增长极，建设具有全国影响力的重要经济中心、科技创新中心、改革开放新高地、高品质生活宜居地。在产业发展方面，要培育具有国际竞争力的先进制造业集群。这有利于四川在更大范围、更多维度、更高平台集聚人才、技术、资本等资源要素，提升装备制造业产业优势，加快补齐关键短板，增强全产业链优势，形成特色鲜明、相对完整、安全可靠的装备制造业产业链、供应链体系。

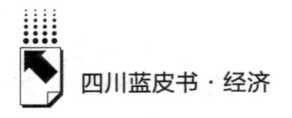

（二）不利因素

1. 全球新冠肺炎疫情的影响

2020年以来，全球新冠肺炎疫情给世界经济带来了巨大的冲击，2021年春季以来，随着传染性更强的德尔塔毒株在印度出现，本已出现一定缓和的新冠肺炎疫情再次抬头，又绷紧了世界各国政府的抗疫神经。我国有效控制了疫情传播，经济在全球率先实现复苏，不但在2020年成为全球唯一实现正增长的主要经济体，2021年也保持了持续复苏的趋势。2021年我国出口继续保持高速增长，并带动工业生产、制造业投资稳步复苏。但受疫情反弹防控措施收紧、房地产市场下行、供应链受阻导致缺"芯"等因素影响，消费复苏相对缓慢。2021年11月底，南非发现新冠病毒变异株奥密克戎（Omicron），其拥有的突变位点数量明显多于之前发现的所有新冠毒株，可能具有更强的传染性，被世界卫生组织列为德尔塔之后第五个需要关注的变异毒株（Variant of Concern）。截至12月3日，已有至少38个国家或地区发现奥密克戎病例。这给本已衰退的世界经济带来更大的变数，这对中国经济也一定会产生重大影响。

2. 全球通货膨胀的影响

新冠肺炎疫情发生以来，以美国为首的西方发达国家为应对疫情冲击，实施了力度空前的宽松政策，快马加鞭开动印钞机加印钞票，割其他国家的韭菜。至2021年10月末，美联储、欧洲央行、日本央行资产负债表分别比2020年初扩张了104%、78%和27%，扩表规模远远超过2008年全球金融危机时的水平。流通美元增加、美元贬值，在一定程度上会导致美国物价普遍持续上涨，出现通货膨胀的情况。市场流动性的持续宽松推动美国三大股指连续刷新收盘新高。美国输出的通货膨胀给我国经济造成了空前压力，这对我国经济将产生重大影响。

3. 全球能源危机、供应链短缺的影响

大家还没有从新冠肺炎疫情中走出来，一场全球性的能源危机又突如其来。在美国、印度、韩国、日本、英国、巴西等国家，煤炭、石油、天然气等传统能源正在面临严重的短缺供应，传统能源的价格上涨。2021年原油价格上涨了65%，至每桶83美元。在美国大部分地区，汽油的价格都在每加仑3美元以上，比2014年以来的任何时候都要高，库存也处于五年来的最低水平。为美国提供30%以上的电力和大量冬季取暖的天然气价格也在2021年上涨了一倍多。就连煤炭的价格也在爆炸式增长，中国和印度都在以最快的速度开采煤炭。2021年以来，美国的煤炭价格上涨了400%，达到每吨270美元。欧洲的情况更为糟糕：电价上涨了5倍；天然气价格飙升至30美元/百万英热，相当于每桶石油180美元。所有这些都进入了通胀的循环，继而推高了镍、钢、硅等能源密集型金属的价格。主要依靠天然气来生产的化肥价格已突破了2008年的纪录高点，达到每吨近1000美元，抹去了过去几年每吨300~450美元的价格区间。同时，由于以美国为首的西方国家加紧与中国科技脱钩，中国通过全球产业链、创新链、供应链以获取技术、设备、知识等的难度越来越大，关键零部件设备、关键核心技术"卡脖子"问题日益严峻。这对我国2022年经济带来严峻的挑战。

四 2022年四川装备制造业发展趋势

2022年四川坚持稳中求进工作总基调，坚持创新驱动发展，推动高质量发展，统筹疫情防控和经济社会发展，统筹发展和安全，继续做好"六稳""六保"工作，持续改善民生，着力稳定宏观经济大盘，保持经济运行在合理区间。四川在航空航天、燃气轮机、先进轨道交通装备、数控机床、工业机器人等智能装备，清洁能源装备，现代农机装备，自然灾害防治技术装备等方面都有较大的发展。

1. 世界级重大装备制造产业集群建设稳步推进

2021年10月20日，中共中央、国务院印发《成渝地区双城经济圈建设规划纲要》。规划纲要提出，到2035年，成渝地区双城经济圈"世界级先进制造业集群"优势全面形成，现代产业体系趋于成熟。四川正形成以航空航天、核能及核技术应用、新一代轨道交通、清洁能源装备、节能环保装备等为引领的高端装备产业集群和产业生态。四川面临成渝地区双城经济圈建设的历史性机遇，2022年四川将在重大装备制造方面取得长足发展。四川省在风力发电、光伏发电、水力发电、核能、氢能、储能等清洁能源装备方面，建立从材料端到制造端上下游协作的配套体系，推动高端能源装备企业向服务型制造转型，增强系统化解决方案能力和工程总承包能力，打造世界级高端能源装备产业集群。

2. 航空装备制造业发展较快

四川是全国重要的航空装备研制基地。近几年，四川在重点支持通用飞机、航空大部件和航空发动机等研制，促进航空维修集群发展，打造全球知名的航空高技术产业基地等方面取得了较大成就。2022年，四川省在航空制造、通用航空、无人机、航空维修、燃机制造等领域取得较大突破，稳步打造全国领先的航空与燃机装备产业集群。

3. 轨道交通装备业发展迅速

四川轨道交通产业形成了集科技研发、勘探设计、工程建设、运营维护、装备制造等板块及系统于一体的全产业链格局，集聚了西南交大、电子科大、中物院等从事轨道交通的院校和科研机构，拥有中铁二院、中铁科学研究院等多家勘探设计机构。近年来，四川在做大做强轨道交通装备制造业、加快推动全制式轨道交通装备制造及示范应用、奋力打造中国轨道交通产业综合发展新高地等方面取得了较大成就。2022年，四川省在提升高原、高寒、高速线路电力机车性能和质量水平，推动中低速磁悬浮、高温超导高速磁悬浮、山地轨道交通等新制式轨道交通系统研发制造、迭代升级，促进锚杆钻机、地质超前预报仪、隧道管维台车等施工装备向专业化、智能化、无人化发展等方面将取得重大进展，稳步打造西部轨道交通装备产业发展新高地。

4. 智能制造装备业发展较快

智能制造装备是指具有感知、分析、推理、决策、控制功能的制造装备，它是先进的制造技术、信息技术和智能技术的集成和深度整合。近几年，四川把握新一代信息技术与先进制造技术融合发展新趋势，着力发展智能制造装备及产品，聚焦发展机器人、高档数控机床和智能制造成套装备等核心装备，取得了较大成就。2022年四川省继续推进高档数控机床、增材制造装备、智能传感与控制装备、智能检测与装配装备、智能物流与仓储装备等研发以及产业化发展，大力提升高效清洁发电设备、航空航天装备、民生装备等领域智能成套加工装备及智能产品水平，推进互联网技术和智能感知、决策、执行系统在测控装置、部件和重大智能成套装备的深入应用，稳步构建西部重要的智能装备产业集群。

5. 现代农机装备等其他装备产业稳步发展

在现代农机装备方面，四川正攻克大功率拖拉机电控液压提升、动力换挡、无级变速等农机动力传输技术难题，发展适用于丘陵山区以及十大"川字号"农产品的小型多用途农机动力平台及配套农机具，打造西部丘陵山区农机装备制造服务高地。在自然灾害防治技术装备方面，全省重点发展新型应急指挥通信、专用抢险救援、智能无人应急救援、监测预警和灾害信息获取等领域自然灾害防治技术装备。突出森林防灭火应急、地震应急响应技术保障、水上救援、空中救援等功能，建设西部重要的自然灾害防治技术装备产业集群。2022年四川将在现代农机装备和自然灾害防治技术装备方面有较大的发展。

五　四川装备制造业发展政策和措施

（一）加快装备制造业数字化转型升级

随着5G网络覆盖的进一步完备及终端渗透率的普及，5G相关设备及应用，包括云计算、物联网、无人驾驶、AR/VR、产业数字化等加速落地。数字化、网络化、智能化已成为未来技术变革的重要趋势，将极大改变产品研发设计、生产、管理、流通、使用的方式。四川要坚定不移以信息化、数字化、智能化赋能制造业高质量发展。加快推进国家数字经济创新发展试验区建设，加快5G网络布局，强化新型数字基础设施建设，推动数字经济与实体经济融合发展，同步推进新兴产业规模化和传统产业新型化。四川要继续深入推进装备制造数字化转型赋能，提高装备产品成套能力和基础零部件、原材料配套能力，促进装备制造产业与新一代信息技术融合创新，加快装备制造数字化、网络化、服务化跃升。

（二）加强装备制造业关键核心技术攻关

坚持以科技创新引领装备制造业高质量发展，组织科研院所、大学、企业等机构，加强对装备制造业领域的关键核心技术联合攻关，突出原创导向，开展前沿技术研发及转化扩散，开展共性关键技术和跨行业融合性技术研发，推进一批重大关键核心技术突破，带动产业转型升级。积极争取承担大飞机、航空发动机与燃气轮机、新能源汽车、高档数控机床与基础制造装备、绿色制造系统集成等国家重大专项、重大短板装备专项工程和重点研发计划。支持企业和高校院所共建各类研发机构；支持企业申建国家级企业技术中心、重点实验室、技术创新中心、制造业创新中心；支持高校院所和企业开放大中型科研设备仪器和研发平台，提供技术研发、检验检测等服务。支持企业提升创新能力，引导企业加大研发投入，强化企业技术创新主体地位，推动产学研深度融合，推动大中小企业融合创新。

（三）加快装备制造业产业链、产业集群发展

要根据装备制造业产业链、产业协作、产业集群的要求，补齐产业链，延长产业链，建设自己的创新链、供应链，打造世界级先进制造业集群。通过"百亿强企""千亿跨越"培育大集团大企业，以大企业或大企业集团为核心，通过产业链整合，或通过兼并、重组，形成一批具有国际竞争能力的装备制造业产业集群。继续鼓励装备制造企业瞄准"卡脖子"技术，开展基础研究、应用基础研究和技术创新，培育"专精特新"小巨人企业。通过装备制造业智能化改造和科技创新，带动一批科技型企业发展，形成新的装备制造产业集群优势。

（四）加快装备制造业绿色发展

绿色低碳发展是当今时代科技革命和产业变革的鲜明特征，是推动经济社会高质量发展的内在要求。要聚焦实现碳达峰碳中和目标，在促进装备制造业转型升级过程中，切实把绿色发展理念融入产业转型升级的全过程和各个环节，加快发展绿色低碳循环经济，积极推广绿色工程、绿色设计等绿色化技术创新，大力促进装备制造业绿色化、低碳化发展。要以能源绿色低碳发展为关键，牢牢把握将清洁能源优势转化为高质量发展优势的着力方向，聚力发展清洁能源产业、清洁能源支撑产业和清洁能源应用产业，加快推动能源结构、产业结构战略性调整。加快把四川建设成为全国重要的先进绿色低碳技术创新策源地、绿色低碳优势产业集中承载区、实现碳达峰碳中和目标战略支撑区。

（五）推动科技创新平台建设和创新成果转化

重大科技创新平台是集聚高精尖创新要素的战略平台，是吸引全球最顶尖的人才、最优质的科技成果、最优越的金融资本、最丰富的科研数据的创新平台，主要包括基础研究平台、技术创新平台、成果转化平台、产业发展平台、公共服务平台等。要继续推进装备制造业创新中心建设，推动国家川藏铁路技术创新中心、精准医学产业创新中心、核动力技术创新平台、高端航空装备技术创新中心等平台落地，构建多层次自主创新服务体系。建立网上技术需求及技术创新供给市场服务平台，推动工程实验室、重点实验室、工程技术研究中心、高校及大型企业高端检测设备等创新资源开放共享。推进科技成果产业化，建立完善科技成果信息发布和共享平台，健全以技术交易市场为核心的技术转移和产业化服务体系。

（六）强化装备制造业人才支撑

高端装备制造业的产业链长且复杂，集制造业之大成，集中反映一个国家科技和工业的发展水平。高端装备制造产业链同时涉及材料、研发、生

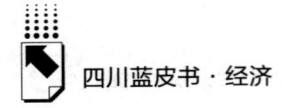

产、销售、行业应用与服务等诸多环节，其生产制造过程具有高精密度、高安全性和高稳定度。以航空为例，航空制造产业链有航空零部件制造、发动机与航电等系统制造、新材料开发、飞机总装、实验试飞、维修等多个环节和产业。因此强化装备制造业的人才支撑意义重大，要继续实施海内外高层次人才引进计划、"天府万人计划"、天府高端引智计划等项目，培养引进制造业高层次人才和创新创业团队。对重点项目引进高层次人才提供优惠政策保障。要加强装备制造业企业与国家装备制造业专业性大学合作，强化装备制造业特色人才培养。建立高等院校招生计划与装备制造业人才需求联动培养机制。

B.16 2021~2022年四川省养老产业发展形势分析与预测[*]

李晓丰 曹羽茂 覃陆诗 王睿晨[**]

摘 要： 各种数据表明，四川省已进入深度老龄化社会。四川省老年人口比率不断上升，为养老产业带来了良好的发展机遇。但目前四川省养老产业在发展中仍面临老龄化速度过快，养老服务供给不足等多项挑战。本文从四川省养老产业的政策基础、经济基础、设施基础、组织基础四个方面切入，基于所获数据对2022年四川省养老产业相关经济指标进行测算，并对四川省养老产业发展现状进行解读，分析其发展过程中出现的问题，为其发展提出建议。

关键词： 养老产业 养老方式 养老服务体系

一 四川省养老产业发展背景

（一）四川省人口老龄化速度加快

根据国家卫生健康委员会发布的最新年龄规定，65周岁及以上的人为

---

[*] 基金项目："铸牢中华民族共同体意识的评价体系研究"（20GTYBC07），该成果为西南民族大学铸牢中华民族共同体意识研究中心资助项目。
[**] 李晓丰，讲师，西南民族大学博士，主要研究方向为公共事业管理；曹羽茂，四川社会科学院副编审；覃陆诗、王睿晨，西南民族大学公共事业管理专业2020级本科生。

老年群体。以此为标准,截至2018年底,四川省65岁及以上人口达1181.9万人,占全省总人口比重达到14.17%①,比全国平均水平高2.23个百分点,已进入深度老龄化社会。2019年,四川省总人口为8204万人,65岁及以上人口占比为15.70%(1288万人)。2020年四川省总人口为8367.5万人,65岁及以上人口占总人口比重为16.93%(1416.6万人)。

由此可知,四川省人口老龄化发展十分迅速,老年人口规模不断扩大,高龄化趋势不断加剧,家庭结构也发生了明显变化,空巢家庭数日益增多,发展形势严峻。

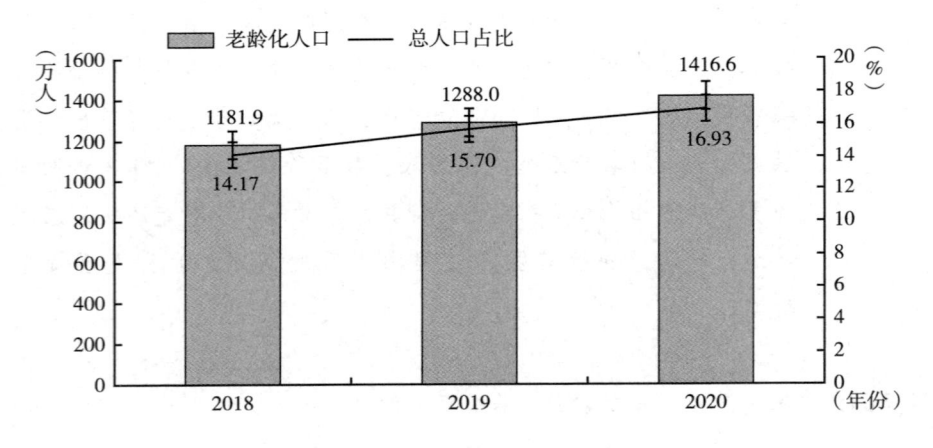

图1 2018~2020年四川省老龄化人口及总人口占比

(二)四川省老龄人口健康问题日益凸显

四川省人民政府办公厅制定的《四川省医疗卫生与养老服务相结合发展规划(2018~2025年)》指出:"未来一个时期,是我省人口老龄化不断加深、老年人健康保障不断增加的重要时期。"目前四川老年人群的健康和保障问题存在巨大的缺口,养老产业发展存在巨大的空间。据介绍,老年人群最大健康问题是慢性病。据第五次国家卫生服务调查:我国60岁

---

① 《2018年四川省国民经济和社会发展统计公报》。

及以上老人慢性病患病率为71.8%。四川60岁及以上老年人口高血压、糖尿病患病率分别为53%、20%，老年人口两周患病率为54.6%、两周就诊率为22.5%、住院率为22.4%。随着老龄化程度的加剧，这些比重或将更高。

二 2018～2020年四川省养老产业发展情况分析

（一）政策层面高度重视，政策基础夯实有力

一个产业的发展现状受诸多因素的影响，其中相关政策的出台对产业的发展具有指引和导向作用。因此，对四川省养老产业现状的分析离不开对养老服务政策的解读，综合近五年来四川省在养老服务领域的政策可以看到：2017～2021年这五年，关于养老服务这一领域的政策文件与政策解读都涉及居家社区养老、医养结合、机构养老这几个方面，但是不同时期的侧重点有所不同。

在2017～2018年这一时间段内，我国老龄化问题已逐步凸显，此时的机构养老体系还未完善，因而居家养老是该时间段内的热议话题。四川省人民政府在这段时间出台的政策文件侧重于"发展居家社区养老服务"，因此对养老社区、养老公寓等产业具有积极的推动作用。而在2019～2020年这一时间段内，由于三个"进一步"的影响——人民生活水平进一步提高、老龄化问题进一步凸显、机构养老产业体系进一步完善——养老产业热点转移到医养结合与机构养老上，四川省人民政府在这段时间出台的政策文件侧重于"实施机构养老服务提档升级""推动机构建设"等，对老年医疗、老年用品、养老院等产业起到政策支持作用。到了2021年，四川省养老服务与养老产业已形成较成熟的体系，并呈现相对稳定发展态势。这一阶段四川省养老服务侧重点主要是加强统筹谋划和顶层设计，巩固发展成果，促进四川省养老服务高质量发展，这对于养老产业来说既是机遇也是挑战。

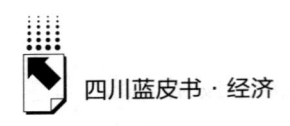

基于对近年来政策侧重点总体变化过程的分析，下列政策比较具有代表性（见表1）。

表1　近年来与四川省养老服务相关的代表性政策文件

发布时间	发布单位	文件名称	关注焦点
2017-11-08	国务院	《"十三五"国家老龄事业发展和养老体系建设规划》	提出了"六项工程""一个计划""一个行动"
2018-01-12	四川省人民政府办公厅	《四川省人民政府办公厅关于全面放开养老服务市场提升养老服务质量的实施意见》	推进居家社区养老服务全覆盖
2018-07-18	四川省人民政府办公厅	《四川省人民政府办公厅关于制定和实施老年人照顾服务项目的实施意见》	健全老龄事业和老龄产业政策体系，完善以居家为基础的养老服务体系
2019-03-27	四川省经济和信息化厅 民政厅 省卫健委	《四川省智慧健康养老产业发展行动方案（2019~2022年）》	有力促进了个人、家庭、社区、机构与健康养老资源的有效对接和优化配置
2019-05-30	四川省卫生健康委员会	《四川省医疗卫生与养老服务相结合发展行动方案（2019~2020年）》	坚持"医养结合""服务为主""制度规范化""机构标准化"
2020-02-04	四川省人民政府办公厅	《四川省人民政府办公厅关于推进四川养老服务发展的实施意见》	全面建立居家社区机构相协调、医养康养相结合的养老服务体系
2020-06-29	四川省卫生健康委员会	《关于建立完善老年健康服务体系的实施意见》	推进机构建设，实施老年健康服务机构"三个一"建设工程（建设一批、转型一批、升级一批）

注："六项工程"，即居家社区养老服务改革试点工程，医养结合示范工程，高龄、失能、失智、贫困、伤残、计划生育特殊家庭老年人关爱工程，基层老年协会建设工程，养老服务信息工程，人才培养工程。"一个计划"，即老年教育机构基础能力提升计划。"一个行动"，即开展老年宜居环境建设示范行动。

（二）四川省老龄人口保障发展迅速

为推进老年健康事业发展，四川省出台了全国首个医养结合中长期发展规划。全省已建有老年病医院19家，30.7%的二级及以上综合医院和46%的县级以上中医医院开设老年病科。同时，每年为65岁及以上老人提供免费健康体检、健康咨询、健康教育等健康管理服务。2020年，为全省613.45万65岁及以上老人提供了健康管理服务[①]。全省二级以上综合医院及中医医院开设老年病科比例高达2/3以上，治未病科室均实现标准化管理；65岁及以上老年人健康管理率及中医药健康管理率均保持在2/3以上；全省百张床位以上的养老机构均实现医疗机构完全配置；护理型床位占全省养老床位数的2/5；长期护理保险制度覆盖近1/2的失能、半失能老年人；培训养老从业人员多达60万人次，养老护理员岗前培训基本实现全覆盖；医养结合产业增值达3200亿元；人均期望寿命提高到78.2岁，将为更多的老年人口提供基本医疗保障。

（三）人均收入与消费支出稳步增长，财政补贴与养老保险稳中有升

1. 四川省人均收入及消费支出

2018~2020年，四川省人均可支配收入和消费支出稳步增长，但仍低于全国平均水平，在与各省的对比中排名靠后。这三年全省居民人均可支配收入分别较上年增长9.1%、9.98%、7.36%，人均消费支出分别较上年增长9.17%、9.48%、2.3%，增长速度都高于全国平均水平。2020年，受新冠肺炎疫情等的影响，人均收入和消费支出增幅出现下降，但人民生活水平总体在提高，生活也越来越好。

2. 财政支持情况

基本养老保险收入来源主要有征缴收入、财政补贴和投资收益等方式。2018~2020年，四川省各类基本养老保险征缴收入大多呈下降趋势，而中央财政补贴除了2019年在城乡居民基本养老保险上有下降外，一直在增加。其中，城镇和企业职工基本养老保险中央财政补贴收入远高于另外两项，并且增长率都保持在10%以上。而中央财政对机关事业单位的补贴虽总量不

---

① 资料来源：四川省民政局官方网站。

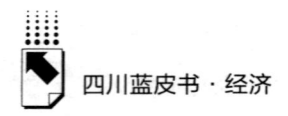

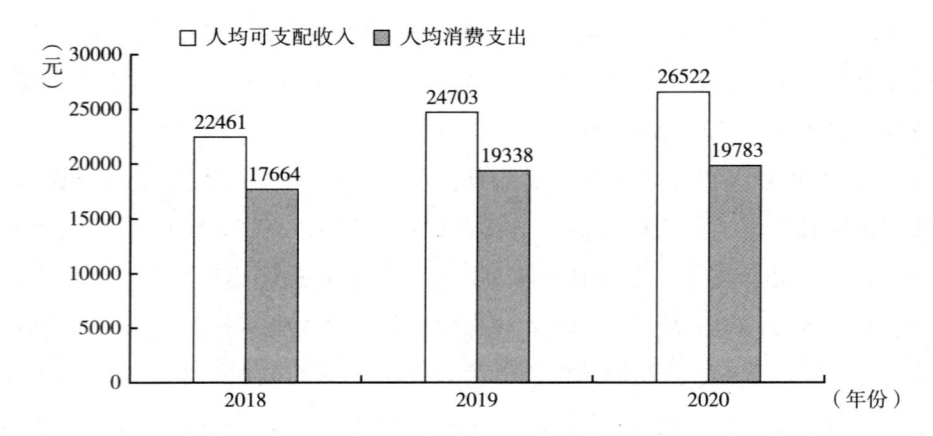

图 2 2018～2020年四川省人均可支配收入及人均消费支出

资料来源：四川省统计局。

大，但年平均增长率达到了53%。只有城乡居民基本养老保险所受的中央财政补贴平缓增长甚至出现下降。

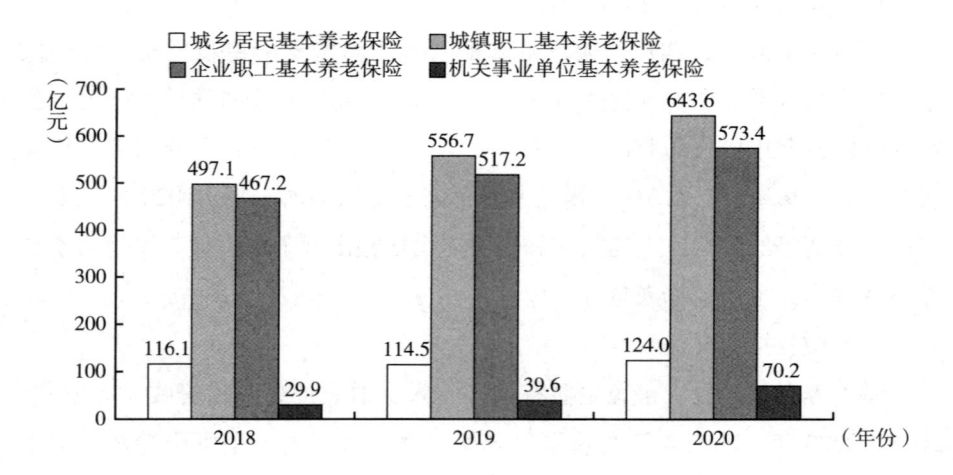

图 3 2018～2020年四川省各类基本养老保险中央财政补贴情况

资料来源：四川省人力资源和社会保障厅。

3. 四川省养老保险缴纳与养老金发放情况

2018年，四川省开始实行政府为建档贫困人口代缴养老保险的政策，提高社会保险水平，助力脱贫攻坚。2019年，四川省基本养老保险覆盖超过6000万人，较上一年增加了303万人①，占全省常住人口的70%以上。

2018～2020年，四川省年末企业离退休（职）人数不断增加，并在2019年超过了800万人，而享受城乡居民基本养老保险的人数有较为缓慢的下降。在养老金方面，企业离退休（职）人员月人均领取水平超过了2000元，且在逐年增加。相比之下，城乡居民养老保险的基础养老金为100元左右且增长缓慢，与企业职工领取水平存在非常大的差距。

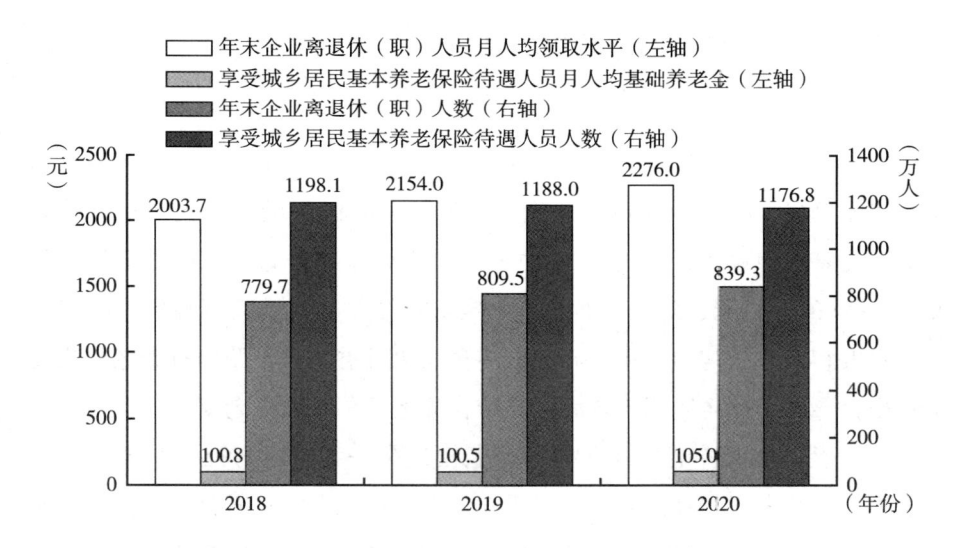

图4　2018～2020年四川省养老金发放水平及相关数据

资料来源：四川省人力资源和社会保障厅。

（四）养老机构的数量与质量同步提升

1. 四川省养老机构数量

2018～2020年，四川省养老机构数量稳步增长，从2018年的2362家增加到2020年的2531家；增速较其他省份缓慢。四川省养老机构数量尽管位

---

① 《2019年四川省人力资源和社会保障事业发展统计公报》。

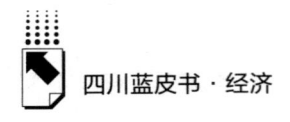

居全国前列，但近两年在全国养老机构数量排行中排名有所下滑，从2018年的全国第一名下滑到2020年的全国第四名。

2.四川省养老机构床位数量

2018~2020年，四川省养老机构床位数量和养老机构数量变化趋势一致。三年来养老机构床位数量稳步增长，从2018年的281771张增加到2020年的296242张，增速较其他省份缓慢。在全国养老机构床位数量排行中，排名从2018年的全国第一名下滑到2020年的全国第四名。

（五）养老方式多元化日益明显

1.养老方式

四川省积极响应国家政策，实施"9073"模式，将养老方式划分为传统的居家养老、社区养老和机构养老，具体是指90%的老年人将选择在家养老，由家庭照顾居家老人；7%的老年人选择社区养老，由社区进行日间照料；3%的老年人选择机构养老，在养老院等养老机构安享晚年。随着经济的发展和人口结构的变化，养老方式多元化日益明显，四川省养老模式逐步转型，形成了社区居家养老和医养结合养老两种新型养老模式。

（1）社区居家养老。社区居家养老模式是一种家庭与社区紧密联系的养老模式，在家庭和社区之间搭建桥梁，在确保老人能够充分获得社区全面到位服务的同时，不缺少家庭的关怀。这种养老模式以社区为依托，采取服务外包的形式，将照料老人的服务交给专业的服务人员来完成，从而使社区老年人能够自如应对生活中遇到的困难，服务内容包括日常照料、生理与精神健康、娱乐休闲等。比起传统养老模式，社区居家养老包括的范围更加广泛，结合了居家养老和社区养老的优势，从而使老年人可以享受高质量的服务。

国务院先后在"十三五""十四五"规划中提出："要健全养老服务体系，建立以居家为基础、社区为依托、机构为补充的多层次养老服务体系"、"要健全基本养老服务体系，发展普惠型养老服务和互助性养老，支持家庭承担养老功能，构建社区居家机构相协调、医养康养相结合的养老服务体系"。由此可见，在老年人熟悉的社区和家庭环境下整合养老资源，提供专业、全面的养老服务成为四川省解决养老问题的重要任务之一，发展社区居家养老成为必然趋势。

（2）智慧养老。"十三五"规划纲要指出：要扩大多层次养老服务供给，需要"充分运用移动互联网、物联网等技术，创造养老服务的新业态、新模式"。而"物联网技术的引进，将现有养老资源进行科学整合，根据不同老年人的需求提供全方位、每时每刻的养老服务。尤其是那些'管不到'的老人，一部电话、一套感应设备、一个信息整合平台就能将他们的情况详细掌握。信息化手段极大地延伸养老服务供给的广度与深度，改善了养老服务供需矛盾"，实现养老服务专业化和广覆盖。

"智慧养老"采用的是政府购买专业服务人员提供的外包服务的模式。服务模式的转变，意味着政府将扮演监督员的角色，主要工作仅为提出项目需求、监督项目实施。此种模式下，作为市场参与主体的企业，则充分利用物联网技术，为高层次、多元化的养老需求提供有偿服务，最大范围地覆盖养老服务，同时又不缺乏专业性。

（3）医养结合养老。医养结合是一种新型的集医疗、护理、康复和基础养老设施、生活照料、无障碍活动于一体的养老模式，其优势在于能够突破一般医疗和养老的分离状态，为老年人提供及时、便利、精准的医疗服务，并最终将医疗服务、生活照料服务、健康康复和临终关怀等整合，提供一体化的医养结合服务，从而满足老年人的整体养老需求。

医养结合养老服务模式将"医"和"养"两种要素科学耦合，通过发展不同的共生模式衔接医疗与养老资源，搭建多元化的供给系统，能够实现持续性和稳定性养老服务的供给，大大提升了社会经济效益，从服务内容和服务质量上弥补了传统养老模式的缺陷，为全体老年人谋福祉。"医"是指医疗卫生单元，包括医院、专业性医疗卫生机构、基层卫生机构等；"养"是指养老服务单元，包括养老机构、居家照料、社区养老中心等具备养老功能的单位。

截至2020年，四川省健康养老服务体系基本建立，老年医疗卫生服务网络基本完善；医养结合服务政策体系、标准规范、管理制度基本建立，医疗卫生与养老服务资源基本实现有序共享。此外，所有养老机构也基本能够实现以不同形式为入住的老年人提供医疗卫生服务；老年医疗护理人才培养机制基本健全，人才队伍也得到了有效保障。全省二级以上综合医院开设老年病科的比例达40%以上，二级以上中医医院开设老年病科的比例达70%以上，二级以上中医医院普遍设置治未病科室[1]。

三 四川省养老产业发展预测

本文结合前文所提到的相关数据，在政策环境、经济环境和社会环境等要素较为稳定的前提下，根据2018~2021年增长速度进行复合增长率测算，测算2022年四川养老产业相关经济指标如下（见表2）。

表2 2022年四川省养老产业相关经济指标预测

指　　标	2021年	2022年预期
老年人口数量(万人)	1533.95	1651.3
人均可支配收入(元)	28400	31300
人均消费支出(元)	20800	21300
中央财政补贴(城乡居民基本养老保险)(亿元)	128.1	132.4
中央财政补贴(城镇职工基本养老保险)(亿元)	732.3	833.3
中央财政补贴(企业职工基本养老保险)(亿元)	635.2	703.7
中央财政补贴(机关事业单位基本养老保险)(亿元)	107.6	164.8
参加基本养老保险总人数(万人)	6251	6395
年末企业离退休(职)人数(万人)	869.1	898.9
享受城乡居民基本养老保险待遇人数(万人)	1166.3	1155.65
年末企业离退休(职)人员月平均领取水平(元)	2416.9	2553.5
享受城乡居民基本养老保险待遇人员月人均基础养老金(元)	106.3	108.4
养老机构数量(家)	2503	2587
养老机构床位数量(张)	290000	297235

[1] 四川省人民政府办公厅：《四川省医疗卫生与养老服务相结合发展规划（2018~2025年）》。

四 四川省养老产业发展问题及建议

四川省养老产业在当前形势下虽然有极大的发展潜力，但根据前文所分析的发展现状，可得知目前四川省养老产业存在以下发展问题。

（一）政策落实不到位，财政支持力度有待加强

当前四川省养老产业相关政策呈现出碎片化特点，政策虽多但缺乏规范的实施细则对政策进行落实，缺乏统筹性使得一些规定十分模糊，不利于养老产业发展。近五年来，尽管四川省对养老服务产业这一领域出台了相关针对性政策，但政策并没有得到有效落实，落实力度不够使得产业体系在构建过程遇到许多阻碍，不够完善。尽管四川省出台了相关政策来规范养老产业，但仍存在一些问题。民办养老机构的发展空间被挤占则可以体现出当前市场竞争机制方面的政策制度是不全面的：目前还是有一些民办养老机构运行困难，入住率不高，长期处于亏损状态，不利于四川省养老产业的发展，政府在财政上对这一方面的支持力度不够。

（二）市场有待开拓，产品及服务较单一，商业盈利模式不成熟

目前四川省养老产业总体上属于朝阳产业，但仍处于市场开拓阶段。四川省养老产业发展在经济基础这个层面上的问题主要体现在市场现状上。养老产业的多数消费群体受"高存款、低消费"和"以子女消费为主"的传统消费观念影响，消费能力的刺激与提升程度不够，群众对养老产业的接受度还不够高；许多养老产业技术与产业成熟度还不够高，供给产品比较单一，服务产品不够丰富，缺乏对市场进行精准的调查细分，产业提供的产品在供需上出现错位；多数项目仍然缺少清晰、可持续、可推广的商业和盈利模式，仍采用单一的商业模式，无法满足现代社会老年人的需求。

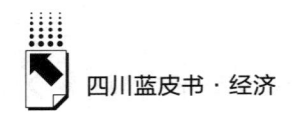

（三）养老机构床位数量不足，机构养老需求有待满足

2021年前三季度，四川省养老机构数量达到了2503个，床位数量达到了29万张。但据预测，2021年四川省60岁及以上、65岁及以上的老年人口将分别达到1866.72万人和1371.63万人。以60岁及以上的老年人口为基数，按照国际通行的5%老年人需要进入机构养老标准，四川省约有93.336万老年人需要进入机构养老，29万张床位远远不能满足四川省老年人口的机构养老需求，至少还需要约64.336万张床位。有限的养老机构床位与庞大的老年人口规模相比，是远远不足的，其中巨大的床位缺口有待填补。

（四）传统养老模式发展困难，新型养老模式有待完善

在中国现有的经济和社会条件下，机构养老不是民众养老的第一选择，为数不少的民众甚至不认可这种养老模式。这一现象受到传统养老观念的影响，也和当下许多养老机构服务水平有限、服务态度恶劣等存在一定关系。对于社区养老，因为这一模式与居家养老存在一定的联系性，民众的接受度相对而言更高一些。但是因为在需求的满足程度上还是无法与居家养老相提并论，即使近年来发展迅速，也难以在短期内获得较大范围的认可与接受。

四川省是老龄人口大省和经济大省，互联网发展基础好，电子信息产业发达，人才资源丰富，具备培育壮大新型养老模式的有利条件，在深化健康养老信息化应用、增加适老产品和服务供给、培育新模式新业态等方面已初显成效。同时，四川省新型养老模式发展和应用还处在起步阶段，存在区域发展不均衡、基础设施相对薄弱、关键技术储备不足、产品与系统水平不高、缺乏成熟的商业模式等诸多问题。

为助力四川省养老产业克服发展瓶颈，实现进一步发展，本研究结合问题提出以下几点建议。

1. 发挥政府的主导作用，加大对养老产业发展的支持力度

站在战略层上对养老产业发展做出规划，加强老龄社会制度建设，完善

相关政策法规，完善养老服务体系，提高养老服务供给能力和质量；加强对政策落实的监管力度，推动政策得到有效落实，让目标和政策落到实地；加强对养老产业的安全监管和风险管理，对市场竞争机制进行进一步规范，帮助一些微小机构进行风险规避；坚持增加对养老服务产业的公共财政投入，减轻税费负担，给养老机构提供充足的资金支持，鼓励其发展。

2.加大养老产业市场开拓力度，发展完善商业盈利模式

加大对养老服务产业的宣传力度，提高民众的接受度；提升服务质量，实现供需有效对接；提前分析市场形势，把握市场走向；实现盈利的可持续性，依据市场情况创新商业模式，在企业经营过程中，要注重成本控制，积极研究区域特点、服务情况、养老需求，叠加特色服务和增值服务，保持盈利的连续性。

3.政府加强公办养老机构建设，鼓励民办养老机构发展

政府既要继续加大公办养老机构建设的财政支出，加强公办养老机构基础设施建设，提升公办养老机构的服务水平和运营水平，发挥好公办养老机构的托底作用；又要大力支持社会力量兴办养老机构，推动民间资本整合，鼓励改造企业厂房、商业设施和其他社会资源用于养老服务，鼓励创办规模化、连锁化养老机构，在资本金、场地、人员等方面，进一步降低社会力量创办养老机构的门槛。多管齐下，发挥好政府的主导作用，积极引导社会力量关注和投资养老机构，填补四川省养老机构床位缺口。

4.社会养老、居家养老、机构养老携手共进，建立多层次、多维度的养老保障体系，发展完善新型养老模式

探索走社会养老、居家养老、机构养老等多种养老方式相结合的道路，推动现有养老保障体系改革，提高社会保障水平，建立健全各种形式的养老保障制度，包括老年社会保险、老年社会福利、老年社会救济等。加大对新型养老模式探索的资金投入，推动关键技术研发与产品供给方面改革，鼓励社会力量投入养老产业，推进产业融合发展。

B.17
2021~2022年四川省中医药产业发展形势分析与预测

周 杰 李海龙[*]

摘 要： 在这次新冠肺炎疫情抗击中，中医药发挥了极其重要的作用，中医药的社会关注度和认可度都很高。近年来，四川省中医药产业取得了一定成绩，但与经济社会高质量发展要求和人民群众的健康需求相比，仍然存在许多不足。目前，全省正在开创中医药高质量发展的新局面，积极探索中医药发展"四川模式"。

关键词： 中医药 中医药人才 传承创新 医教协同

一 四川省中医药产业发展态势

四川省因其特殊的地理位置、地形地貌与气候条件，拥有极为丰富的优良动植物种质资源库和中医药原材料，成为我国最大的中药材产地之一，素有"中医之乡、中药之库"美誉。近年来，全省中医药事业取得了长足发展，初步构建了中医药事业、产业、文化三位一体的新发展模式，在这次应对新冠肺炎疫情中彰显了传统中医的力量，全省正在积极构建中医药传承精华、守正创新高质量发展的新格局。

---

[*] 周杰，四川省社会科学院产业经济研究所副研究员，主要研究方向为产业经济与区域经济；李海龙，四川省社会科学院智库工作处副处长，主要研究方向为政策研究。

（一）中医药资源优势显著

根据第四次全国中药资源普查数据，四川的中药资源蕴藏量、常用中药材品种数、道地药材品种数量和国家 GAP 认证数量均居全国第一。作为全国重要的中药材主产区之一，四川现有中药资源 7290 种。目前，全省常用中药材有 312 种，占到全国的 86%。四川有川贝母、川芎、附子等 86 种道地药材，其中拥有 31 个国家地理标志保护的中药材产品。四川省一共有 16 个品种和 24 个中药材基地已经通过国家中药材生产质量管理规范（GAP）认证①。

（二）中医药产业加速发展

作为四川省 7 个优先发展的千亿级产业之一，中药材产业发展态势良好，目前全省已经形成四大药材生产集中区，包括四川盆地药材生产区、盆地边缘山地药材生产区、攀西地区药材生产区和川西高原及川西高山峡谷药材生产区。天府中药城、天府国际生物城等各具特色的中医药产业园区，不断地为全省中医药工业全域拓展提供良好的产业发展氛围。2020 年全省中药材种植面积达到 819 万亩（含三木药材），中药材总产值达 325 亿元，2020 年全省规模以上中药饮片企业、中成药企业共有 227 户，主营业务收入达到 520.8 亿元，占全省医药工业的比重为 35.3%。中医药健康服务业也在快速发展，中医药与养老服务结合试点成效明显，全省已经建成了 4 个省级中医药养生保健服务示范区和 36 个省级以上中医药健康旅游示范区（基地、项目）。

（三）中医药服务体系不断健全

以建立和完善基层中医药服务体系为重点，近年来四川省坚持以提高基层中医药服务能力为工作核心，努力推进基层中医药服务体系建设。通过县

---

① 《四川省中药材产业发展规划（2018~2025 年）》。

级中医医院基础设施建设，开展中医医院等级评审工作，逐步开展中医医院管理年等活动。四川省目前已经初步建成了一批中医特色优势较为突出、医疗服务质量较高的县级中医龙头单位。加大统筹全省中医药区域发展布局的力度，健全预防保健、疾病治疗和医疗康复相结合的中医药服务体系，不断传承发展川派中医药。

（四）中医药人才队伍更加夯实

通过强化全省中医药人才队伍建设，不断增强中医药人才的支撑保障作用。近年来，高层次人才队伍不断壮大，全省共有国医大师3名、全国名中医3名、岐黄学者3名、四川省十大名中医30名，培养了院士后备人才9名，拥有省学术技术带头人、省千人计划等中医药专家500余人，培养遴选省名中医近700人。全省医教协同深化中医药教育改革初见成效，中医药人才成长途径不断优化，目前已经建成41个国家中医药重点学科、10个中医住院医师规范化培训基地、159个省级以上名医传承工作室。充分发挥各级各类名老中医药专家的作用，逐步建立起国家、省、市州级师承管理体系。制定全省西医人员学习中医知识大纲，并分层次培养一批"西学中"人员。

（五）中医药科研能力进一步提高

加强全省的中医药资源保护与利用，不断推进全省的育种创新、良种繁育，推进中医药溯源体系建设。创建了西南特色中药资源国家重点实验室，成立四川省中医药转化医学中心，培育了2个国家中医临床研究基地、17个国家区域中医（专科）诊疗中心，建成了40余个国家中医药管理局重点研究室和省级科研平台。成立四川省中医药标准化委员会，不断加强全省中医药标准化研究。

二 四川省中医药产业面临的机遇与挑战

当今世界正经历着百年未有之大变局，新冠肺炎疫情仍在全球蔓延，党的十九届五中全会提出了实施"健康中国"战略,全省中医药发展面临着前所未有的机遇和挑战。

(一)面临机遇

一是中医药产业的社会认可度在不断提高。中医药作为一种覆盖生命全周期的有效的绿色医学体系,正被越来越多的国人和全世界所接受和认可。在这次疫情防控阻击战中,中医药参与面之广、参与度之深、受关注度之高,都是前所未有的。传统中医药发挥出重要优势和显示了巨大能量,以新冠肺炎系列制剂为代表的"川字号"中药制剂走出国门,在抗击病毒方面贡献出积极的力量,也让国内外社会对中医药的认知有了普遍提升。

二是人民群众多层次和多样化的健康需求在不断增长。随着经济社会发展和人民生活水平提高,大健康的观念深入人心,人民群众对于治未病、康复护理和健康管理等医疗需求日益增长,中医诊疗优势、治未病优势、养生优势、康复优势等在老龄化、亚健康、慢性病交织的今天越来越受到重视和欢迎,这就要求充分发挥中医药整体医学和健康医学的明显优势,推动全省的卫生健康服务模式从以治疗疾病为中心转变到以健康服务为中心。

三是良好的政策环境为中医药带来更大的发展机遇。中医药发展已上升为国家战略,"面向人民生命健康"成为国家创新体系着力点,要求充分发挥中医药原创科技优势,提高自主创新能力。四川省委省政府一直高度重视中医药发展工作,在全省召开了中医药传承创新发展大会,并成立了省推进中医药强省建设工作领导小组,相继出台了《四川省中医药条例》《关于促进中医药传承创新发展的实施意见》《川药产业振兴工作推进方案(2019~2022年)》《关于实施中医药文化传承发展工程的意见》《中医药强省建设行动方案(2021~2025年)》等一系列文件,明确推进全省中医药传承创新发展目标,并要求形成内涵丰富、结构合理的中医药高质量产业体系。

(二)面临挑战

一是中医医疗服务体系还有待优化。目前,全省中医药服务体系相对还不够完善，有些市州尚未独立设置市级中医医院，部分中医医院临床科室设置不完善。全省尚未形成中医类的高层次技术指导中心，制约了中医药的服务引领功能和辐射功能。部分中医医院设施设备老旧，部分基层医疗机构还缺乏足够的中医药专业技术人员，中医医疗资源数量和布局还不能很好地支撑城镇化发展、乡村振兴战略等需要，医疗服务能力还不能很好地满足人民群众的健康需求。

二是中医药产业化发展程度还有待提高。全省中药材种植规范化程度不高，加工生产环节相对薄弱，智能制造水平较低，产品质量标准相对滞后。中医药龙头企业作用发挥不明显，缺乏拳头产品，全省中医药市场的竞争力和知名度都不高。中医中药融合发展不够，一二三产业分属多个部门，在规划、政策、资金等多个方面和环节未充分形成合力，单品种药材很难实现全产业链发展。

三是全省中医药继续创新发展还存在不足。目前全省中医药领军人才及基层人员均缺少，人才资源不足和人才流失的现象并存。整体的中医药人才呈纺锤形分布，严重降低了中医药人才为群众健康服务的能力。中医药人才培育机制还不够健全，中医药师承教育体系还有待进一步完善，名老中医药专家学术经验传承亟须加强。中医药科技创新机制不够完善，信息化支撑作用发挥不显著。

三 2022年四川省中医药产业提质增效的对策建议

（一）推进中医药产业高质量发展

一是要大力提升全省中药材质量。依托四川省中医药标准化技术委员会，不断优化四川中药材产业标准体系。通过持续推进全省中药材溯源的试点建设，大力实施川产道地药材全产业链管理规范和质量标准提升示范工程，逐步建立起覆盖中药材、中药饮片、中成药的质量追溯体系。加强中药材源头管理，逐步完善中药材流通行业规范，严厉打击掺假、染色增重、非法添加等违法违规行为。加强道地药材地理标注保护工作，建设知名的中药材品牌。

二是持续优化全省中药材产业布局。按照中药材产地适应性原则，结合四川省地理地貌、气候、环境等因素，建设多元化、特色化、可持续的中药材产区。加强中药材种植（养殖）规范化示范基地、中药材定制药园示范基地、中药材产地加工示范基地和民族药特色示范基地四大产业示范区建设。注意加强中药材商贸流通市场体系建设，完善全省中药材流通行业规范，打造中药材商业集聚地和物流基地。

三是加快川药工业提质增速。通过建设和完善中药材种植（养殖）集中连片区、道地产区排灌、病虫草害联防联控和产品初加工等基础设施，有效提升中医药产业的劳动生产效率，全面提升全省中药材产业的产量和质量保障能力。加快全省中药工业转型升级，推进中药工业数字化和智能化建设，在全省培育中医药产业发展示范市州、示范县，打造现代中药工业集群。加快培育川药龙头企业，提供科技支撑，加强区域公共品牌和企业知名品牌建设，提升川药品牌市场影响力。

（二）大力培养中医药人才

一是加快中医药高层次人才培育。真正落实中医药人才强省战略，推进中药材高层次专业技术人才交流工作，在全省建立一支结构合理、特色优势明显的中药材产业发展人才队伍。注意加强院士和国医大师的后备人才培育工作，力争实现中医药类院士零突破，持续加强省十大名中医、省名中医、省中青年名中医等高层次人才的梯队建设。鼓励高等院校、科研院所、医疗机构和医药企业引进省外院士、国医大师、全国（省级）名中医等高端人才和中医药科研团队到四川省服务。

二是夯实基层中医药人才队伍。持续开展中医专业免费医学生和中医全科医生培养模式，以订单定向等方式向基层输送人才，不断提高基层中药材人员的业务素质和专业水平。加大对县级医疗机构的中医技术骨干的培养力度，加强对乡村基层医生进行中医药的基本知识与技能培训。通过师承教育

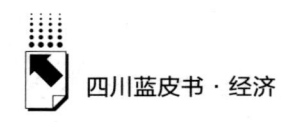

加强基层中医药人员服务能力，继续开展具有中医一技之长人员纳入乡村医生管理试点工作。

三是持续推进中西医结合人才培养模式。继续加强医学高等院校中西医临床专业建设，提高全省中西医结合人才的培养力度。注意在全省加快培养能够提供中西医结合服务的全科医生。推动建立省级"西学中"人才培训基地，鼓励西医学习中医，允许非中医类别医师通过学习考核后提供中医服务。

四是加强民族医药人才培育。通过完善民族医药继续教育基地，加强对民族医药人才的培养。发挥民族医药特色优势，培养一批可熟练运用民族医药知识与技能治疗多发病、常见病的实用型人才。支持民族医药传承发展，创新民族医药专家带徒授业的模式，培养民族医药继承人，建成一批民族医药传承工作室。

五是加快中医药防治和救援人才队伍的建设。完善重大疾病防治人才培养机制，培养一批高精尖的传承创新团队。加强中医药人才公共卫生应急和重症救治能力培养，加强中医治疗急重症人才队伍的培养。依托成都中医药大学和西南医科大学等高校，建设四川省重大疫情中医药防治和中医紧急医学救援培训中心，加快省、市州、县三级中医药应急基地建设和应急队伍培养。通过常态化培训体系，培养历练一批骨干人才，选拔储备一批应急人才。

（三）加强中医药文化传承保护

一是加强中医药文化保护。通过开展四川中医药文化资源普查，有序推进全省中医药文物、老字号、名医故居保护工作，开展中医药文献抢救性发掘，争取将具有原创性的四川中医药项目纳入非物质文化遗产名录予以保护。

二是挖掘中医药文化精髓。通过实施中医药文化"钥匙"工程，支持中医药文化研究机构建设，推进中医药文化数字化发展。创新中医药文化传承新模式，推进中医药古籍、经典名录、名老中医和教学名师教学资料数字化，建立全省中医药知识资源库，搭建在线学习平台，多途径提升中医药从业人员专业能力和技术水平。

三是打造中医药文化网络传播平台。通过打造全省中医药文化数字博物馆，推动中医药文化体验场馆和宣传教育基地的数字化和智能化建设，创新交互体验应用，以线上线下同步的形式继续推进中医药文化知识普及。加强中医药业与文化创意、移动多媒体、动漫游戏等新兴文化产业的融合发展，鼓励开发中医药文化科普作品。

（四）推动中医药产业融合发展

一是积极发展中医药健康服务业。通过完善中医养生保健服务规范，支持正规中医医疗机构开展中医健康管理服务。鼓励教育机构开设中医养生保健相关专业，加大培养中医养生保健相关人才的力度。鼓励全省各级中医医院和中医医师为中医保健养生机构提供专业的技术指导，推动社会办中医养生保健机构的规范化和有序化发展。

二是大力发展中医药健康养老服务。逐步建立中医药健康养老服务的政策体系和标准规范，制定各类中医康复方案，健全医疗机构与养老机构康养协作机制。加强医院老年病专科建设，鼓励有条件的中医医院开展医养结合和健康养老服务，积极发展中医药健康养老联合体。鼓励基层医疗卫生机构拓展社区和居家中医药健康养老服务，促进中医药适宜技术和项目在老年群体中广泛应用。

三是发展中医药健康旅游。推进中医药和旅游深度融合，通过构建"一核四区"中医药健康旅游发展格局，逐步打造以成都为核心的中医药健康旅游创新发展核和川南、川东北、攀西中医药健康旅游发展及川西北民族医药特色旅游发展区。推广以提供中医医疗服务为主要内容的中医药健康旅游主题旅游线路，打造中医药健康旅游国际品牌，大力开发中医药观光游、特色养生游、美容保健游、文化体验游、康复疗养游等特色中医药健康旅游产品。

B.18 2021~2022年四川省食品饮料产业发展形势分析与预测

李晶 韩保林*

摘　要： 食品工业是关系国计民生的支柱产业和服务于人民美好生活的基础产业。作为四川经济增长的重要引擎和"5+1"现代产业体系的重要构成，近年来，食品饮料产业持续转型升级、提质增效。本文通过对四川食品饮料产业发展态势和未来趋势进行分析，认为随着国家和四川省食品饮料产业政策红利不断释放，四川食品饮料产业将迎来更快速发展，由此本文提出聚焦产业链现代化、实施创新驱动战略、实施质量品牌战略、实施融合开放战略、实施绿色安全战略等对策建议。

关键词： 食品饮料产业　转型升级　食品工业

一　发展形势

从全球来看，欧美发达国家食品饮料产业仍占据世界主导地位，集聚了大量的跨国集团和全球知名品牌。在2020年的世界500强企业中，共有11家食品饮料企业入选，除中粮集团外，其余10家企业均来自欧美发达国

---

* 李晶，管理学博士，四川省社会科学院金融财贸研究所助理研究员，中级经济师，主要研究方向为产业经济、金融风险管理；韩保林，理学博士，四川轻化工大学（中国白酒学院）讲师，主要研究方向为白酒酿造、产业竞争力。

家①。美国、德国、英国等主要发达国家的食品饮料产业已经完成由农产品初级加工向食品饮料深度加工的转型，部分国家的食品饮料产业总产值为其农业总产值的数倍。巴西、印度等发展中国家食品饮料产业发展快速，精深加工能力和科技水平逐步提升，食品安全保障能力不断加强。同时，随着食品饮料产业的快速发展，全球食品饮料贸易规模不断壮大，在全球总商品贸易中的地位也稳步提升。

中国是食品饮料生产和消费大国，近年来食品饮料消费快速增长。全国人均食品烟酒消费支出从2015年的5146元增加到2020年的6379元，增幅达到24%，增速高于人均消费支出约9个百分点，中高端食品饮料的需求稳步提升②。2020年，全国食品工业规模以上企业实现营业收入82300亿元，同比增长1.15%；利润总额6206.6亿元，同比增长7.2%，其中河南、山东等省食品饮料产业发展势头迅猛③。在全国31个省区市中，14个地区将食品饮料产业（和生物医药产业）作为重点产业进行发展，广东提出打造现代农业与食品产业2万亿产业发展目标，吉林提出打造农产品加工和食品工业万亿产业，黑龙江提出打造农业和农产品精深加工万亿产业。

从全省来看，食品饮料产业发展水平迈上新台阶，产业综合实力大幅提升，有望成为五大支柱产业中第二个突破万亿元的产业。省委、省政府高度重视食品饮料产业发展，出台一系列支持政策措施，推动产业高质量发展。随着新一轮科技革命和产业变革加速发展，四川食品饮料制造正加速向机械化、数字化、智能化方向发展，部分重点领域有望引领行业，产业正向全链条、深层次、高效益方向发展，产品个性化、定制化、时尚化发展态势明显，方便食品、功能食品等高附加值产品占比逐步增加。

---

① 2020年《财富》世界500强排行榜。
② 数据来源：国家统计局。
③ 数据来源：国家统计局。

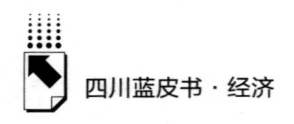

二 发展成效

面对错综复杂的外部环境，特别是新冠肺炎疫情严重冲击，全省食品饮料行业主动作为，推动产业发展逆势而上，产业规模效益、聚集发展水平、质量品牌提升、人才科技支撑等方面实现较快发展，产业竞争优势更加凸显。

（一）产业规模跃居全国第三，支撑工业发展能力更加凸显

2020年，全省规模以上食品饮料企业实现营业收入9067.7亿元、利润总额1052.3亿元，分别比2015年增加2465.7亿元和606.4亿元，产业规模上升至全国第三位[1]。产业贡献突出，2020年食品饮料营业收入和利润总额分别占四川工业的20%（位居五大支柱产业第二位）和32.9%（位居五大支柱产业第一位），分别比2015年增加2.6%和11.1%[2]。部分重点领域发展成效显著，形成了优质白酒、粮油加工、医药健康3个千亿产业，其中优质白酒2020年营业收入、利润总额分别占全省食品饮料行业的31.4%和50.3%，占全国白酒行业的49.6%和33.4%[3]。龙头企业发展快速，新希望、五粮液分别居"2020四川100强企业"第一位和第四位，两家企业营收占全省营收过千亿企业总营收的50%；4家企业入选"2020中国企业500强"，比2015年增加2家；5家企业入选"2020四川企业利润十强"，利润总和超470亿元，占10强企业的75.4%；"2020四川企业纳税十强"前六位均为食品饮料企业，纳税总和超500亿元，占十强企业的81.9%。

（二）质量品牌建设成效显著，产品市场认知基础更加稳固

当前四川食品饮料的生产及安全系列标准基本建立完善，安全诚信体

---

[1] 数据来源：四川省统计局。
[2] 数据来源：四川省统计局。
[3] 数据来源：四川省统计局。

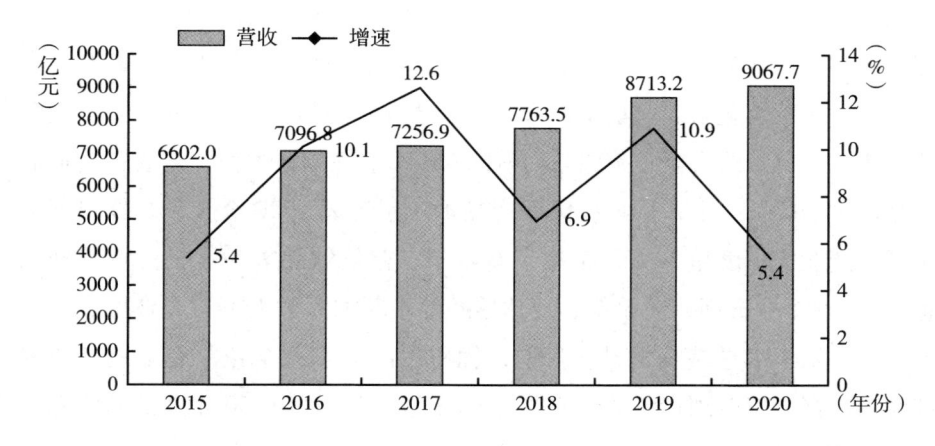

图1 2015~2020年四川食品饮料产业营收数据变化

系和追溯体系进一步健全，产品质量和食品安全保障水平稳步提升。以优质产品为基础，形成了一批知名的区域品牌和产品品牌，培育了大批忠实的消费群体。区域品牌方面，打造了"中国白酒金三角""天府龙芽""天府菜油""圣洁甘孜"等一批特色区域品牌，川黔共建的"中国白酒金三角"已成为世界知名白酒产区品牌及国内最大的产业集群、最大的品牌群、最大的产能群；以"天府龙芽"省级公共品牌为引领的"三山一早"品牌影响力正逐步提升。产品品牌方面，打造了一批品牌知名度高、市场占有率大的拳头产品，全省拥有中国驰名商标超120件、四川省名牌420个，8个四川品牌入选2021年中国500个最具价值品牌，其中五粮液集团的五粮液水晶瓶、泸州老窖公司的国窖1573、剑南春集团的水晶剑3个单品销售额均超过100亿元，数量占全国白酒行业的75%；竹叶青连续13年中国销量领先，天味食品公司的好人家火锅底料连续三年全国销量领先。

（三）资源要素吸聚能力增强，产业聚集发展态势更加明显

全省食品饮料产业坚持聚集发展，加快引导资源要素向优势产区、特色园区、重点企业聚集。在产区方面，优质白酒形成了成都、德阳、泸州、宜

宾四大主产区，产量、营收、利润分别约占全省白酒的85%、90%和95%[①]。精制川茶形成了川西名优绿茶、川东北富硒茶以及川南早茶和工夫红茶、川中茉莉花茶产业集中发展区，全省11个茶叶主产市的茶园总面积约为485万亩，约占全省茶园总面积的98%[②]。在园区方面，全省已建成农产品加工园区117个，认定省级农产品加工示范园区30个，食品饮料产业园区的产业集中度超80%，集聚了新希望、蓝剑饮品等一大批国内外知名企业[③]。在企业方面，新希望、环球佳酿等不断加大对上下游企业的整合力度，产业聚集水平持续提升。目前，优质白酒"六朵金花"企业的营收和利润均占据全省白酒行业的近80%，调味品产业排名前50企业的营收总和在全省的占比超70%[④]。

（四）人才科技体系趋于完备，支撑产业创新发展更加有力

人才支撑方面，全省开设有食品饮料产业相关专业的普通高等院校数量超50家，约占全省高校总数的25%。年均培养食品饮料产业相关学生10000余人，其中研究生约1000人[⑤]，同时还聚集了一大批行业领军人物。科研平台方面，全省食品饮料产业拥有省级以上科研平台超40个，拥有省级企业技术中心178个（含医药健康产业83个），占全省总数的14.8%[⑥]。产教融合方面，不断推动教育与食品饮料产业深度融合、学校与企业协同发展，先后建成了中国白酒学院、盐帮美食学院等一批产教融合平台。2020年，四川轻化工大学与五粮液集团共建的中国白酒学院、四川工商职业技术学院与新希望乳业股份公司共建的食品饮料产业智能制造技术应用综合服务平台入选四川省首批产教融合示范项目。

---

① 数据来源：四川省统计局。
② 数据来源：四川省统计局。
③ 数据来源：四川省经济和信息化厅。
④ 数据来源：四川省统计局。
⑤ 数据来源：四川高校网站统计数据。
⑥ 数据来源：四川省经济和信息化厅。

三 机遇和挑战

（一）战略机遇叠加为食品饮料产业发展提供政策支撑

国家构建国内国际双循环的新发展格局以及"健康中国"战略的持续推进，奠定了消费需求扩大的政策基调。乡村振兴战略的实施以及长江经济带发展、新一轮西部大开发、成渝地区双城经济圈建设等系列重大战略交汇叠加，为四川食品饮料产业高质量发展聚集了更多的政策资源要素。"一带一路"建设的实施则为四川食品饮料企业利用好国际市场营造了有利的政策环境，有助于加快四川优势产品"走出去"步伐。

（二）消费结构升级为食品饮料产业发展创造巨大市场

我国食品饮料消费结构正处于快速转型升级阶段，随着人均可支配收入的增加，居民消费结构正逐步向高端化、品质化、品牌化方向发展，健康营养、功能保健食品市场需求扩容，为食品饮料产业发展创造了巨大市场空间。四川食品饮料产业有望借助消费市场的扩大实现快速增长，特别是川酒、川茶等"川字号"优势产业有望抢占更大的消费市场，进一步巩固竞争优势。

（三）技术创新加快为食品饮料产业发展注入强大动力

随着新一轮技术革命的深入发展，生命科学、信息技术等基础学科越来越多地应用于食品饮料产业，为食品饮料产业高质量发展提供了崭新的机会窗口。依托电子信息和智能制造等优势，在先进生产加工技术、智能生产装备和数字化营销的助力下，四川食品饮料产业的生产方式、产业形态和商业模式不断创新，制造效率极大提升，产业竞争优势得到进一步巩固。

同时，四川食品饮料产业要实现高质量发展还面临新冠肺炎疫情影响、

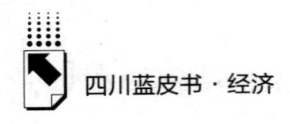

要素成本上升、市场竞争加剧等外部挑战和产业链现代化水平不足、市场开拓亟待加强等内部问题。

综合判断，2022年四川食品饮料产业发展仍处于大有可为的重要战略机遇期。四川食品饮料行业要把握发展大势，增强机遇意识和风险意识，善于在危机中育先机、于变局中开新局，凝聚共识，奋发作为，在发展理念、生产模式和产业创新上以变应变、率先行动，打造新形势下的产业竞争新优势。

四　对策建议

（一）聚焦产业链现代化，塑造产业竞争优势

将提升产业链现代化水平作为推动食品饮料产业高质量发展的重要抓手，着力打造安全可靠、先进高效的食品饮料产业链。

1. 培育壮大优质市场主体

培育壮大龙头企业，支持五粮液加快进入"世界500强"，扶持发展一批产品层次高、市场影响力大的本土企业，积极培育上市后备企业。加大对中小企业的政策扶持力度，强化人才科技支撑，推动中小企业走专业化、精细化、特色化发展道路，力争培育一批细分品类的"专精特新"企业；积极主动做好中小企业"升规"培育和"退规"预防工作。鼓励支持更多国有资本参与食品饮料产业发展，并在标准制定、平台搭建、品牌宣传等方面发挥更大作用。严格落实民营企业各项保障政策措施，支持民营企业不断发展壮大。支持龙头企业实施兼并重组和中小企业抱团发展，力争培育一批具有全国竞争力的大企业大集团。强化龙头企业引领带动作用，提升中小企业产业配套能力，提升产业链协同发展水平。

2. 加快建设特色优势园区

坚持推动食品饮料产业聚集发展，引导加工企业向园区集中，打造一批具有较强竞争力的特色优势园区。深化省级农产品加工示范园区建设，在全

省复制推广示范园区典型经验。培育乡村振兴特色产业加工园区，因地制宜建设一批特色优势农产品加工集中区，支持民族地区与发达地区合作建设农产品加工飞地园区。打造一批产业优势突出、辐射带动效应强、品质卓越的优质白酒产业示范园区。推进成都天府国际生物城、成都医学城等7个医药健康产业园区加快发展。精准定位食品饮料园区主攻方向和重点领域，推动园区差异化、高端化、品牌化发展。深化农业园区与农产品加工园区联动发展，深化产城融合发展，推动具备条件的园区向城市综合功能区转型，打造一批智慧园区，提升产业发展层次。深入开展"亩均论英雄"工作，构建以单位产出效益评价为基础、以差异化要素配置为导向的园区考核机制。

3. 提升全产业链发展能级

加快建立完善从原料到终端，从生产到研发、检测、包装、物流、电商、会展等的全食品饮料产业链条，不断优化产业生态，提升产业发展能级。推动产业链向上游原料端发展，鼓励支持重点企业积极参与原料基地建设，推进原料基地化发展，加速与乡村旅游等有机结合。推动产业链向下游延伸拓展，加强食品饮料流通基础设施网络建设，改造完善冷库、冷藏运输设备等基础设施，重点支持冷链物流、智能物流建设，加快打造国家骨干冷链物流基地，构建安全温控供应链体系。组建专业招商队伍，招引一批食品饮料产业综合性大型龙头企业、细分领域竞争优势强的头部企业、产业链关键环节企业。积极应对原材料上涨和断供风险，建立原辅材料动态检测机制，确保重点企业供应链安全、稳定、可控。

（二）实施创新驱动战略，增强产业发展动能

大力实施创新驱动战略，推动产业创新发展，促进新技术、新产品、新模式不断涌现，为产业迈向中高端凝聚新动能。

1. 加强技术创新

发挥重大科技创新平台在激活创新资源中的优势，优化提升一批现有科研平台，谋划建设一批国家和省级重点实验室、工程（技术）研究中心、制造业中心等创新平台。依托《四川省优质白酒产业技术攻关路线图》《四川省农产品精深加工产业技术攻关路线图》，聚焦制约产业发展的"卡脖子"问题，加强浓香型白酒乙酸乙酯偏高、藏茶中氟含量超标等关键共性问题攻关，加大对茶叶、果蔬、林竹和中药材等营养功能成分提取技术的研究，重点突破智能化生产对产品质量、风味、口感的制约。以技术标准、专利保护、成果孵化转化等为重点，加速科技成果转化推广，促进创新成果产业化。启动实施新一轮技术改造，力争重点企业平均实施一次以上的高水平技术改造，加快关键技术装备换代升级，全面提升设计、制造、工艺、管理水平。大力发展农产品产地初加工，提升鲜活农产品采后商品化处理率。深入开展农产品精深加工技术研发和成果对接，加大生物、环保、信息等技术集成应用力度，全面提升农产品精深加工能力。

2. 加强产品创新

推进"菜篮子""粮袋子"产品加工，发展主食品工业化生产和社会化供应，拉长产业链，提高产业附加值。稳妥推进重点产品迭代升级，不断巩固提升五粮液、国窖1573、水晶剑、竹叶青等"大单品"市场份额。加大创新产品研发力度，丰富优质产品供给，不断满足市场多样化需求。支持企业紧跟消费结构升级趋势，积极探索开发一批面向不同细分市场和不同销售渠道的新产品，力争在果蔬、蚕桑、林竹等重点领域培育数个"大单品"。围绕"健康中国"战略和万亿大健康产业市场需求，鼓励企业加快功能食品开发力度，并实现一批大品种产业化。持续推进"新生代酒品战略"，探索举办四川食品饮料产品创新大赛等活动。积极推进产品包装形式创新，提升产品的文化感、艺术感和时尚感，大力营造与产品相适应的消费场景，激发产品消费需求。

3. 加强模式创新

大力推进大数据、云计算等新一代信息技术、理念向食品饮料产业渗透，加快食品饮料产业"互联网+"发展，不断提升食品饮料产供销一体化信息水平。积极发展互联网健康医疗服务等，实现食品饮料制造与生产性服务业协同发展。推进食品饮料业"文化+"发展，深化传统文化与现代时尚融合，丰富产业文化元素，提升产业附加值。鼓励企业运用多种文化元素进行产品设计和创新，增强产品文化内涵，打造具有文化竞争力的本土品牌。注重农村文化资源挖掘，加强农业产品、农事景观、乡土文化等创意设计，促进特色农产品加工文化宣传和交流。创新分享经济模式，积极发展众包、众智、众扶、众筹等新业态。规范市场准入，构建以信用为核心的市场监管机制，营造宽松的政策环境，推动分享经济拓展领域、快速成长。推进企业共享技术、设备和服务，提升中小企业快速响应和柔性高效的供给能力。

（三）实施质量品牌战略，提升产业发展质效

将质量品牌战略作为食品饮料产业提质增效的重要抓手，全面提升"四川造"产品质量和"川字号"品牌影响力，不断增强四川食品饮料产品市场竞争。

1. 全面提升"四川造"产品质量

深入开展质量提升行动，引导企业树立质量为先、信誉至上的经营理念，推进食品饮料产业"品质革命"，引领产业高质量发展。加强食品饮料企业产品质量管理建设，总结推广"质量标杆"企业产品质量管理成功经验，加强中小企业产品质量管理基础能力建设。支持企业加快配置原料检验、生产过程动态监测和产品出厂检测等检验检测设备，鼓励支持大中型食品饮料企业实施HACCP和进行企业诚信管理体系等认证。发挥标准在提升产品质量中的作用，加快形成以国家、行业标准为主，地方、团体标准为配套的食品饮料产业标准体系，强化标准实施应用和示范推广；大力推广眉山泡菜申请国际标准ISO 2422《泡菜（盐渍发酵蔬菜）规范和试验方法》成功经验，支持龙头企业主导并广泛参与国际国内行业标准的制定修订，鼓励企业制定严于国家和行业标准的企业标准。加强新技术在产品质量管理中的应用，持续推进5G、物联网、大数据、区块链等技术在原粮种植、生产酿造、产品流通等质量管理领域的研究应用，建立完善产品全生命周期质量追溯机制。

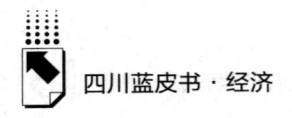

2. 着力打造"川字号"品牌矩阵

加强政府、企业、协会三方联动，持续推进品牌创建和培育，加快打造"区域品牌+企业品牌+产品品牌"的"川字号"品牌矩阵，建设具有全球重要影响力的食品饮料品牌高地。在品牌建设较弱的重点领域布局创建一批具有全国影响力的区域品牌，支持符合条件地区申报"消费品工业'三品'战略示范城市"，加快申报一批国家地理标志保护产品、农业区域公用品牌。激发企业品牌创建内生动力，鼓励支持创建驰名商标，开展商标国际注册，深入挖掘企业文化内涵，提升品牌培育和营销能力，构建高质量的多层级品牌体系。加大品牌培育力度，严把品牌使用规范，大力提升川酒、川茶、川调等"川字号"的整体品牌影响力，重点推广"白酒四大主产区""郫县豆瓣""天府菜油""天府龙芽""三山一早""东坡泡菜"等区域品牌。支持开展行业优秀品牌产品和优秀品牌企业评选，积极培育具有国际竞争力的产品和企业。加强商标和地理标志商标注册与保护，严厉打击侵犯知识产权和制售假冒伪劣商品等行为。

3. 不断强化"走出去"市场推广

创新营销模式，推动线上线下联动发展。加快完善线下供应网点体系，形成以线下直营店、体验店、连锁店为核心的四川食品饮料销售网络。鼓励企业探索跨界营销、体验式营销等营销新模式。引导企业完善产品流通网络，提升流通效率和服务品质，改善消费体验。继续深化与阿里巴巴、亚马逊等国际国内知名电商合作，积极推进食品饮料新零售。优化发展移动互联网营销等新型流通业态，开展网络精准营销、在线定制等模式，创新推广数字化食品饮料产品营销新业态。加强市场开拓，利用好国际国内两个市场。主动承接国家食品饮料相关重大展会，创新举办四川消费品精品展、中国国际酒业博览会、中国（四川）国际茶叶博览会等活动，研究举办国家级食品饮料产业展会，探索联合重庆共同举办大型食品饮料展览展示活动。进一步提升"川酒全国行"知名度和美誉度，适时启动"川酒全球行"，探索开展重点领域全国性市场专项推广活动。依托中欧班列（蓉欧快铁）、"万企出国门"等载体，以优质白酒、特色农产品、中藏药材等为重点，培育壮大一批对外出口骨干企业，打造一批高外向度的食品饮料骨干企业，加强在境外的品牌推广宣传，加快四川食品饮料"走出去"步伐。

（四）实施融合开放战略，拓展产业发展空间

实施食品饮料产业融合开放战略，加快食品饮料全面融入乡村振兴发展，深化产业国际和区域合作，不断开辟产业发展新空间。

1. 融入乡村振兴助推农业跨越式发展

充分发挥食品饮料产业横跨一二三产业的优势，围绕食品饮料全产业链，加快培育支撑乡村振兴的主导产业、引领企业和高素质技术人员等，实现食品饮料与乡村振兴双向赋能发展。支持有条件地区大力发展优质原料种植基地和农产品精深加工，力争形成"一县一业"产业格局，评选认定一批"省级酿酒专用粮示范基地"等，培育打造一批食品饮料产业强县和产业特色小镇。开展乡村振兴带动标杆企业培育行动，培优扶强乡村振兴带动标杆企业，引领带动乡村振兴。加大对乡镇小微加工企业的扶持力度，鼓励企业广泛吸纳脱贫户和农村剩余劳动力进厂务工。围绕乡村振兴和食品饮料企业需求，每年组织行业专家开展系列综合诊断与提升服务，加大农村人员的技术培训力度。结合"天府旅游名县"建设工作，围绕食品饮料产业链，梳理旅游资源要素，串点成线谋划布局一批旅游精品线路，带动旅游线路上原料种植、生产加工、产品销售、品牌建设等全面发展。

2. 融入数字经济赋能产业加快发展

抢抓数字经济快速发展新机遇，加快推动食品饮料产业与数字经济的深度融合，强化数字技术赋能食品饮料产业发展。借助大数据、"互联网+"、物联网等技术，持续提升企业数字化智能化能力，支持企业运用先进传感技术、数字仪器仪表、智能控制系统等改造现有生产装备，推广应用自动上甑机器人、智能在线摘酒检测设备、畜禽屠宰设备、食品冷鲜保藏设备、医用机器人和生产管理系统等设备集成及信息化系统，加快推进食品饮料产业"机器换人"。以数字化改革为牵引，探索开展川酒大数据库建设等工作，支持在优质白酒、肉制品加工、精制川茶等重点领域，建设支撑食品饮料产

业高质量发展的"智能工厂"和"数字化车间"。加快国家工业互联网标识解析在食品饮料行业的节点应用推广,深化全国首个白酒行业节点应用,新建泡菜等标识解析节点。

3. 融入双循环新格局引领产业合作

积极探索融入新发展格局的有效路径,在更高层次上利用国内国际两个市场两种资源,加快构建食品饮料产业"有进有出"双向开放格局。深化产业区域合作,坚持以成渝地区双城经济圈建设为战略牵引,按照"大产业、细分工"的产业协作模式,以产业互融、园区共建、市场共拓、展会共办为抓手,进一步丰富成渝两地食品饮料产业合作内容。在东西部协作中进一步加大食品饮料产业合作力度,积极承接好对口支援地区的资源,利用四川丰富的农业资源和东部广阔的市场空间,加强生产端和需求端的有效对接。抓住长江经济带建设、泛珠三角区域"9+2"合作等机遇,推动四川与国内主要地区食品饮料产业各层级的交流合作。扩大产业国际合作,面向国际市场和全球产业链、供应链,以全球化视野,加强产业国际交流合作。加快推进国际产业合作园建设,支持包括中德(蒲江)中小企业合作区构建绿色休闲食品、健康饮品和保健品三大重点领域在内的健康食品产业集群,支持中韩创新创业园(资阳)重点发展食品医药,打造一批高层次国际产业合作园。

(五)实施绿色安全战略,筑牢产业发展基础

筑牢产业高质量发展的基础,构建产业发展的安全屏障,以绿色安全战略推动食品饮料产业绿色低碳可持续发展。

1. 推动产业绿色低碳发展

加快绿色改造升级,对标"碳达峰""碳中和"要求,大力推广清洁生产和绿色制造,建立高效、清洁、低碳的食品饮料产业体系,鼓励使用高效节能生产设备,积极推广应用节能技术和产品。推进资源循环利用,加强企业资源利用全过程管理,大力开展废渣、废水、废气等资源再利用,重点推进果蔬残次品、畜禽皮毛骨血、粮油加工皮糠等副产物综合利用,探索建立

"酒糟－有机肥－酿酒专用粮－酒糟"的循环发展模式，提高副产物转化产品的市场竞争力。加快淘汰落后产能，建立健全淘汰落后产能退出长效机制，及时预警部分领域产能过剩，引导企业紧跟市场，合理增加产能。逐步淘汰落后产能，加大对食品饮料产业"散、乱、污"整治力度，坚决淘汰一批环保治理不达标的企业。强化企业环保监管，全面开展重点环境风险企业环境安全达标建设和环境安全督查。

2. 加强生产安全食品安全

落实政府领导、部门监管和企业主体责任，着力构建安全风险分级管控和隐患排查治理双重预防机制。落实企业安全主体责任，强化企业安全责任意识，促进企业围绕研发设计、生产加工、营销服务等全过程，建立全员、全方位、全过程的安全管理体系。全面加强产业安全发展监管，突出关键环节食品安全防控，建立从农田到餐桌的食品饮料安全监管体系。落实日常检查责任，加大对食品饮料产品的抽检力度，重点对小企业、小作坊进行抽检。加强进口冷链物流疫情防控管理，督促指导企业落实冷链食品"三专、三证、四不"要求。持续用好"互联网＋食品"智慧监管模式，实现智慧监管全覆盖。深刻吸取假酒案、毒奶粉事件对产业的重大打击等教训，有效防范和遏制各类食品安全事件发生。

热 点 篇
Key Issues

B.19
数字经济引领四川产业高质量发展路径选择

陈 映 薛建飞 *

摘 要： 数字经济作为典型的新经济形态，已成为我国现代化经济体系的重要组成部分和经济高质量发展的新引擎。数字经济广泛渗透产业发展的各个领域，极大地提高了产业要素配置效率，全面提升了产业的整体竞争力和企业的综合发展能力。作为国家数字经济创新发展试验区，经过两年多的实践探索，四川在数字经济引领产业高质量发展方面取得了显著成效，但也面临数字产业化竞争力有待提升、产业数字化整体水平还不高、数字经济龙头企业少且带动力不足等问题，亟须立足自身产业优势、资源优势和科教优势，把握数字经济创新发展先行先试契机，深入探索试验，激发数字动力，深化数字赋能，促进数字创新，

---

* 陈映，经济学博士，四川省社会科学院产业经济研究所副所长、研究员，主要研究方向为区域经济、产业经济；薛建飞，四川省社会科学院产业经济研究所硕士研究生。

全面提升数字产业化能级和产业数字化水平，为四川产业高质量发展提供强力支撑。

关键词： 数字经济　数字产业化　产业数字化　高质量发展　四川

一　数字经济驱动产业高质量发展的作用机制

（一）产业高质量发展的内在要求

高质量发展是党的十九大首次提出的新表述，高质量发展由关注经济增长的过程和规模转向关注其结果和效益；从关注经济增长一个维度转向关注经济、社会、生态等多个维度；从片面重视高增长产业转向关注产业协同发展和现代产业体系构建；从关注经济增长的要素投入转向关注要素的优化配置以及生产效率提升；从单纯关注 GDP 转向关注以人民为中心的各项制度安排和城乡区域间的协调发展。由此可见，高质量发展表现为增长的稳定性、发展的均衡性、环境的可持续性以及社会的公平性。

产业高质量发展是高质量发展题中应有之义，是我国经济发展步入新阶段后的重要任务。从产业层面来看，产业高质量发展意味着产业规模不断扩大，产业结构不断优化，三次产业融合发展，质量效益不断提升。从企业层面来看，产业高质量发展要求企业在技术水平、产品生产、管理模式等方面始终保持竞争优势，不断增强企业的竞争力。可见，产业高质量发展，要求产业要素高效配置、产业整体竞争力和企业综合竞争力不断提升。

（二）数字经济特性与产业高质量发展

数字产业化、产业数字化、数字化治理以及数据价值化构成数字经济的主要内容，数字经济以数据价值化、数字产业化和产业数字化驱动我国产业步入高质量发展轨道。

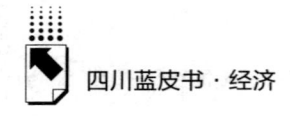

1. 数据价值化

数字经济通过数据采集、存储、传输、管理等推进数据要素价值化，依托大数据催生大数据直接产业，衍生大数据关联产业以及大数据渗透产业，极大地提升生产效率。

2. 数字产业化

以现代信息技术的市场化应用推动信息产业加快发展，并通过信息技术创新、管理创新、商业模式创新不断催生新产业，形成数字产业链，推动产业集聚。数字产业化正成为经济增长的"倍增器"。

3. 产业数字化

以融合应用为路径，通过对产业链上下游的全要素进行数字化升级、转型和再造，全面推动产业体系的质量变革、效率变革和动力变革。产业数字化正成为产业转型升级的"稳定器""加速器"。

此外，数字化治理广泛渗透企业的组织架构、数据管控、资源协调、平台建设、制度规章等多个方面，能充分释放企业的数字潜能，助推企业数字化转型愿景落地。

（三）数字经济引领产业高质量发展的作用机制

1. 数字经济与产业要素配置

作为典型的新经济形态，数字经济在传统的劳动力、资源、土地等核心生产要素的基础上融入数字技术，丰富和拓展了产业投入要素，驱动关键要素成本递减和实现要素配置效率提升。数字经济借助数字技术实现资源的快速优化和配置，产业要素配置效率、要素间吸收与融合效率、要素的利用效率和产出效率均会得到极大的提高。且数字经济广泛渗透产业发展的各个领域，将发掘出更加丰富的生产要素，开发出更加先进的生产技术，衍生出更加多样的产业模式，构建起共享合作的生产关系，促进组织平台和资源共享，极大地提升产业要素配置效率。

2. 数字经济与产业竞争力提升

数字经济借助数字技术驱动产业链不断创新，促进产业转型和结构优化，从而提升产业整体竞争力。一是推动产业创新。数字经济通过赋能产业新组织、商业新业态、业务新环节、价值新链条等驱动产业系统和市场体系发生巨变,借助不断革新的数字技术驱动产业生产技术变革与产品创新,以影响规模经济和范围经济效应推动产业效率提升。二是加强产业关联。数字经济以数字信息和技术共享为桥梁强化产业关联,驱动产业间实现合作共赢,从而优化产业生产的流程和提升产业的整体运作效率。数字经济使产业突破地域限制,在空间上"分离式"集聚,在更大的空间范围内拓展延伸产业链,以全新的产业分工模式促进区域产业协同发展,提升产业发展竞争力。三是促进产业融合。数字技术向传统产业渗透,全方位、全链条数字化改造促进产业深度融合,产业融合以加速和高溢出效应引领产业高质量发展。

3. 数字经济与企业综合能力提升

数字技术为企业提供完整可行的管理方案,有效串连企业间数字化应用,实现企业管理智能化。数字经济通过数字技术实现企业的智能化生产和科学化管理,有效降低企业的生产成本和交易成本,实现企业经济规模化。借助数据分析和技术关联性,企业能够快速识别与精准化匹配市场需求的多样化产品和服务,从而大大减少企业的研发成本和开拓市场成本。多样性的市场需求为企业的商业模式、组织关系等创新提供了生存空间,为企业提供了充足的创新动力[1]。

二 四川数字经济引领产业高质量发展的实践探索

2019 年,《国家数字经济创新发展试验区实施方案》将四川等 6 个省市纳入试验布局,赋予四川探索数字产业集聚发展模式等创新试验任务。经过两年多的实践探索,四川在数字经济引领产业高质量发展方面取得了显著成效,为全国数字经济创新发展积累了诸多经验。

---

[1] 丁志帆:《数字经济驱动经济高质量发展的机制研究:一个理论分析框架》,《现代经济探讨》2020 年第 1 期,第 85~92 页。

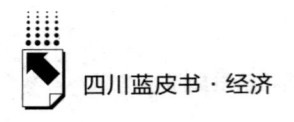

（一）以数据价值化提升产业资源配置效率

围绕国家数字经济创新试验区建设要求，四川高度关注数据这一全新的生产要素，紧抓数字技术变革背景下生产要素深化和拓展所带来的重要机遇，充分发挥数据在推动技术、资本、劳动力、土地等传统生产要素深刻变革与优化重组中的重要作用，促进数据资源整合和开放共享，以数据要素价值化赋予数字经济强大发展动力，推动四川由数据资源大省向数据价值大省转变。四川深挖数据价值，聚焦打通数字壁垒开展创新试验，积极创建全国一体化大数据中心国家枢纽节点，推动设施联通、网络畅通、平台贯通以及数据融通。四川省大数据中心汇聚整合全省政府数据、公共数据、社会数据，探索各种数据的融合创新应用和共享，不断推进大数据政策法规和技术标准体系建设，使数据要素资源形成现实的生产力，大幅提升了产业资源配置效率。2020年，成都超算中心最高运算速度达10亿亿次/秒，进入全球前十。全国一体化大数据中心的国家枢纽节点在成渝地区规划建设，"蜀信链"区块链服务基础设施以及"星河"智能卫星互联网工程有序推进，全球首颗6G试验卫星"电子科技大学号"成功发射，基于卫星大数据打造的"园区之眼"已相继落户省内20多个产业功能区和园区，四川5G应用案例数量位列全国第三。

（二）以数字产业化和产业数字化驱动产业竞争力提升

1. 数字产业集聚发展效应凸显

四川是较早对数字经济核心产业开展研究的省之一，数字经济布局早，发展态势好。2018年，四川省委十一届三次会议就做出"抢占数字经济发展制高点"的决策，提出加快构建以数字经济为牵引的"5+1"现代工业体系。2019年以来，四川大力推动数字经济核心产业发展，集聚了华为、京东、英特尔、微软等一批具有全球影响力的龙头企业，形成了集成电路、新型显示、数字视听、终端制造、软件研发和移动互联网应用等较为完整的电子信息产业链条，在提质、引强、补链、建圈等方面持续发力，集成电路、新型显示等整体规模和核心竞争力居全国前列。四川着力探索数字产业集聚发展模式，推动"芯屏端软智网"等领域全产业链集群集聚，全力打造电子信息产业集群。四川谋划建设了一批数字经济平台和数字产业工程，推动华为鲲鹏生态基地重大项目建设，建设以工业软件为特色的中国软件名园，加快建设国家"芯火"双创基地、国家网络视听产业基地、国家超高清视频产业基地、中国电科成都产业基地、京东西南智能运营结算中心。天府新区、中国·雅安大数据产业园、乐山宝德未来科技城等10个数字经济类重点园区正加快建设。目前，四川集成电路产业规模居全国第五位，网络信息安全产业规模居全国第二位。四川是中国第三大游戏产品研发和运营中心，是五大国家级软件产业基地之一，也是四大电脑生产基地之一。成都软件与信息服务业入选国家先进制造业集群，成都、绵阳、眉山已形成全国最大柔性屏生产基地。2020年，四川数字经济核心产业增加值增长10.2%。2021年前三季度，数字经济核心产业增加值占GDP的比重约为7.1%，电子信息产业实现营业收入11634.6亿元，同比增长16.5%。

2.产业数字化融合不断提速

近年来，四川大力实施数字赋能升级工程，将传统产业数字化转型作为推动产业高质量发展的关键，产业数字化取得积极进展。

一是大力推动数字农业建设。推动重要农产品产业链大数据建设，将数字化融入农业全产业链的各领域、各环节，移动互联网、智能化精准管控等信息技术在农业上得到广泛推广应用。四川以现代农业园区为依托积极推进4个国家级数字农业试点和6个省级数字农业试点。大力推动郫县豆瓣、眉山泡菜等特色食品产业数字化转型，利用大数据实现"以销定产"。加快推动川茶、川猪、川酒等优势农产品纳入数据资源整合，打造数字化生产线，带动产业链上下游协同发展。依托互联网搭建农业生产和农产品质量安全追溯智慧农业云平台，推动农副产品生产企业入网上云。

二是推动制造业数字化转型。深入开展十大千亿级传统产业数字化行动，以工业互联网改造升级为手段，推动工业化与信息化深度融合发展，促进装备制造、能源化工、食品饮料、先进材料等产业数字化升级。首个国家工业互联网标识解析白酒行业节点在四川启动上线，全省工业互联网标识解析体系正加快构建。四川围绕电子信息等重点产业领域培育了近40个省级工业互联网平台和12家数字化转型促进中心，全省数字化研发设计工具普及率达77.5%，工业云平台应用率达55.1%。长虹成功推进"5G+工业互联网"改造和平台建设，中铁盾构工程服务平台服务全国1/3的盾构机。东电集团"大型高效发电装备数字化车间"投入使用，攀钢集团、积微物联与阿里云合作建成全国首个"钢铁大脑"。四川获批创建成渝地区工业互联网一体化发展国家示范区，西门子和富士康的成都工厂先后获评全球"灯塔工厂"。根据《数字中国发展报告（2020年）》，四川省信息化总体发展水平位居全国第九，年均增速居全国第二，集成电路设计、大数据应用、网络信息安全、电商交易等跻身全国第一方阵，展现强劲发展势头。2020年，四川智能制造增速位居全国第四。

三是加快推动服务业数字化。为有效应对新冠肺炎疫情的冲击，四川推动服务业企业借助互联网、物联网、5G等新一代信息技术进行数字化转型，鼓励"中央厨房+线下配送"等新业态，发展"线上下单、无接触配送"等新模式，网上外卖、线上教育、在线诊疗、远程办公、跑腿闪送等个人和企业数字化服务竞相涌现。加快培育智慧物流、智慧工业设计等生产性服务业，持续壮大智慧旅游、智慧健康、智慧医疗、智慧养老等生活性服务业，积极推动创意设计、生态旅游、智慧社区等新型服务业发展，加快发展信息咨询、商品交易、物流配送等平台型服务业，持续推进服务业数字化创新，不断提升服务业信息化水平。同时，推动服务企业与数字技术深度融合，促进企业研发、设计、采购、生产、营销等各个环节数字化。以大数据为依托推动传统服务业向数字化、网络化、智能化方向转型，催生了诸多服务业新产业、新业态和新模式。"智游天府"平台上线运行，互联网医疗、在线教育等新业态新模式加快培育。大力发展数字经济消费新业态新模式，大力发展四川有突出优势的文旅产业，利用数字技术促进文旅产业深度融合发展。拓展信息消费服务新场景，激发夜间消费、文旅消费、健康消费数字化需求。

（三）以信息化、智能化管理提升企业综合能力

四川启动实施了网信企业上市三年行动计划，实行了数字经济创新企业梯度培育计划和"五千五百"上市行动计划。深入实施"万企上云"行动，"企业上云"累计超29万户。有序开展"中小企业数字化赋能专项行动"，推动全省173家组织机构提出了300多条具体措施以支持全省中小企业数字化转型。持续推动"上云用数赋智"行动，大力推动企业科学化生产和智能化管理，帮助企业实现"换道超车"。四川启动了省级数字化转型（包括区域型、行业型、企业型）促进中心创建工作，其中企业型数字化转型促进中心由具备数字化转型共性技术、关键技术以及数字化转型服务供给能力强的互联网企业牵头，为传统产业、细分行业及中小微企业数字化转型提供全方位技术支持、专业化培训、多元化产品以及系统集成解决方案等服务，形成了龙头企业带动产业链上下游企业协同转型、平台企业带动传统企业和中小微企业数字化转型的良好局面，缩短了中小企业转型周期，降低了转型成本，提升了转型能力，让企业走出了"不愿转""不敢转""不会转"的困境。国内第一个国资企业专属云"四川国资云"正式启动，成为国资企业协同创新推进转型发展的新平台。数据显示，四川在数字经济领域已累计培育94家国家专精特新"小巨人"企业、55家上市企业，建立起了全省数字经济领域上市后备企业资源库。在工业和信息化部公示的2021年工业互联网平台创新领航应用案例名单中，四川有6家企业入围。

三 数字经济引领四川产业高质量发展面临的制约

虽然四川数字经济引领产业高质量发展已取得了初步的成效，但与建设国家数字经济创新试验区要求还有不小的距离，与数字经济走在全国前列的省份还有一定的差距。

（一）数字产业化竞争力还有待提升

中国信息通信研究院发布的《中国数字经济发展白皮书（2021年）》

中的数据显示，我国数字经济延续蓬勃发展态势，2020年规模扩张到39.2万亿元，保持9.7%的高速增长，是同期GDP名义增速的3.2倍多，占GDP的比重为38.6%，占比同比提升2.4个百分点。数字产业化实力增强，成为经济稳增长的关键动力。2020年，我国数字产业化规模达到7.5万亿元，占数字经济的比重为19.1%，占GDP的比重为7.3%。2020年，四川数字经济规模虽然也在全国超万亿的13个省份之列，但与数字经济规模排名全国第一的广东相比差距还很大。从数字经济占GDP的比重来看，北京、上海领先全国，比重超半；广东、天津、浙江、福建、江苏、山东、湖北、重庆等省份的数字经济占GDP比重超过全国平均水平38.6%；四川数字经济占GDP的比重超过30%。从数字经济增速来看，贵州、重庆、福建增速超过15%，领跑全国，而四川增速只超过10%。工业和信息化部赛迪顾问发布的《2020中国数字经济发展指数（DEDI）》显示，2020年中国数字经济发展指数平均值为29.6，广东以65.3的指数值稳居全国第一，四川以35.6居全国第八，与第一方阵的省份有不小的差距。从数字经济基础指标来看，全国31个省份的平均值为31.3，有13个省份得分位于平均线以上，广东连续四年位居第一，四川落后于广东、北京、江苏、浙江、山东、河南，排名第七。从数字经济规模指数来看，2020年全国数字经济产业指标平均值为27.3，广东以96.9的得分蝉联榜首，江苏以70.7的得分连续两年位居全国第二，四川处于第二方阵，排名第七。可见，目前四川数字经济的规模还不大、集聚发展不够、核心竞争力还不强，将四川打造成在全国有重要影响力的数字经济发展新高地，任重道远。

（二）产业数字化整体水平还不高

近年来，我国产业数字化转型提速，融合发展向深层次演进。2020年，产业数字化规模达31.7万亿元，占数字经济比重提升至80.9%，占GDP比重为31.2%。尽管近年来四川两化融合发展水平得到了很大的提升，但产业指标、融合指标排名仍不够理想。从数字经济产业指标来看，2020年全国31个省份产业指标平均值为24.6，11个省份得分超过平均值，广东、北京、上海、江苏、浙江得分大幅领先其他省份，其得分总和与其余26个省份得分总和基本持平，其中广东得分高达96.2，持续领跑全国。四川得分为32.4，名列全国第八，与位居第一的广东差距很大。

随着数字技术逐步向三次产业渗透，我国三次产业数字经济渗透率逐年提升，2020年分别为8.9%、21%和40.7%。从数字经济融合总体水平来看，2020年全国31个省份数字经济融合指标平均值达到30.1，浙江、江苏、广东连续两年位居全国前三，四川的融合指标为33.5，排名全国第九，远低于居榜首的浙江（58.8）。

农业数字化方面：2020年全国31个省份农业数字化指标平均值为26.6，浙江（92.1）农业数字化水平远远高于全国其他省份。四川农业数字化指标排名处于全国第14位，与农业数字化拔得头筹的浙江差距很大。工业化与信息化融合方面：2020年我国"两化融合"指标平均值为32.2，全国整体发展水平比较均衡，近半数省份得分高于平均值。江苏（48.3）、福建、广东、安徽、浙江五省位居第一梯队，引领我国工业数字化发展。四川居第11位，与工业数字化水平最高的江苏还有一定的差距。服务业数字化方面：2020年，广东、浙江、江苏、山东、北京、上海6个省（市）大幅领先其他地区，四川排名全国第八，与服务业数字化名列全国第一的广东差距很大。可见，四川产业数字化整体水平还不高，数字技术与产业融合发展程度还不深，传统产业数字化转型动力仍不足。其原因有三点。一是农业信息化水平不高。四川农业大数据平台建设较为滞后，各类涉农数据信息的采集、整理和集成利用水平还较低，农业信息数字管理平台缺乏统一的标准和规范体系，导致农业信息资源共享存在技术障碍。农业信息化专业研究机构不多、农业信息化企业少、农业信息技术人才匮乏，制约了农业信息技术的开发和推广应用。二是"两化"融合整体水平不高。四川企业数字化应用普及程度不高，企业"两化"融合动力不足，行业之间发展不均衡，数字化转型服务供给不足，"两化"融合集成水平与创新能力需进一步提高。三是服务业数字化水平仍需提升。由于新型基础设施还不完善，服务业与消费者之间还存在巨大的供需错配。生活服务业数字化转型中消费增长点的培

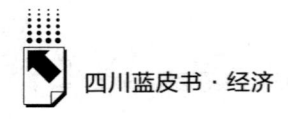

育壮大与消费潜力释放有很大的空间。个体工商户或小微生活服务业企业数字化改造能力不足，服务业数字化在社区养老、企业改造、新兴业态等层面的应用存在短板，这些问题都制约着服务业数字化水平的提高。

（三）数字经济龙头企业少且带动作用不足

从全国各省份的情况来看，数字经济企业资源分布不均。2020年，31个省份数字经济产业主体指标平均值为21.4，有10个省份高于平均值，北京、广东、上海三地以高于80的得分大幅领先其他地区；四川排名第九，处于全国第二方阵。四川数字经济企业总量不多，尤其是龙头企业数量少，且带动力不足。从企业数量来看，2021年四川有14家企业入围中国企业500强，但无论是数量还是排名与发达省份相比都有很大的差距，且涉及数字经济的企业数量很少。2021年，四川省经济和信息化厅等四家单位联合发布了2020年四川数字经济企业50强，长虹以1300多亿元营收荣居榜首，泸州老窖、中石化西南公司紧随其后，营收分别为500多亿元和400多亿元。但四川数字经济企业50强中，营收千亿元以上企业仅1家，300亿元以上企业4家、超过百亿元的企业有11家。2021年11月，中国电子信息行业联合会发布了2021年度电子信息竞争力百强企业名单，从地区分布来看，北京36家、广东24家（其中深圳22家），两地共60家，是名副其实的中国数字信息产业创新高地，江苏和浙江也超过10家，而四川只有长虹和九洲2家企业上榜。2021年中国互联网企业百强榜单中，北京上榜企业34家，居全国第一；上海、广东紧随其后（分别为16家、15家）；浙江、福建、江苏各有7家；而四川只有鹏博士电信传媒1家企业入围。可见，四川数字经济领域缺乏龙头企业，已有的龙头企业的带动作用还没充分发挥出来，与实现"换道超车"的客观需要不相适应。

四 四川数字经济引领产业高质量发展的路径选择

作为人口大省、经济大省和消费大省，作为中西部规模最大、孵化能力和服务水平全国一流的数字经济创新创业载体群落，四川数字经济发展的产业优势、资源优势、科教优势和人才优势突出，有着巨大的发展潜力和前景。四川应紧抓成渝地区双城经济圈建设等重大机遇，大力实施《国家数字经济创新发展试验区（四川）建设工作方案》，深入探索试验，激发数字动力，深化数字赋能，实现数字创新，提升数字产业化能级和产业数字化水平，为四川产业高质量发展提供强力支撑，打造领跑西部、领先全国的数字经济发展新高地。

（一）激发数字动力

应按照四川电子信息产业"1234"工程要求，大力推进数字产业化发展，加快构建现代电子信息产业体系，实现产业链高端突破，推动数字产业成链集群，通过数字产业化来形成新模式、新业态、新动能，努力培育新的经济增长点。

一是做强数字经济核心产业。按照打造中国"存储谷"的部署安排，着力补短板、强链条，培育壮大"芯屏端软智网"全产业链，推动集成电路、新型显示、软件等核心基础产业突破发展，产业整体实力提升。聚焦"一芯一屏"打造中西部地区最大、领先全国的集成电路产业基地，聚焦柔性显示和透明显示打造国际一流、国内最大的新型显示产业基地，聚焦软件产品、软件服务和嵌入式系统打造世界知名、国内一流的软件和信息服务业基地，聚焦北斗、网络安全、量子通信等打造中西部领先、国内一流的国家级信息安全产业基地。推动5G、人工智能、区块链、云计算等新兴产业加快发展，培育人工智能重点产业、特色产品和龙头企业，打造人工智能产业创新高地。加强超高清产业整体布局，打造国家超高清视听创新基地，争创国家超高清视频产业基地。充分发挥四川自然资源、民族资源和文化资源优势，大力发展数字文创产业，建设全国重要的数字文创中心。

二是推动数字产业集聚发展。聚焦集成电路与新型显示、新一代网络技术、大数据、软件与信息服务四大重点领域引进和培育上下游企业，塑造产品智造全产业链，打造"产品+应用"产业集群，构建"产品+应用+服务"产业生态，推动电子信息产业链现代化，打造具有全国竞争力的数字产业集群。加快建设成渝地区大数据产业基地，加快建设"成德绵眉泸雅"大数据产业集聚区、天府新区人工智能产业聚集区和智能制造产业园。借鉴数字经济发展先进省份经验，探索数字经济地区分工与合作，创建数字产业特色园区、特色小镇。

（二）深化数字赋能

加快传统产业的数字化改造，深化产业全过程、全链条的数字化应用，培育数字驱动的产业新模式新业态，以产业数字化为重点，塑造数字经济新优势。

一是推进农业数字化转型。探索农业的数字化需求空间，建设四川数字"三农"大数据信息平台，将大数据、物联网等信息技术创新应用于农业生产和农产品销售环节，推进农业大数据开放共享，着力打造科技农业、智慧农业，使数字经济成为乡村振兴的新引擎。开展全省数字农业示范工程建设，打造"川字号"农产品网上展示平台。

二是推进工业数字化改造。加快新一代信息技术与制造业融合发展，打造两化融合升级版，促进数字化赋能四川千行百业。深化工业大数据创新应用，在产品周期、产业链等方面形成工业大数据应用新模式。持续实行"万家企业上云"行动，促进企业生产管理关键环节数字化智能化升级。深入实施工业互联网创新发展战略，加快建设国家工业互联网标识解析（成都）节点，支持龙头企业建设具有四川特色的工业互联网平台，打造成渝一体化工业互联网示范区。推动航空航天、电子信息、装备制造、汽车制造等重点领域开展"互联网+协同制造"试点示范，推动其智能化升级和绿色化转型。

三是推进服务业数字化升级。深度挖掘服务业的数字化发展潜力，支持生产性服务业企业打造智慧物流和智慧供应链等场景。促进数字技术与生活性服务业深度融合，打造线下线上相结合的食品、农产品、文旅等电商供应链平台，开启智能餐饮、智能零售、智能家政等数字化服务新场景，培育共享经济、平台经济等新模式新业态。完善"智游天府"文旅公共服务平台，在全省规划建设一批文化和旅游数字经济产业园，提高旅游数字化管理、精准营销和服务智能化水平。加速释放展现出强大活力和韧性的数字消费新业态新模式，如在线生鲜购物、在线教育、互联网医疗、直播带货等，为产业高质量发展蓄积动能。创造夜间消费、文旅消费、健康消费等数字化新需求，开发"5G+4K+VR"、智慧家庭等数字化新产品，培育直播带货和社区电商等数字化新模式。加快发展跨境电子商务，推动四川产品和服务"走出去"。

（三）推动数字创新

持续推动数据要素、数字技术、数字产出、数字主体等创新。

一是激活数字新要素。进一步夯实数字经济基础支撑，以畅通的信息、精准的计算、无缝的链接、有效的沟通研发新产品、改进生产工序、变革企业组织模式、创建和改变商业模式。加快推进数据价值化，强化数据资源开发领域关键技术攻关，积极推进大数据在产业领域的创新和应用，发挥数据要素的乘数效应。

二是打造数字新载体。支持工业云制造（四川）创新中心、工业信息安全创新中心、工业大数据创新中心、企业技术中心等创新平台联合攻关，突破关键数字核心技术，为加快数字产业化提供原动力。加快建设成渝地区大数据产业基地，布局建设四川云计算中心，建成并运营成都超级计算中心。打造人工智能产业创新高地，支持成都市建设国家新一代人工智能创新发展试验区，加快建设天府新区人工智能产业集聚区，加快建设区块链产业创新中心。

三是创新数字新产出。加快推进产业创新能力建设，包括生产流程创新、产品创新、组织创新和商业模式创新。

四是培育数字新主体。引进和培育数字经济创新主体，打造一批数字经济的领军型企业和服务型企业，支持更多数字经济领域企业上市。实施数字经济"领军企业行动"，培育数字高成长创新型企业和产业生态主导型企业，充分发挥数字经济龙头企业的示范、引领和带动作用。

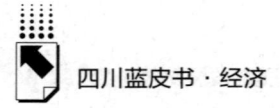

五是打造数字新生态。推动数字经济领域市场准入、行业秩序、贸易交易等创新改革，构建与数字经济发展相适应的政策体系和制度环境。为数字经济领域重点项目提供土地、电价等要素支持。利用省级信息化建设、工业转型升级等专项资金支持数字经济领域重点项目建设。同时积极争取国家重大专项资金的支持。鼓励金融机构开发信息科技融资担保、知识产权质押融资等产品和服务，探索发行专项债券支持数字经济发展。研究制定数据管理、确权交易等方面的法规制度和特色地方标准，畅通数据交易流动渠道，实现数据要素市场化配置，合理分配数据要素收益。

B.20
"双碳"目标下四川省制造业绿色低碳高质量发展研究[*]

王磊[**]

摘 要： 新时期，加快绿色低碳转型，助推实现"双碳"目标，是四川省制造业发展的内在需要，尽管面临众多挑战，但也有良好的产业基础和资源保障。因此，加大结构调整力度，大力发展清洁能源、绿色低碳及战略性新兴产业，全面优化能源生产及消费结构，推动节能降耗减碳，就成为全省制造业发展的必然选择。

关键词： 四川制造业 节能降耗 绿色低碳

力争到2030年前实现碳达峰、2060年前实现碳中和是我国为应对全球气候变化的必然选择，也是我国经济社会高质量发展的内在需要。特别是作为我国经济重要支柱也是碳排放主要来源的制造业，必须在实现"双碳"目标过程中承担更多的责任。四川省作为我国中西部的制造业大省，一方面在清洁能源生产和节能减排等技术领域具有一定优势，另一方面整体实力与先进省市还有较大差距，仍需不断扩大规模、增强竞争力、提升发展质量。因此，探寻一条合理有效的路径，既尽快增强产业整体实力，又有序实现双碳目标就成为全省制造业发展面临的重要任务。

---

[*] 基金项目：四川省社会科学"十三五"规划2019年度项目"西部国家级高新区构建现代产业体系实现高质量发展研究"（SC19B095）。

[**] 王磊，四川省社会科学院产业经济研究所副研究员，主要研究方向为产业经济学。

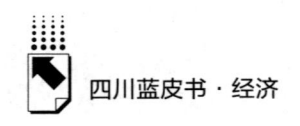

一 四川省制造业及其碳排放现状

工业制造业始终是我国国民经济的主体和拉动经济增长的主导力量，同时也是资源和能源消耗以及碳排放的主要产业，其能源消耗和碳排放量约占全国能源消耗以及碳排放总量的1/3左右。随着制造强国战略的深入实施，我国碳排放还有进一步增加的趋势。四川是我国中西部地区的工业及制造业大省，同全国一样，制造业在推动四川经济高质量发展和实现"双碳"目标中承担着更多的责任。

（一）四川省工业制造业发展现状分析

改革开放以来，特别是自2004年提出并开始实施工业强省战略后，四川省工业发展迅速，逐步形成了涵盖41个大类行业190个中类行业497个小类行业的工业体系。"十三五"以来，四川依据国内外工业发展新趋势，聚焦新一轮科技革命和产业变革，全面落实工业强省战略，提出"工业挑大梁，制造业扛大旗"的发展思路，通过积极承接产业转移、鼓励自主创新创业、吸引和聚集优势企业，加快构建以电子信息、装备制造、食品饮料、先进材料、能源化工等五大优势产业以及数字经济为主的现代工业体系。并依据各市州工业发展基础，提出"一干多支、五区协同"的空间布局发展新战略，按照突出特色、集群集聚的要求，重点打造集成电路与新型显示、轨道交通、航空与燃机和新能源等16个特色产业集群。四川工业经济特别是制造业发展迅速，2020年全省工业增加值达13428.7亿元，排名全国第九，占全省GDP的27.6%，对GDP增长的贡献率达36.3%。产业结构和布局不断优化，五大支柱产业实现营业收入3.68万亿元，其中电子信息和食品饮料产业营业收入接近或超过1万亿元。五大经济区工业特色更加突出，协同发展水平持续提升，创新能力不断增强，全省规模以上工业企业研发投入强度达到1%左右。新时代，全省将坚持以供给侧结构性改革为主线，加快成渝地区双城经济圈制造业协同发展和绿色低碳优势产业高质量发展，促进工业经济平稳运行和核心竞争力稳步提升，进一步加快制造强省建设步伐。

（二）四川省能源消耗结构及总量状况

四川作为我国的经济和人口大省，同样也是能源生产和消费大省，特别是在能源生产和消费方面具有明显的自身特色。改革开放以来，四川省能源生产能力持续提升，主要能源产品种类和产量不断增加，消费结构持续优化，基础保障和供给能力极大增强。2020年，全省产煤2240.3万吨，发电4182.3亿千瓦时，生产天然气463.4亿立方米，生产原油7.9万吨，加工原油955.1万吨[①]。能源生产结构不断优化，在一次能源生产结构中，天然气和水电等清洁能源占比不断提高，2020年分别占全省一次能源产量比重的30.2%和61.2%，原煤占比则降为8.5%。风力发电、太阳能发电、垃圾焚烧发电、生物质能发电、页岩气、煤层气、生物柴油等7种新能源产量较快增长。2020年，全省规上工业风力发电量85.3亿千瓦时，垃圾焚烧发电量30.8亿千瓦时，太阳能发电量22亿千瓦时，生物质发电量12.8亿千瓦时，页岩气产量112亿立方米。能源消费总量保持合理增长，结构持续优化。2020年，四川能源消费总量为21185.9万吨标准煤。天然气和一次电力等清洁能源消费占比增长较快，2020年分别为16.5%和38.9%，煤炭则下降为27%，能源消费结构持续向低碳清洁方向发展。节能降耗取得明显成效，"十三五"期间全省单位GDP能耗下降17.4%[②]。

（三）四川省制造业低碳绿色发展及碳排放状况

进入新时代，四川省工业特别是制造业正处于加快转型升级，从传统生产

[①] 四川省统计局：《建党百年，数说四川，四川经济社会发展系列报告：能源发展成就辉煌 节能降耗成效显著》，http：//tjj. sc. gov. cn/scstjj/c105849/common_ list_ 2. shtml，2021年7月13日。

[②] 四川省统计局：《建党百年，数说四川，四川经济社会发展系列报告：能源发展成就辉煌 节能降耗成效显著》，http：//tjj. sc. gov. cn/scstjj/c105849/common_ list_ 2. shtml，2021年7月13日。

模式向数字化、信息化、网络化、智能化方向发展的新阶段。特别是我国制定"双碳"目标后，低碳绿色、清洁生产及节能降耗就成为全省工业及制造业高质量发展的必然选择。工业企业在降本增效的同时降低碳排放，实现清洁高效生产及可持续发展，就成为生存发展的关键。因此，近年来四川省工业企业持续加大节能降耗力度，单位产出能源消耗和碳排放持续下降。"十三五"期间，全省规模以上工业单位增加值能耗累计下降26.8%，远高于单位GDP能耗累计17.4%的降幅，单位工业增加值能耗的下降大幅拉低了全省单位GDP能耗，工业节能对全社会节能推动作用明显。能源加工转换效率普遍提升，2007～2020年，全省规模以上工业企业能源加工转换效率总体提高了10.4%。能源回收利用水平明显提高，2020年，全省规模以上工业企业能源回收利用率达4.6%，重点行业的能源回收利用水平进一步提高，余热、余压及放散气等能量回收利用成效显著[1]。工业制造业电气化水平明显提高，近年来，全省通过企业用煤改用电、用气，大力减少直燃煤，减少碳排放，已基本形成了以清洁能源为主导的能源生产和消费结构。2020年，四川清洁能源消费占能源消费总量的54.5%，较全国平均水平高30.2个百分点，其中非化石能源消费占比达38%[2]，已初步建成了多维度、全覆盖的工业制造业低碳发展体系。

二 四川省制造业低碳绿色发展实现"双碳"目标面临的形势

四川正步入全面绿色发展的新阶段，实现碳达峰、碳中和是一场广泛而深刻的经济社会系统性变革，对全省工业经济和制造业发展也提出了更高的要求，既赋予了全新的使命，也带来了前所未有的机遇和挑战。

---

[1] 四川省统计局：《建党百年，数说四川，四川经济社会发展系列报告：能源发展成就辉煌 节能降耗成效显著》，http://tjj.sc.gov.cn/scstjj/c105849/common_list_2.shtml，2021年7月13日。

[2] 能源发展网：《能源地方｜四川省发改委梁武湖："十四五"全省清洁能源占比将达88%，水风光装机发电量保持全国第一》，https://m.thepaper.cn/baijiahao_15579773，2021年11月26日。

（一）国家和省市的高度重视和支持

2020年9月我国宣布分步实现"双碳"目标后，国家就先后出台了《关于完整准确全面贯彻新发展理念做好碳达峰碳中和工作的意见》、《2030年前碳达峰行动方案》等政策文件，对逐步实现碳达峰、碳中和目标进行了全面部署，明确了发展路径和政策保障，特别是对工业转型升级、制造业低碳绿色发展和节能降耗等提出了明确要求。随后工信部、国家发改委等相关主管部门又先后出台了《"十四五"工业绿色发展规划》《关于加强产融合作推动工业绿色发展的指导意见》《关于振作工业经济运行推动工业高质量发展的实施方案》《"十四五"循环经济发展规划》等政策文件，进一步明确了工业制造业高质量发展的目标、重点任务和保障措施等。四川省依据国家全新的发展战略结合自身实际也出台了《中共四川省委关于以实现碳达峰碳中和目标为引领推动绿色低碳优势产业高质量发展的决定》《四川省"十四五"制造业高质量发展规划》《培育壮大清洁能源产业方案》等政策文件，全力支持工业及制造业低碳绿色转型，为在"双碳"目标背景下实现高质量发展提供了有利的政策支持和保障。

（二）良好的产业条件为低碳绿色转型打下了坚实基础

丰富的清洁能源资源和良好的制造业产业基础，为四川低碳绿色转型及高质量发展，助推实现双碳目标提供了坚实基础。工业和制造业低碳绿色发展，最主要的途径就是大力发展新能源，加快能源和产业结构调整，优化能源生产及消费结构，实现节能降耗。而四川在清洁能源和节能降耗技术领域拥有的独特优势，为制造业低碳绿色发展提供了优越的条件。全省清洁能源储量丰富，天然气资源量居全国第一、水力资源技术可开发量居全国第二、风能和太阳能可开发资源分别超过1800万千瓦和8500万千瓦，资源量排名全国第七位。2020年底，全省天然气探明储量和年产量分别为5.18万亿立方米和432亿立方米，分别占全国的27.4%、22.9%；水电装机容量达

8082万千瓦、年发电量3514亿千瓦时，位居全国前列[①]。依托这些优势资源，四川积极发展节能环保、清洁能源及相关产业，水电、天然气、新能源装备、晶硅光伏、动力电池、储能和新材料、多元协调储能体系、智能电网、清洁能源输电体系等产业已形成一定规模，聚集效应明显。四川清洁低碳安全高效的能源体系初步形成，已成为全国清洁能源生产第一大省。全省工业及制造业经过多年发展，整体实力，特别是电子信息、食品饮料、装备制造、先进材料、战略性新兴产业等优势产业综合竞争力不断增强，单位产出能源消耗不断下降，为在新时代加快转型升级、发展绿色低碳优势产业、助推实现碳达峰碳中和目标提供了有力支撑。

（三）存在的问题和面临的挑战

近年来，四川省工业及制造业发展成效显著，已成为全省经济发展的主导力量，但整体看，与中东部的先进省市相比还有一定差距。2020年，全省工业增加值为1.34万亿元，占全国的比重仅为4.3%，在各省区市中排名第九，低于四川GDP在全国第六位的排名。[②] 并且受疫情等影响，全省工业增速有所放缓，2021年1~11月，全省规模以上工业增速仅排在全国各省区市第13位，若此趋势延续将非常不利于全省工业整体实力的进一步提升。尽管四川清洁能源资源丰富，但整体开发水平还不高，缺少大型清洁能源生产龙头企业的引领，一些事关新能源产业发展的关键核心技术还没掌握，部分清洁能源开发成本也有待降低，推广和应用等亟待加强。从全省工业结构来看，重化工业比重仍较高，传统的冶金、有色、建材等高耗能产业规模仍较大，轻工业发展明显不足，给节能降耗带来较大压力。同时，全省制造业发展面临的国内外竞争压力持续加大，市场和技术

[①] 能源发展网：《能源地方丨四川省发改委梁武湖："十四五"全省清洁能源占比将达88%，水风光装机发电量保持全国第一》，https：//m. thepaper. cn/baijiahao_ 15579773，2021年11月26日。

[②] 四川省统计局：《建党百年，数说四川，四川经济社会发展系列报告：工业绘就高质量发展瑰丽画卷》，http：//tjj. sc. gov. cn/scstjj/c105849/common_ list_ 2. shtml，2021年7月21日。

变化不断加快，人力资源、原材料等关键要素价格大幅提升，都给其在加大节能降耗力度、实现低碳绿色转型的同时全面提升发展速度和质量带来了较大挑战。

三 四川省制造业实现"双碳"目标的基本思路及对策措施

围绕助推实现"双碳"目标，加快全省制造业结构调整，大力发展清洁能源、绿色低碳产业和战略性新兴产业，逐步淘汰落后高耗能产业。加大节能降耗减排力度，构建绿色低碳技术以及清洁生产、绿色制造支撑体系，全面优化能源生产和消费结构，推进工业制造业向产业链及价值链高端方向演进，逐步实现能源消费低碳化、资源利用循环化、生产过程清洁化、产品供给绿色化、生产过程数字化及智能化，逐步形成绿色、低碳、循环、高效的发展体系。

（一）加快发展清洁能源产业

构建清洁低碳安全高效的能源供给体系。依托四川省丰富的天然气、水电、风电、太阳能等资源优势，因地制宜，有序开发水电，推进三江水电基地建设；大力发展风电、太阳能发电，前瞻布局地热、生物质能、氢能等新型可再生能源，加快培育清洁能源产业新模式新业态，建设清洁能源开发利用、能源装备制造、能源输配体系完整的产业链。推动新型低碳能源加快替换传统能源，逐步减少化石燃料使用，全面提升全省清洁能源装机占比和非化石能源消费比重。深化能源行业能效提升改造，提高能源生产效率，构建现代化能源互联网，建设水风光多能互补一体化基地，打造全国最大的水风光一体化可再生能源综合开发基地，提升优质清洁能源基地和国家清洁能源示范省建设水平。加强与周边省区市进行清洁能源区域合作，协调推动成渝地区能源一体化高质量发展。

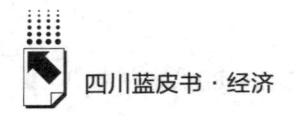

（二）调整优化制造业结构，构建绿色低碳产业体系

推动制造业绿色低碳转型。围绕提升"5+1"现代产业体系能级，推动装备制造、食品饮料、电子信息等重点产业绿色低碳发展，加大冶金、机械、建材等传统产业改造提升力度，培育发展战略性新兴产业，逐步淘汰落后高耗能产业，坚决遏制两高产业发展。引导社会资本和资源向清洁绿色、节能环保、零碳、负碳技术等产业聚集；推进低碳技术、绿色材料创新研发，以及节能环保装备制造业发展，尽快形成高质高端、绿色低碳的制造业体系，全面提升能源利用效率，优化用能结构，全方位多角度降低碳排放。积极推广清洁生产、绿色制造，推动制造业企业生产模式绿色转型，实现全产业链绿色低碳发展，大幅降低全省单位工业增加值能耗及碳排放水平。

（三）提高制造业企业绿色低碳发展能力

落实企业主体责任，增强企业绿色低碳发展和竞争意识，围绕节能降耗减碳，采用先进用能技术设备，加快生产工艺的清洁、低碳化改造，提高电气化应用水平，减少化石能源使用，优化用能结构。对重点制造业企业开展节能减碳诊断，推动能源系统节能改造、电机系统能效提升、余热余压综合利用等提高企业能源利用效率。鼓励企业开展碳中和技术开发和应用，以技术工艺革新、生产流程再造，提高企业绿色产品设计、研发、生产和销售能力。推行产品"碳足迹"认证，着力打造绿色供应链，建设绿色工厂，加快培育一批领军示范企业，引导带动全省制造业企业绿色低碳发展。推动工业园区发展低碳绿色循环经济，积极利用余热余压资源，推行热电联产、分布式能源及光伏储能一体化系统应用，推动能源梯级利用，建设一批绿色园区、绿色产业示范基地和零碳经济发展示范园区。

B.21 四川利用清洁能源发展低碳产业研究

杜雪锋*

摘　要： 绿色低碳发展已是四川现代化建设总体发展战略定位中重点明确的目标。四川的能源结构以清洁能源为主，并且有良好的工业基础和人力资源优势，目前没有将良好的资源优势转化为经济优势。结合四川省经济发展的实际情况，应加快制定发展规划或实施方案，坚持推进能源供给侧结构性改革，坚定不移走绿色低碳之路，打造清洁能源低碳产业集群，建立健全清洁能源市场。

关键词： 清洁能源　低碳产业　四川

四川的能源供应以清洁能源为主，以清洁能源发展产业是降碳的有效途径之一。因此加快四川省光电、风电等清洁能源的建设发展，重点培育行业龙头，引导绿色低碳产业在四川集群发展，对促进全省经济社会向绿色低碳转型和为全国节能降碳工作做出贡献具有重要意义。

一　研究背景

我国力争2030年前实现碳达峰，2060年前实现碳中和，这是以习近平同志为核心的党中央做出的重大战略决策。国务院发布的《2030年前碳达

---

* 杜雪锋，管理学博士，经济学博士后，四川省社会科学院产业经济研究所副研究员，主要研究方向为资本市场与公司金融、产业经济与企业经济。

峰行动方案》以及国家发改委发布的《完善能源消费强度和总量双控制度方案》等都紧紧围绕我国实现碳达峰碳中和目标，进一步明确要坚决遏制高耗能、高排放项目盲目发展，并且将"能耗双控"作为落实生态文明建设要求、促进节能降耗、推动高质量发展的重要制度性安排。四川作为全国清洁能源大省，水电资源丰厚，风电和光伏发电潜力巨大，也具有扩大清洁能源替代、承接产业转移和加快发展绿色低碳产业的基础。在新的形势下，如何紧紧围绕实现碳达峰碳中和目标贡献四川力量，如何将现阶段的挑战转化为新的发展机遇，如何更有效利用清洁能源发展绿色低碳产业都需要进行深入的研究和分析。

二 四川利用清洁能源发展绿色低碳产业的现实基础

（一）利用清洁能源发展绿色低碳产业有保障

四川的能源结构以清洁能源为主，由水电、光电和风电构成，其中水电是全省能源供给主体。2020年水电装机占全省发电总装机容量的78.1%，占全国的21.3%；发电量占全省发电量的89%，占全国的26.1%。水电外送规模占到发电量的四成以上，在此情况下，年均弃水量也达到百亿度电量。因此四川目前的水电供给已经远大于用电需求。风电规模小于全国平均水平，消纳水平高于全国平均水平，基本不存在弃风现象。全省风电装机除凉山、攀枝花较为集中之外，其他区域只有零星分布。从利用率和可开发容量看，四川风电供需基本达到平衡，可开发规模和范围可进一步扩大。光伏发电规模较小，发展潜力巨大。四川光伏发电规模远小于全国平均水平，且装机容量增长缓慢，年发电量不足全省总发电量的1%，还有巨大的提升空间。

（二）利用清洁能源发展绿色低碳产业有基础

四川水电等清洁能源资源丰富，但资源利用不足、转化效率低的问题始终未得到根本性解决，清洁能源资源优势转化为经济优势的潜力亟待开发。全省产业发展也有一定基础：从用电量看，钢铁、水泥、电解铝、化工、电子信息占全省电力消费总量的1/3；从产业体系看，有序向绿色、低排放发展，大数据、新材料、新型电池、多晶硅等清洁能源产业建设已见成效。目前，全国已经开始降碳工作，但四川许多市州还处在工业化中期阶段，钢铁、化工、建材等行业依旧是地方财力的支撑，应注重培育和引进绿色低碳行业龙头企业，对目前的本地载能企业进行兼并重组，鼓励做大做强，打牢发展基础。

（三）利用清洁能源发展绿色低碳产业有优势

西部地区许多省区市也有大量的清洁能源，但四川有良好的工业产业发展基础和充足的人力资源等配套优势。清洁能源供应充足、企业用工有保证、上下游产业链配套等对发展清洁能源附属设施、新能源汽车等产业有独特优势。云计算、大数据等产业发展对区位的选择没有太高要求，四川省已将大数据等产业布局到清洁能源富集区用于四川省的水电消纳试点，已有相应的园区能接纳相关产业入驻。如将类似产业布局到使用非清洁能源地区对节能降耗工作就是巨大挑战，布局在清洁能源富集区就蕴藏极大的发展空间。

三 适合利用清洁能源发展的低碳产业

利用清洁能源发展低碳产业，四川具有独特优势资源、具有雄厚的产业基础、具有强大的科技支撑和具有广阔的市场前景，符合"双循环"新发展格局、符合"双碳"发展目标、符合国家产业政策导向以及符合四川高质量发展需求。为减少工业生产污染排放，应推动化工、钢铁、建材等产业扩大清洁能源应用，对于必须使用非清洁能源的生产行业，应加快推进原燃料结构优化以及废弃资源回收利用。不断推动清洁能源在相关产业中的应用与发展，逐步减少碳排放和污染排放。

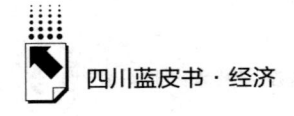

（一）绿色家居产业

为解决传统建材高污染高排放问题，可推动以天然竹粉、木粉、高分子材料等替代原有材料进行生产，并采用清洁能源为生产过程供能，一方面可以降低成本，另一方面可以减少生产过程中碳排放和甲醛、重金属等污染物的排放。依托于四川省完备的家居产业集群，发展智能家居产业能够促进四川省水电、光电等清洁能源的合理利用。

（二）电动汽车产业

大力推动电动汽车全产业链发展，提高带动上游矿产资源的应用、中游零部件的制造、下游整车厂车企的入驻与发展。全范围推动充电桩建设，对接水电、光电等清洁能源，减少对石油等化石资源的依赖，减少排放。

（三）云计算和数据中心产业

依托四川的清洁能源发展云计算和数据中心产业，能够推动市场规模扩大，促进数据中心行业绿色发展，推动数字经济发展。

（四）储能产业

以机械类储能、电气类储能、电化学储能、热储能等储能技术为依托打造储能产业链，连通储能系统的集成与安装，实现能源资产与能源商品属性的自由转化，提高清洁能源利用效率，减少"弃水""弃风"情况的发生。

（五）绿氢产业

绿氢是氢能产业未来的重点发展方向，电解水制氢具有绿色环保、生产灵活、纯度高等特点，在生产过程中能够做到零排放。依靠水电、光伏发电制氢能够实现生产过程零碳排放，同时能够降低成本，实现对清洁能源的有效利用，提高四川清洁能源的利用率，丰富产业种类。

四 利用清洁能源发展低碳产业的思路

绿色低碳产业是符合"创新、协调、绿色、开放、共享"的新发展理念与高质量发展要求的产业,包括大量使用水、风、光等清洁能源的传统产业和新兴的大数据中心、电子级多晶硅、储能产业等。四川省是全国最大的清洁能源制造基地,发电量和水电装机容量排名全国第一,形成了以清洁能源为主体的能源供给结构,应加快将清洁能源优势转化为经济优势。

为积极落实国家碳达峰碳中和工作安排部署,全国许多省市已经开始实施限产、限电等措施,导致相关产业上下游产品已经开始停产或减产,产品或原料开始不同程度地涨价。在此环境下,四川省须利用好清洁能源优势,通过技改与创新,布局一批低碳产业来发展新能源项目,持续推进能源供给侧改革,引导企业大力调整用能结构,处理好碳达峰碳中和与经济社会发展的关系。在此基础上,引导相关产业改进能源使用结构,降低碳和污染物排放,加快传统高载能产业高端化、智能化、绿色化转型,引进一批龙头型和带动力强的绿色低碳产业非常必要。

四川应充分依托清洁能源优势,对100%利用清洁能源发展的项目进行授牌或贴标,优先发展通信与电子信息、云计算、大数据等具备较强电力消纳能力和符合产业政策导向的特色产业。如全国云计算、大数据行业每年耗电在1000亿度以上,全国许多地区能源供应还是以煤电为主,虽然有电价优势但碳排放不能得到有效控制,相当于用非环保的能源发展环保产业。另外光伏发电和风电等清洁能源的设备制造也存在用非清洁能源发展清洁能源相关设备情况,所以四川省应出台相应政策大力利用清洁能源引导相关产业聚集发展,形成"水风光储用"一体化发展;还要利用好清洁能源优势打造清洁能源产业集群,大力发展可再生能源和清洁能源,统筹推动产业结构升级。

四川是我国钢铁大省之一,具备3000万吨左右的产能。从全国看,钢铁行业是碳排放大户,占全国碳排放总量的15%以上;从全球看,我国钢铁行业碳排放量占全球钢铁碳排放总量的60%以上，钢铁行业肯定是下一步减排降耗的重点。因此，四川省钢铁产业是利用清洁能源的重要领域，应加强优化能源结构、优化原料结构和优化工艺结构，更多地鼓励电炉钢发展，通过技术改造和创新引导，争取为全国的钢铁行业利用清洁能源做出示范。

另外四川省也是水泥大省，2020年产量达到了14496万吨，须引导水泥行业向低碳转型。支持水泥企业与余热发电、风力发电、光伏发电和垃圾发电等多种清洁能源供应企业一体化发展。还需要积极发展和引进一批清洁能源产业链，如新能源发电的成套装备、关联设备，从钒电池、锂电池、光伏发电、风力发电和水力发电等装备着手，全面支持发展清洁能源生态圈，并发展低碳循环经济，建立废旧电池、光伏电池板、退役发电设备等回收产业链。另外还需加大力度推动新能源及储能产业、高端装备制造产业、新一代信息技术产业、节能环保产业等融合发展，促使这些产业快速升级，形成更大的产业规模，拓展出更广阔的市场。

最终依托四川省水电等清洁能源优势，以电能替代为抓手，积极引导农业生产、工业生产、交通运输等领域"以电代油""以电代煤"，加大电能在终端能源消费中的比重，加快绿电发展、零碳电网打造，建设零碳产业园区，降低大气污染物排放，从而把资源优势转化为经济优势。

五 利用清洁能源发展低碳产业的建议

（一）加快制定发展规划或实施方案

对现有国家和四川省关于"双碳"的相关政策文件、清洁能源产业发展和绿色低碳产业发展的文件进行梳理，制定发展规划和实施方案，将其作为四川省发展低碳产业的主要抓手，明确利用清洁能源发展低碳产业的思路和方法，加快特色产业链的构建和布局，指导产业生态的培育和政策制定，立足重点发展领域与重大技术突破，以规划和实施方案指导四川特色产业发展。

（二）坚持推进能源供给侧结构性改革

四川要以清洁能源作为产业支撑，从源头与消纳两端促进四川省清洁能源产业发展，把清洁能源优势转化为发展优势和产业优势。第一方面，优化能源结构，加快能源领域关键核心技术和装备攻关，强化绿色低碳前沿技术研发，提高能源生产利用效率，优先发展高效低碳的可再生能源技术，实现清洁能源有序、环保开发，构建以清洁能源为主体，其他绿色能源为补充的多元能源供应和保障体系，提升能源安全稳定供给能力。第二方面，大力推动清洁能源产业迈向高端，围绕清洁能源开展核心技术攻关，尤其是在光伏、风电、储能、水电、氢能等清洁能源领域的技术创新。第三方面，聚焦清洁能源产业与信息和通信技术的深度融合，推动清洁能源装备与先进电网技术创新，构建新一代智能灵活、协同发展的智慧电力系统。

（三）坚定不移走绿色低碳之路，打造清洁能源低碳产业集群

在光伏、风电、水电、储能等清洁能源领域，创新将为清洁能源提供源源不断的发展新动力。围绕清洁能源利用，挖掘清洁能源发展新业态、新经济、新模式，以创新和改革激发新的动力。"互联网＋"、大数据、人工智能等领域将成为清洁能源应用的重要先行区。打造清洁能源产业集群，立足四川本地能源优势，以"新能源＋"的模式引进发展区块链、大数据等绿色载能产业，使本地新能源能够就地转化，积极支持产业升级发展，部署数据中心、电子商务等数字产业链。培育引进"渔光""农光""牧光"等融合发展模式，促进新型渔业、农业、牧业等产业发展壮大。打造零碳电网，建设零碳产业园，培育引进发展绿色低碳的高科技耗电产业，发展新能源汽车装备制造、充换电相结合的新能源汽车产业生态链等，把四川省建设成为全国重要的清洁载能产业基地。继续拓展电能替代深度和广度，打造电能替代示范工程，引导能源消费清洁化、低碳化，加快构建以电能消费为主导的清洁能源体系。积极拓宽清洁能源应用领域，探索开展氢气制备与储运技术研究，开展大容量多元储能技术应用，探索氢气在冶金化工领域的应用，有

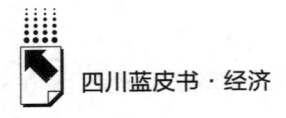

效减少化石能源消耗。引导清洁能源产业集聚发展，培育高质量发展绿色增长点，持续壮大产业链，提升产业附加值。

（四）建立健全清洁能源市场

推进清洁能源交易市场建设，完善清洁能源交易体制，对以清洁能源发展高载能产业的企业进行适度补贴。搭建四川清洁能源交易平台，引入区块链技术，线上线下多渠道扩大清洁能源交易规模，实现清洁能源交易的智能化、便捷化。鼓励企业依托专业人才队伍建设积极创新，提高企业参与能源市场建设的积极性，促进清洁能源及相关载能产业的规模化发展。

B.22
房企债务危机与四川省房地产业发展分析研究

刘成高*

摘　要： 我国房地产经历了急剧扩张和加速发展阶段之后，产业拐点渐渐逼近。但由于缺乏风险意识和对产业周期的前瞻性认知，相当一部分房地产企业在杠杆资金的作用下陷入债务危机。蓝光地产、恒大集团等知名房地产企业的债务危机浮出水面，给我国房地产业的各方参与者敲响了警钟。2021年，四川作为西部经济和金融发展大省、强省，有效落实了中央"房住不炒"的调控方向，抑制了房地产市场的投机炒作行为。但同时也应该预判产业发展规律和金融信贷政策变化，从房地产民生保障的功能属性出发，应对房地产企业债务危机可能诱发的系统性金融风险。

关键词： 债务危机　恒大　蓝光　房地产业

一　房地产业发展周期

在我国经济和社会发展特别是城市化进程中，房地产业起到的作用和做出的贡献是显而易见的，但同时也出现了许多问题，积累了许多矛盾和风险，对金融安全和实体经济产生的威胁也十分巨大，必须引起足够的重视并采取相应的措施予以管控。

---

* 刘成高，经济学博士，西南民族大学商学院教授，执业律师，主要研究方向为经济法、房地产业。

房地产业具有高度的资金、政策和产业密集等特点，同时还具有周期长、杠杆资金参与比例高、市场波动幅度大，以及由此可能产生和诱发的风险类型较为复杂等特点。

尽管，在"房住不炒"的时代背景下，我国房地产业与金融业相互交织与渗透的速度有所放缓，但由于多年持续叠加，房地产业资金消耗和金融信贷占比依旧十分巨大。

从产业特征来看，房地产由于关联着土地、建筑和各类服务业，所以其具有明显的实体资产性质，但同时由于其具有投资甚至投机属性，大量的资金随产业波动迅速进入和流出，也容易成为金融泡沫和风险的催生剂[①]。发生在美国、日本等国家的房地产破灭都成了后来金融危机甚至经济衰退的导火索。由于金融多元化发展相对滞后，金融产品创新不足，我国房地产开发从拿地到修建到销售，融资渠道相对单一，对银行信贷依赖性过强，其潜在可能对实体经济带来的风险和破坏性也就更大。

从产业发展周期来看，我国房地产经历了急剧扩张和加速发展阶段之后，产业拐点渐渐逼近，由此房地产企业在经营过程中面临的风险也就越来越大。无论是四川还是全国，预判和分析房地产金融信贷形势，防范和控制房地产领域企业或个人产生的偿债危机和风险，成为各级政府发展经济、稳定民生的工作重点。

二 房地产企业债务危机案例分析

由于时间和篇幅的限制，本文选取了2021年最具有代表性的蓝光地产和恒大集团债务危机作为案例样本，对房地产企业债务危机形成与爆发，以及如何确保房地产业行业健康发展进行分析研究。

蓝光发展及其控股股东蓝光集团系四川本土最大的房地产开发企业，在

---

① 王全良：《金融危机下我国房地产泡沫的成因分析及防范对策》，《金融理论与实践》2010年第3期。

2020年全国百强房地产企业排名中居第21名。根据其2020年年报，蓝光发展2020年的房地产销售额高达1035.36亿元，营业收入为429.57亿元，实现归母净利润33.02亿元，归母扣非净利润29.97亿元。

与耀眼的销售额和净利润形成鲜明对比的是，早在2020年底开始，蓝光发展就开始出现了到期债务不能按期偿还的尴尬状况。其陆续通过出售资产的方式来实现"断臂求生"，包括对以物业服务为核心业务的四川蓝光嘉宝服务集团和以医药制造业为核心业务的成都迪康药业等进行甩卖处置，收缩在全国范围内的市场规模，从而缓解其资金压力，但依旧于事无补。

为防止因个人信用状况恶化而对上市公司产生负面影响，2021年6月1日，蓝光发展对外发布公告称，原公司实际控制人杨铿将其持有的公司1.69亿股全部转让给蓝光集团，并通过了杨铿辞去董事长职务，改选杨武正为蓝光发展董事长的相关决议。①

在2021年7月8日晚间，蓝光发展发布了公司及下属子公司部分债务未能如期偿还并被法院强制执行，以及2019年度第一期中期票据到期兑付存在不确定性的特别风险提示公告。

在A股市场上，蓝光发展股价从年初的4.63元一路下跌至2元以下，投资者损失惨重。而与此同时，控股股东蓝光集团为缓解资金压力则通过集中竞价方式和大宗交易方式被动减持4824.48万股股份，占公司总股本的1.59%。

2021年7月12日晚，蓝光发展再次发布公告称公司出现部分债务未能如期偿还的情况。2021年8月2日晚间，蓝光发展发布公告称，公司累计到期未能偿还的债务本息金额合计159.97亿元。同时各种以蓝光为被告的司法诉讼接踵而至，蓝光发展2.34亿股股份被司法拍卖。

伴随着各种银行贷款、信托计划和公司债券到期兑付的违约叠加，蓝光发展成为继华夏幸福、泰禾集团之后，又一家爆发债务危机的千亿级房地产

---

① 《深陷债务危机的蓝光发展，迎来95后董事长杨武正》，《新浪科技》，2021年6月9日。

企业①。

就在人们对众多房地产企业甚至居民购房的高负债运行表示担忧,对倒下的房地产巨头心有余悸之时,另一家房地产企业恒大集团的债务危机,则更像一颗威力无比的深水鱼雷轰然炸开,彻底宣告房地产带动城市经济发展和维持地方财政收入的"房地产大跃进时代"彻底结束。

公开资料显示,由许家印执掌的恒大集团涉足的领域包括房地产、能源、汽车、保险、足球等多个领域,拥有员工16.3万人,直接和间接解决就业超过130多万人,在全国223个城市有778个在建项目,与之有业务关联的银行、保险、信托等金融机构超过150家,其开发的项目买受人更是涉及千家万户,号称全球最大房地产企业,其在2015~2020年的六年时间里,实现的净利润达总额到1743.4亿元。

然而看似辉煌的业绩在2021年悄然逆转。上市公司2021年半年报告显示,截至2021年6月30日,恒大集团总负债额已达到1.97万亿元。其中,一年以内需要支付的借款和应付款项超过8224亿元。而同一时期恒大集团银行存款仅有1616.27亿元,其中748.55亿元还是受限资金②。

2021年6月以来,由于各金融机构的短贷和企业债券到期不能支付,处在债务危机旋涡中的恒大集团表示,公司账面流动性出现一定问题,一些到期供货商的应付款项和工程款逾期未付,部分项目停工,公司正在加紧处置资产以筹集现金,但一些公司已拒绝接受恒大的商业票据。同时REDD的报告显示,恒大集团已从2021年9月开始暂停向银行支付到期的利息。③

此前穆迪投资者服务公司(Moody's Investors Service)将恒大的信用评级下调了三级至Ca,这意味着该公司"有可能或非常接近违约"。将恒大股

---

① 《又一家千亿房企面临债务危机》,《笨鸟科技》,2021年9月15日。
② 张燕:《恒大的"至暗时刻":公司内忧外患,资本虎视眈眈,老友割肉离场》,《中国经济周刊》2021年10月11日。
③ Macro-Wang:《恒大违约对中国意味着什么》,雪球专栏,2021年9月9日。

票从中性下调为卖出,将目标价从15.6港元下调至3港元。

2021年9月开始,恒大集团陆续让渡公司储备的土地资源,出售其持有的恒腾网络、盛京银行、恒大冰泉股权,继而又将其持有的香港上市的恒大物业和恒大汽车股权挂牌转让,甚至不惜甩卖香港总部办公大楼,以缓解流动性问题,但由于其在资本市场上遭遇股债双杀,恒大物业股价从2021年2月的每股19.74港元跌至9月的每股4.10港元;恒大汽车的股价也已从2021年4月的70港元跌至3.53港元,市值大幅缩水。这种覆巢之下的资产变现自救计划均未取得预期效果。随着债务危机愈演愈烈,以及股票市场上的大幅震荡,各种负面新闻持续发酵,更大范围内的债务危机纷纷暴露,甚至出现恒大破产重组的传闻①。

公开信息显示,除了向广东省政府提交重大资产重组项目报告,积极寻求政府救市外,恒大还聘请了参与过雷曼兄弟、通用电气等全球性超大企业破产重组的华利安诺基(中国)有限公司及正在参与蓝光集团债务重组的钟港资本有限公司为联席财务顾问,对公司资本架构和流动性进行评估,寻找给予各方利益最大保障的解决方案。

由于恒大集团的巨额债务牵涉的国际国内的众多金融机构、供货商和投资者都远超以往,潜在的社会风险难以估量,涉及的各地方政府及相关部门的工作也在持续强化之中。

2021年10月16日人民银行金融市场相关负责人针对恒大事件公开回应社会,其债务风险对金融业外溢性总体可控,并已指导主要银行保持房地产信贷平稳有序投放。

2021年10月22日,许家印在恒大集团复工复产的专题会上宣布10年内不拿地以实现转型自救。

2021年12月3日晚,广东省政府就恒大集团可能无法履行债务清偿及担保责任等问题约谈了恒大集团及实际控制人许家印,就公司如何有效化解风险,保护各方利益,维护社会稳定进行紧急磋商。

---

① 陈欣苗:《凤凰网财经,恒大危机走到哪一步了?》,2021年9月16日。

其实，流动性困难不仅是恒大集团和蓝光发展正在遭遇的问题，其他房地产企业在严调控、防泡沫的产业大背景下，同样面临着严重的资金吃紧问题。公开资料显示，全国地产类上市公司2020年经营活动产生的现金流金额总和达-849亿元，33家公司现金流告负，个别企业资产负债率最高超过90%[1]。

表1 2020年部分地产类上市公司现金流及资产负债率

单位：万元，%

证券代码	证券名称	经营活动产生的现金流量净额	资产负债率	速动比率
600340	华夏幸福	-2315966.7028	81.2936	0.8492
000736	中交地产	-1874001.7674	87.0432	0.4031
000517	荣安地产	-1072825.2477	84.4589	0.2791
000537	广宇发展	-638469.2667	79.4792	0.2984
600466	蓝光发展	-612701.1606	82.0354	0.3035
002244	滨江集团	-315714.0189	83.6983	0.3095
000732	泰禾集团	-294883.1541	90.7456	0.0926
600094	大名城	-241679.5530	62.6782	0.2049
002133	广宇集团	-94053.5249	73.3271	0.2411
600791	京能置业	-51871.9182	79.0055	0.1506
600266	城建发展	-90376.4004	78.7015	0.4643
000062	深圳华强	-48061.8232	50.1590	1.2475
000615	奥园美谷	-38258.2582	71.9366	0.2160
002377	国创高新	-27990.8448	33.7439	1.6174
600533	栖霞建设	-23366.7493	80.7920	0.2469
000006	深振业	-16750.5495	49.2185	0.8824
000668	荣丰控股	-9470.2423	60.2217	0.3905

资料来源：iFinD。

[1] 赖莎莎：《2020年TOP50上市房企现金流33家告负，资产负债率最高超90%》，《潇湘晨报》2021年5月10日。

三 2021年四川省房地产发展概况

根据四川统计局发布的相关信息，2021年1~9月，四川省全社会固定资产投资同比增长11.5%。按照三次产业分布来看，第一产业投资增长21.9%；第二产业投资增长12%，其中工业投资增长11.6%；第三产业投资增长10.8%。

从房地产开发看，全省2021年前三季度房地产开发投资同比增长10.8%。商品房施工面积为51355.5万平方米，增长10.4%；商品房竣工面积为2897万平方米，增长48.1%；商品房销售面积为10048.1万平方米，增长9.6%。分地区来看，尽管各市州商品房价格涨跌不一，但与其他城市相比，成都市在房地产规模和房价等各方面仍旧具有明显的示范和引领效应。

表2　2021年三季度四川前18城市住房均价环比变动趋势

单位：元/米^2，%

城　市	住房均价	环比变动
成　都	18100	+0.08
资　阳	6210	+0.32
自　贡	5991	+1.06
宜　宾	7240	-0.92
雅　安	5749	-6.76
遂　宁	7010	+0.53
攀枝花	5824	+0.07
内　江	6268	-0.79
广　元	7503	-3.7
乐　山	5963	-0.37
泸　州	6777	+1.15
眉　山	6893	-0.19
绵　阳	9292	+1.04

续表

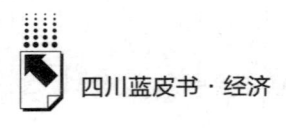

城　市	住房均价	环比变动
南　充	6608	+0.02
广　安	5433	+0.52
达　州	6424	-1.59
巴　中	5234	-1.47
德　阳	6806	+0.49

资料来源：根据四川省统计局发布的相关数据整理。

从销售看，四川先后持续完善限购、限贷、限价等监管措施，有效地抑制了"炒房"行为，极大地保障了人民群众正常住房需求。数据显示，前三季度，全省商品房销售面积同比增长9.8%，增速比上半年回落12.6个百分点，较一季度回落37.9个百分点，两年平均增长2.7%，彰显出政策调控成效明显。

由此可见，相对于全国其他城市而言，四川特别是成都所具备的经济、人口数量、人居环境等方面的优势还是比较明显的，而相比较北京、上海、深圳这样的一线城市来说，成都以及整个四川的房价总体也比较理性。在四川省政府新闻办公室召开的2021年前三季度四川经济形势新闻发布会上，四川统计局相关负责人表示，四川大多数房地产企业经营稳定、财务指标良好，个别企业的债务危机对当前房地产行业的影响有限。

四　2022年四川省房地产市场展望

2022年，在国家"房住不炒"的房地产调控大背景下，谨防房地产市场的大起大落给民生、金融和经济带来冲击是各级政府和市场参与者面临的总体环境和基调，四川也不例外。

由于四川省是人口大省，且城镇化率到2021年只有56.7%，低于63.9%的全国平均水平，在成渝地区双城经济圈等国家重大战略的带动下，未来城镇化率和房地产市场还有一定的发展空间，改善型刚需住房仍对地产市场具有一定的拉动作用。但面临房地产产业周期变化以及房地产税的试点和逐步落地，我们必须高度重视因势利导。一方面严格控制信贷资金过度流入房地产行业，以及房地产企业投资增加过快而引发的房价上涨和产业投机之风盛行；另一方面也要关注因为银根紧缩和房价下跌、产品滞销带来的房地产企业债务危机的扩散和蔓延，避免对全省经济带来的消极影响。

房地产企业还应该精准把握好市场周期变化形势注重产品创新和风险控制，比如在乡村振新大背景下参与新农村和特色场镇建设，关注大棚户改造和保障性住房建设，进行多功能商业旅游地产项目的综合开发等。这需要各级政府和企业群策群力，大胆创新，从而实现四川省房地产市场的平稳运行和健康发展。

B.23
四川省民族地区经济社会发展研究

贾兴元*

摘　要： 四川民族地区已经进入了发展新阶段，经济社会发展的瓶颈制约基本得到了破除，进一步巩固脱贫攻坚成果、大力推进乡村振兴、提升教育卫生等民生保障水平，是发展新阶段的核心任务所在。进一步增强绿色低碳优势产业发展，增强产业可持续发展能力，进一步探索生态优先、绿色发展路径，切实筑牢长江黄河上游生态屏障，增强可持续发展能力，服务国家"双碳"战略全局，是四川民族地区实现高质量发展的有效路径。

关键词： 新阶段　新路径　高质量发展　民族地区

一　四川民族地区经济社会发展进入了新阶段

四川民族地区发展基础和发展潜力发生了根本性、深层次的历史变革，公共服务、产业发展等基础设施明显改善，航空、公路、铁路"三位一体"立体交通网络已经形成，产业发展能力进一步增强，全域旅游、特色产业、电子商务、飞地园区等新发展动能逐步显现，特别是绿色低碳优势产业集群，已经构筑了良好的发展基础。2020年四川省民族自治地方[①]实现 GDP 2746.2亿元，

---

* 贾兴元，四川省社会科学院社会学研究所助理研究员，主要研究方向为四川民族地区经济和社会发展。
① 四川省民族自治地方包括阿坝藏族羌族自治州、甘孜藏族自治州、凉山彝族自治州和北川羌族自治县、峨边彝族自治县、马边彝族自治县。

比2019年增长3.8%。三次产业结构调整为22.1∶30.2∶47.7，第一产业增加值增长了4.7%，达606.2亿元；第二产业增加值增长了5.1%，达828亿元，工业增加值增长了5.4%，达688.9亿元；第三产业增加值增长了2.5%，达1312亿元。全社会固定资产投资比上年增长了9.6%，社会消费品零售总额下降3.8%，为966.9亿元。全年农村居民人均可支配收入增长了9.1%，为14956元；城镇居民人均可支配收入达到35203元，增长了4.8%[1]。四川民族地区经济社会发展进入了新阶段，城乡居民获得感、幸福感、安全感进一步增强。

2021年前三季度甘孜州GDP达到308.83亿元，增长7.4%，增速比全省低1.9个百分点。第一产业增加值同比增长6.4%，达到46.72亿元；第二产业增加值同比增长7.6%，达到76.33亿元；第三产业增加值同比增长7.6%，达到185.78亿元。全社会固定资产投资增长13.6%；社会消费品零售总额增长13.7%，达到91.08亿元；财政一般公共预算收入增长18.3%，达到34.63亿元；规模以上工业增加值增长0.1%。城镇居民人均可支配收入增长9.1%，为30423元；农村居民人均可支配收入增长11.4%，为10320元。城镇登记失业率为3.31%[2]。

2021年前三季度阿坝州GDP达到323.73亿元，同比增长8.2%，增速比全省低1.1个百分点。第一产业增加值同比增长7.4%，达到57.52亿元，两年平均增长5.7%；第二产业增加值同比增8.6%，为81.69亿元，两年平均增长4.1%，规模以上工业增加值同比增长14.9%（含园区），增速居全省第一，州内规模以上工业增加值增长9.7%；第三产业增加值为184.52亿元，同比增长8.3%，两年平均增长5.1%[3]。

2021年前三季度凉山州实现GDP 1461.54亿元，同比增长7.5%，增速比全省低1.8个百分点，三次产业结构由上年同期的24.9∶31.4∶43.7调整为

---

[1] 数据来自《2020年四川省国民经济和社会发展统计公报》。
[2] 数据整理自甘孜州统计局网站。
[3] 数据整理自阿坝州统计局网站。

24.3∶31.3∶44.4。第一产业①增加值同比增长7.2%,达到355.95亿元,拉动GDP增长1.8个百分点。第二产业实现增加值456.93亿元,同比增长7.5%,拉动GDP增长2.4个百分点,全部工业实现增加值375.08亿元,同比增长6.7%,两年平均增长5.3%,拉动GDP增长1.8个百分点;建筑业实现增加值82.38亿元,同比增长11.5%,拉动GDP增长0.6个百分点。第三产业实现增加值648.66亿元,同比增长7.6%,对GDP增长的贡献率为44.6%,拉动GDP增长3.3个百分点。全州实现社会消费品零售总额560.9亿元,同比增长16.49%;全州固定资产投资同比增长15.7%,连续四个月位居全省第一②。

二 四川省民族地区经济社会发展面临的新任务

(一)统筹衔接好脱贫攻坚与乡村振兴

四川甘孜州、阿坝州、凉山州曾是国家"三区三州"深度贫困地区之一,尽管通过精准施策实现了脱贫,但巩固脱贫成果、全面推进乡村振兴任务艰巨。经济社会发展面临基础薄弱、发展要素不足等难题,可持续发展的内生动力仍然不强。经济发展支撑体系仍未完全建立,政策帮扶式的产业发展模式亟待转型,发展不平衡、不充分问题未得到有效解决,民生改善和保障的任务仍然繁重,脱贫攻坚巩固仍存在较多的瓶颈和制约,就业、教育、医疗、住房和养老等方面仍有不少薄弱环节,特别是自然灾害风险预防、社会治理等领域依然存在较大短板。应用好防止返贫动态监测帮扶机制,强化及时预警和提前帮扶,完善兜底保障,坚决守住不发生规模性返贫底线,做到动态排查、精准识别、有效帮扶。要加强易地搬迁后续扶持,特别是就业帮扶工作,促进稳定脱贫。要培育壮大乡村特色产

---

① 不包括农林牧渔服务业。
② 数据整理自凉山州统计局网站。

业,持续促进农民增收致富。要着力增强内生发展能力,加强基础设施和公共服务体系建设,改善农村人居环境,提升整体发展水平。必须大力实施乡村振兴战略,通过基础补短、产业发展、教育引导等众多举措,全面推进四川民族地区经济发展。

注重地域特色和产业基础,因地制宜制定乡村振兴路径。通过区域特色、产业特点和村庄分类有序推进乡村振兴,针对不同区域、不同产业和不同类型村庄的变迁趋势、区位条件、资源禀赋和产业基础,进一步巩固脱贫攻坚成果。差异化制定乡村振兴的方向和具体实施路径,不搞"一刀切"和"齐步走",结合不同地域的特点,把少数民族特色村镇建设与乡村振兴战略有机结合,大力促进四川省民族地区经济社会发展。

通过试点先行、示范带动,集中力量优先打造一批特色产业基地、特色小镇和特色村落。因地制宜探索产业融合型、旅游服务型、镇村融合型、文旅融合型、农牧体验型、生态(扶贫)搬迁型等不同类型村庄发展方式,探索可复制、可推广的经验做法。不断完善乡村振兴绩效考核机制,通过加强督导资金和项目管理,避免重复建设和低效投入,确保乡村振兴项目建设管理水平和投入效果,发挥示范性重大项目建设应有的作用与意义,逐步提升乡村振兴项目建设和管理水平。

(二)统筹解决好发展的人才瓶颈

四川民族地区城乡基础设施、产业发展基础设施和公共服务设施保障能力大幅提升,但是工作和生活条件相对艰苦,客观上导致"现有人才留不住,优秀人才引不进",特别是教育、卫生系统技术骨干人才流失严重,建筑、水利、交通、农业、文化、广电、旅游等重点领域的专业技术人才极度匮乏。经济社会高质量发展与人才需求之间的矛盾越来越突出,特别是高层次、专业性人才的"软件瓶颈"矛盾越来越突出,严重制约了经济社会的可持续发展。人才队伍特别是专业性人才引进、培育和建设的重要性更加突显。

少部分干部群众思想观念仍有一定的局限性,存在诸多难题需要破解和引起高度重视。一是脱贫攻坚任务完成后，政策的支持方式、投入方式和干部的工作方式发生较大变化，政策性资源投入力度和支持力度发生较大变化，部分干部群众适应难度大。二是少数干部对新形势、新任务还不适应，习惯于被动的政策性投入和项目安排，对高质量发展和创新发展有畏难情绪。三是主动谋发展和全力促发展的风气与氛围还不够浓厚，在经济社会发展的重视程度和主动作为方面仍有一定欠缺，等靠要拖等情况在一定程度上制约了经济社会的发展速度和质量，主动担当和开拓意识还有待加强。四是仍有一定比例的农牧民习惯了脱贫攻坚政策背景下的政策性扶持，内生性发展动力不足，习惯于资源性收入，通过自身发展来增收的动力不足。

（三）筑牢长江黄河上游生态屏障

四川民族地区是长江、黄河的流经地，生态区位特殊、生态地位重要，是我国生态屏障、生态涵养地的重要区域之一，直接影响到国家的生态安全和水资源安全。从生态保护和治理角度看，水土流失、草原沙化、湿地功能退化等问题仍然比较突出，生态治理点散、面广、量大，生态保护与治理统筹推进困难较多。生态环保既是一场攻坚战，更是一场持久战。加快推动形成生态优先、绿色发展的生产方式、生活方式和治理方式任务繁重，既面临着植树造林、山水保护、生态修复等保护生态环境的重任，又面临加快经济发展的艰巨任务。

（四）积极回应城乡群众重大民生关切

教育、医疗、就业、增收仍然是城乡群众的操心事、烦心事、揪心事，公共服务不均衡仍然是当下最要紧的民生保障难点，可持续的社保体系、公共卫生和疾控体系仍不够健全。城乡发展不均衡，偏远乡村公共服务保障难度大，专业人才缺乏，教育医疗等民生服务水平偏低。以坚持提升教育医疗能力和人才发展水平为核心，高质量实施《四川省民族地区教育发展十年行动计划（2021~2030年）》和《四川省民族地区卫生发展十年行动计划（2021~

2030年)》，把社会和谐稳定作为促进经济社会发展的重要保障，全力提升人民群众的获得感、幸福感、安全感，把保障和改善民生作为发展的核心任务和优先方向，积极回应群众重大民生关切，加大公共资源投入，以更好的制度设计，逐步解决各种民生问题。

（五）健全城乡管理和治理体系

四川民族地区独特的经济基础、政策与制度条件和社会结构条件决定了其社会治理更具有复杂性、不平衡性。加之独特的民族宗教等因素和文化多样性等特质，四川民族地区社会治理特别是基层社会治理，还有很多短板和弱项。健全以党组织为领导核心的乡村治理体系，积极创新法治、自治、德治相结合的乡村治理模式，进一步顺应社会结构、社会关系、社会行为方式、社会心理等深刻变化，构建适应民族地区实际兼具乡土性与现代性的现代社会治理模式，还有很多不足和弱项，任重而道远。

三 四川民族地区经济社会发展需要构筑新发展格局

（一）结合发展实际创新乡村振兴思路

加强城乡融合体制机制创新，促进乡村振兴。进一步科学统筹人口向县城和中心城镇聚集，针对部分地区人口向城镇转移后空心村及进城农牧民生计问题，探索在尊重群众意愿基础上，通过行政手段加市场手段解决问题：推广城乡建设用地增减挂钩，完善农村土地退出机制，解决农民进城后的住房等问题，加快完善以农村产权制度和要素市场化配置为重点的体制机制，实现土地集中规模经营的机制；激活市场、激活要素、激活主体。不断通过产业集聚和服务能力提升带动中心城镇发展，辐射服务周边农牧民，引领和带动县域经济社会发展。

探索以城带乡、镇村联动、城乡融合发展的路子。通过对交通沿线特色小城镇统筹规划发展，突出打造示范带动作用强的特色小（城）镇，结合资源禀赋和产业优势，通过中心城镇建设来辐射和带动乡村发展。在加强中心城镇的基础上，不断完善和提升中心城镇的服务功能，根据区域特点和资源禀赋，逐步培育和发展一批不同类型的特色城镇，提升基础设施建设水平和承载力。注重发挥交通沿线城镇的带动作用，通过交通干线建设和提升促进城镇化建设，进一步提升城镇公共服务对农村人口的辐射和覆盖面，实现以城带乡、镇村联动、城乡融合发展。

建设少数民族特色村镇带动乡村经济社会发展。以建设少数民族特色村镇为契机，逐步完善基础设施，带动和促进民族地区旅游产业发展；通过进一步落实扶持政策和举措，为旅游业发展创造良好环境，帮助更多农牧民参与就业创业以增加收入；通过积极申报"中国少数民族特色村寨"，促进旅游业发展，进一步带动民族地区乡村经济社会发展，实现少数民族特色村镇建设与少数民族文化保护传承的良性互动。规划和新建的民居要统筹好民族特色文化传统和现代生产生活需要之间的关系，在实施少数民族特色村镇规划和建设时，对有历史传承、民族特色的建筑进行保护和科学改造。针对有历史记忆、文化脉络、地域风貌、民族特点的特色村镇，进一步加强保护，通过资金扶持、政策倾斜等多种办法扶持，按照年度规划建设少数民族特色小镇、少数民族特色村寨，提升民族地区的城镇化水平。通过加大宣传和保护的力度，把"中国少数民族特色村寨"建设作为促进文化传承和旅游发展的重要载体，实现少数民族文化保护传承与经济社会发展的良性互动。

（二）结合产业优势创新富民增收思路

大力实施全域旅游战略带动富民增收。充分发挥旅游产业引领带动作用，围绕资源禀赋以产业融合为核心发展路径，积极探索"以旅促农、农旅结合、商旅结合、文旅融合、体旅融合"的"旅游+"发展新模式。着力构建具有四川民族地区特色的旅游发展新格局和新业态，增强四川民族地区经济社会发展的支撑能力和和可持续发展能力。

依托民族地区的资源禀赋和特色产业创新富民增收思路。大力推动电商产业发展，丰富电商业态，进一步增强民族地区农牧民增收能力，将生态建设治理和增强持续发展能力相结合，建设好民族地区乡村旅游综合公共服务设施示范项目，扎实推进民族地区创业带头人培训项目。通过增强增收产业支撑、创新增收渠道和大幅提升农牧民工资性收入等路径，特别是围绕民族地区的特色农牧业发展，进一步拓宽民族地区特别是边远山（牧）区的农牧民群众增收渠道，不断增强农牧民自我发展能力，切实帮助农牧民实现大幅增收，不断提升民族地区城乡居民收入水平。

（三）发挥资源优势夯实可持续发展能力

大力推进重大工程项目建设带动区域发展战略。借助重大项目建设机遇加强基础设施建设，加快推进川藏铁路、川藏高速公路等重大项目建设，推动建设一批重大基础设施、公共服务设施，建设更多"团结线""幸福路"，建设一批铁路小镇，带动和辐射四川涉藏州县基础设施提升和经济社会发展。服务国家"双碳"战略全局，大力推进水、风、光互补的现代清洁能源基地建设，积极推进国家水电公园建设，大力推进生态建设和清洁能源产业提升。

进一步促进飞地园区发展。进一步支持和提升民族地区有条件的县在其他地区建设发展飞地园区，加强飞地园区建设提升自我发展能力。统筹安排政策和举措进一步提升成凉、成甘、甘眉和成阿等飞地产业园区的可持续发展能力，提升园区产业发展水平，把飞地园区建设成为区域合作、产业互补、项目建设平台和载体，提升合作园区的产业发展水平，增强四川民族地区的产业发展能力。

走产业融合的发展道路。深入贯彻"区域化、互补化、特色化、生态化、产业化、融合化"六大举措，优化产业结构，建立现代产业发展体系，统筹产业发展路经和优化产业结构，加快构建四川民族地区特色产业体系。通过大力实施电商扶贫、"电商＋产业"、飞地园区和全域旅游等经济社会发展新举措，大力实施"提质量、增效益、树品牌"三大战略，打响"净

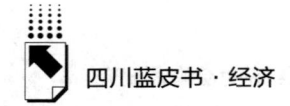

土阿坝""圣洁甘孜""大凉山"等特色品牌，建设特色优质农产品基地和生态种养业园区，探索产业发展新模式，开创产业发展新格局，进一步推动四川民族地区特色产业高质量发展。

（四）补齐发展短板筑牢经济社会发展基础

夯实和筑牢经济社会发展的信息化基础。大力实施信息化带动区域发展战略，以移动互联建设和应用为路径，全面提升城乡信息化水平；通过"抓重点、补短板、强弱项"三大路径，通过信息化建设全力促进四川民族地区跨越"数字鸿沟"，促进信息化融合发展，全面推进互联网信息服务在产业发展、政务服务、民生服务和社会治理等领域的广泛应用。通过信息化带动和促进四川民族地区经济社会全面发展。

依托"互联网+"推动公共服务和产业发展向乡村延伸。围绕农牧民群众最关心、最直接、最现实的利益问题，全面改善乡村公共服务信息化基础设施条件，全力提升基本公共服务保障水平，让农牧民群众有更多实实在在的安全感、获得感和幸福感。通过创新远程教育和医疗、网上行政服务等公共服务模式，进一步拓展"互联网+民生服务"发展模式，多路径提升基本公共服务保障水平。进一步拓展"互联网+产业产品"发展模式，不断提升农牧民收入水平和发展动力。加快教育信息化推广应用，持续引进优质教学资源，促进城乡义务教育均衡发展，切实提高城乡教育教学水平，切断贫困的代际传递。

夯实和筑牢经济社会发展的人才基础。通过全省统筹、对口帮扶和定向培养等方式加强人才队伍建设，积极用好各种政策，以更加开放的视野和优惠政策吸引人才，最大限度调动人才服务民族地区经济社会发展的积极性。进一步加强少数民族和民族地区干部培养选拔、双向交流、专业人才培养等，特别是抓好"三农"工作队伍、农业新型经营主体、乡村本土人才、专业技术人才队伍建设，优化民族地区的人力资源结构，提升民族地区的人力资源水平。进一步夯实和筑牢四川民族地区经济社会发展的人才基础，持续提升其自我发展能力。

（五）绿色发展筑牢长江黄河上游生态屏障

突出抓好城乡、湿地、流域、草原、农田、森林、野生动植物七大生态系统建设。把保护生态环境作为实现经济社会可持续发展的前提条件，科学实施重要生态系统保护和修复重大工程，全力守护湿地生态系统稳定性和生物多样性，持续提升长江黄河上游水源涵养能力。从系统工程和全局角度，全方位、全域化、全过程推进山水林田湖草沙综合治理、系统治理、源头治理，着力实现生态效益与经济效益、社会效益平衡发展。

全力提升生态文明建设水平。加快推进大熊猫国家公园建设、若尔盖国家公园等重大生态项目建设，完善生态保护长效机制，建立统筹协调的生态保护机制。大力发展生态经济和绿色产业，优化国土空间开发格局，促进绿色发展，增强产业可持续发展能力。进一步探索生态优先的绿色发展路径，推动经济社会发展和生态环境建设良性互动，在高水平生态保护中实现高质量发展。

B.24 新时代推进西部大开发的关键环节和路径选择[*]

刘世庆 齐天乐 巨栋 付实[**]

摘 要: 西部大开发战略实行20多年以来不断丰富拓展,各类政策实施取得重大成就,西部地区实现长足发展。当下推进西部大开发形成新格局,成为新时代党中央、国务院的重大决策部署。新时代推进西部大开发应当着力克服模仿和追赶的路径依赖,贯彻新发展理念,打造开放开发新格局,进一步从基础设施建设、生态优先发展、科技创新驱动、现代产业培育、新型城镇化建设、对外开放等方面强化举措,加力实施,科学推动西部地区高质量发展。

关键词: 新时代 西部大开发 对外开放

一 引言

西部大开发是中共中央和中国政府贯彻邓小平"两个大局"战略思想,于20世纪末面向新世纪作出的重大战略部署。从1999年提出、2000年正式启动,迄今已走过21年历程,历经了四个"五年计划",西部地区发生了很大

---

[*] 本文系四川省哲学社会科学创新工程课题"新一轮西部大开发研究"阶段成果。
[**] 刘世庆,四川省社会科学院西部大开发研究中心主任、研究员,主要研究方向为区域经济、流域经济;齐天乐,四川省经济和社会发展研究院初级经济师,主要研究方向为民族经济、流域经济;巨栋,四川省社会科学院区域经济研究所助理研究员,主要研究方向为区域经济;付实,四川省社会科学院西部大开发研究中心副研究员,主要研究方向为区域经济。

变化，但仍面临巨大挑战。与全国同步推进现代化建设，需要继续在基础设施、环境保护、对外开放、产业发展、乡村振兴、民生福祉等方面不懈努力，当前尤其要紧紧抓住国家推进交通强国、长江经济带高质量发展、西部陆海新通道建设、"一带一路"、高科技和创新驱动战略等重大机遇，做好交通、环境、人才、产业、民生等文章。西部地区必须深入实施西部大开发战略，坚持发展第一要务，全面深化改革和扩大开放，以提高发展质量和效益为中心，深刻认识、准确把握新形势新任务新要求，充分用好重要战略机遇期，推动新一轮西部大开发不断迈向深入，努力开创西部发展新局面。

二　西部大开发战略的科学演进

2000年世纪之交，我国改革开放经历20多年发展，东部沿海取得较好成绩，局部领域已经达到世界先进水平，小平同志"两个大局"第一个大局的目标基本达到。反观西部地区，与东部地区相比发展差距迅速拉大。这不符合党中央"不搞两极分化"的要求，更有违社会主义的本质。站在当前回看2000年启动西部大开发，既践行了小平同志的"两个大局"论，科学研判出国内区域经济发展的阶段性特征，有效促进了东西部协调发展，又与全国全面建成小康社会和建成社会主义现代化强国等重大战略规划进行了充分衔接，是恰当其时的。特别是当前面对世界百年未有之大变局，更能体会出，西部大开发战略开拓出国内广袤的战略纵深，充分体现了党中央在"两个一百年"宏伟目标中的深远考量。

西部大开发战略有利于促进东西部协调发展，开拓国内市场更加广袤的战略纵深，稳定民族关系，促进各民族交流交往交融，为西部地区人民带来幸福生活，"是一个振兴中华的宏伟战略任务，实现了这个宏图大略，其经济的、文化的、政治的、军事的和社会的深远意义，是难以估量的。"[①] 因此，中央这项战略决策得到了学术界、工商界、民间等社会各界人士的广泛支持。

---

① 1999年6月17日江泽民同志在西安主持召开国有企业改革和发展座谈会时的讲话。

西部大开发也得到了东部地区大力支持。西部发展潜力较大，能够为东部地区提供广阔市场，更有利于东部推进产业转移，腾出转型升级空间，带来更高质量发展。这符合区域经济发展规律，对东西部均有益处。

2000年以来，西部大开发大致可分为奠定基础阶段、加速发展阶段、高质量发展阶段。2001～2010年，西部大开发重点是搞好基础建设，包括基础设施、生态环境、民生以及市场经济等。2010～2020年，在前十年基础设施改善、结构战略性调整和制度建设优化的基础上，重点推进西部地区特色产业发展，实施经济产业化、市场化、生态化，增强内生发展动力，积极参与全国乃至全球的大分工。从2020年开始，按照中央《关于新时代推进西部大开发形成新格局的指导意见》精神，西部大开发重点把握好大保护、大开放和高质量发展，推进西部地区现代化建设。

表1　中国西部大开发主要政策（部分政策汇编）

名　　称	制定部门	发布时间
《关于实施西部大开发若干政策措施的通知》	国务院	2000年10月26日
《关于西部大开发若干政策措施实施意见的通知》	国务院	2001年8月28日
《西部大开发"十五"总体规划》	国家发改委	2002年7月10日
《国务院关于进一步推进西部大开发的若干意见》	国务院	2004年3月11日
《西部大开发"十一五"规划》	国家发改委	2007年3月1日
《中共十七大报告关于全国区域总体部局战略提出西部大开发的政策》	中共中央	2007年10月
《国务院关于应对国际金融危机保持西部地区经济平稳较快发展的意见》	国务院	2009年8月20日
《中共中央国务院关于深入实施西部大开发战略的若干意见》	中共中央、国务院	2010年6月29日
《西部大开发"十三五"规划》	国家发改委	2017年1月5日
《关于新时代推进西部大开发形成新格局的指导意见》	中共中央	2019年3月19日

三　西部大开发战略实施取得的重大成就

自1999年西部大开发战略制定实施以来，国家从"十五"到"十三五"共实施了四个五年规划及一系列重要政策措施。经过20年的努力,西部地区的经济社会得到了巨大发展,经济实力显著增强,人民生活水平不断提高。特别是近几年,面对错综复杂的国际环境和艰巨繁重的国内改革发展稳定任务,在党中央、国务院的坚强领导和全国人民大力支持下,西部地区各族干部群众艰苦奋斗、开拓创新、众志成城、砥砺前行,推动西部大开发又迈上一个新台阶。

一是西部经济实力稳步提升,主要经济指标增速高于全国和东部地区平均水平,四川、重庆等一些省(市)经济指标长年位居全国前列。2010~2020年,西部GDP从8.1万亿元增加到21.3万亿元,占全国比重从19.8%提高到21%。

二是基础设施快速发展。综合交通运输网络初步构建,兰新铁路第二双线、兰渝铁路、西成高铁等一批重要交通干线相继投入运营,铁路运营里程达到5.9万公里,民用运输机场数量占全国比重接近50%。西气东输、西电东送等一批具有重要影响的能源工程相继竣工,金沙江梯级水电站以及广西百色、四川紫坪铺等一批大型水利枢纽建成并发挥效益。新一代信息基础设施建设顺利推进,移动互联网覆盖面不断扩大。

三是城市特别是中心城市快速发展。2020年西部地区城镇化率水平达到54%左右,西部地区发展形成了成渝城市群、关中城市群、银川平原城市群、天山北坡城市群、黔中城市群和滇中城市群。特别是成渝地区双城经济圈积极打造中国经济发展第四级,成都、重庆均被称为"新一线城市"。

四是特殊类型地区快速发展。西部地区5000多万贫困人口脱贫,568个贫困县全部摘帽,历史性消除绝对贫困。"两基"[①]攻坚计划如期完成,"两基"人口覆盖率达100%。民族地区人民生活水平持续提高,教育文化、医疗卫生、社会保障等覆盖面持续扩大,例如,四川涉藏地区学前毛

[①] 《国家西部地区"两基"攻坚计划(2004~2007年)》是国家有关部门经国务院批准制定的旨在解决西部"两基"问题的计划,是党中央、国务院扶持西部地区基本普及九年义务教育、基本扫除青壮年文盲,提高国民素质,缩小东西部差距,促进当地经济发展和社会进步的一项重大举措。

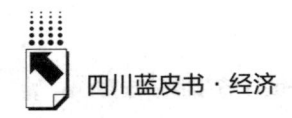

入园率已达到80.95%，小学、初中入学率分别达到99.7%、97.6%。四川汶川和芦山、云南鲁甸、青海玉树、甘肃舟曲等灾区灾后恢复重建胜利完成。

五是生态文明建设成效显著。重点生态工程稳步推进，长江上游、黄河上游、珠江上游、乌蒙山区、武陵山区、秦巴山区、祁连山区、黄土高原、干旱少雨地区、沙漠化和石漠化等地区的生态建设成效显著，国家生态安全屏障得到巩固。

但同时，西部地区与东部地区发展水平的差距仍然较大，基础设施落后、生态环境脆弱的瓶颈制约仍然存在，经济结构不合理、自我发展能力不强的状况还没有得到根本改变，基本公共服务建设滞后和持续共同富裕能力薄弱的问题仍然突出，加强民族团结、维护社会稳定的任务仍然繁重，西部地区依然是我国全面建设现代化强国的难点和重点。

四 新时代推进西部大开发的关键环节

2019年中央出台《关于新时代推进西部大开发形成新格局的指导意见》，重点体现了大保护、大开发和高质量发展三个新格局。一是抓好大保护。继续把生态安全放在重要位置，坚定贯彻"绿水青山就是金山银山"理念，做好重点生态工程和绿色发展，为全国碳中和做出更加突出贡献、发挥更加积极作用。二是抓好大开放。积极参与和融入"一带一路"建设，加快建设开放大通道和区域性开放城市，提高对外开放合作水平，同时继续加强东西部协作，拓展区际互动合作，更好融入国内国际双循环新格局。三是推进高质量发展。贯彻新发展理念，加强科技创新，加快新旧动能转换，拓展发展新空间，统筹发展与安全两件大事，更好发挥西部地区国家安全屏障作用。

为了推进西部地区形成新发展格局，西部大开发需要重点克服两个方面问题。一是克服过去主要依靠土地、原材料、劳动力、投资拉动等传统发展观念，贯彻落实新发展理念，积极融入国内国际双循环新格局，增强自身高质量发展能力，提升科技创新能力，推动形成现代化产业体系。二是克服模仿和追赶的路径依赖，在充分吸收学习发达地区先进经验的基础上，更加依靠自我创新和原始创新，努力开创西部发展新局面。正如指导意见要求西部地区精准研判可能出现的主要风险点，结合西部地区实际，进一步完善体制机制，拿出改革创新举措。

五 新时代推进西部大开发的战略路径

随着中国特色社会主义进入新时代，特别是"一带一路"倡议和国内国际双循环战略的深入实施，西部大开发的背景和条件已经发生巨大变化，将更加重视高质量发展、更加重视生态经济、更加重视人民群众对美好生活的需求。西部地区需要在前20多年的基础上，加力"创造新供给、释放新需求、拓展新空间"，推动西部地区更高质量发展，推进新时代西部大开发形成新格局。

（一）继续强化基础设施建设

完善基础设施网络，继续加强交通、水利、能源、通信等基础设施建设，着力完善"五横四纵四出境"综合运输大通道，加快建设适度超前、结构优化、功能配套、安全高效的现代化基础设施体系，强化设施管护，提升基础保障能力和服务水平。一是提升铁路路网密度，重点建设西部地区连接长江三角洲、珠江三角洲和环渤海地区的出海通道，西南地区连接西北地区的南北通道，以及我国连接周边国家的国际通道。二是提升公路网络联通和畅达水平。把西部地区作为国家公路建设的重点区域，加快打通省际"断头路"，强化路网衔接，基本建成国家高速公路网西部路段。三是加强大中型干线机场建设和改造，新建一批对改善边远地区交通条件、促进旅游等资源开发以及应急保障具有重要作用的支线机场。四是推进长江中上游、西江、澜沧江等干流及重要支流航道治理，提高航道标准，加强重点内河港口建设，提高出海通道能力。

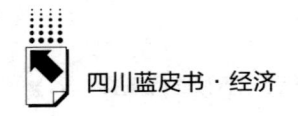

（二）坚持生态优先发展

全面促进资源节约利用，大力推进绿色发展、循环发展、低碳发展、永续发展。健全防灾减灾救灾体制，增强抵御自然灾害的综合防范能力。推进天然林保护二期工程，全面停止国有天然林商业性采伐。加快建设河西走廊、天山北坡谷地、南疆河谷荒漠绿洲防风固沙林和黄土高原保水固土林，横断山脉水源涵养林以及长江、珠江上游防护林。在西南岩溶石漠化地区、干热河谷地区封山育林，在西北地区和内蒙古开展工程固沙治沙和封禁保护，推进三北防护林体系建设。在长江、珠江等大江大河上游建设国家木材战略储备基地。加快实施祁连山生态保护建设与综合治理、三江源生态保护和建设二期、柴达木地区生态环境综合治理、川西生态保护与建设等项目，加强长江干流和乌江、嘉陵江及其支流水环境保护。加快建设绿色生态廊道，保护好三峡库区生态环境，筑牢长江上游重要生态屏障。加大黄河上游生态修复与保护工作力度，推进渭河源头等生态环境综合治理工程。加大黄土高原区、秦巴山区、武陵山区、滇桂黔石漠化地区、三峡库区等重点区域水土流失治理力度。

（三）推动创新驱动发展

加大技术研发投入力度，加快关键技术研发和成果转化，健全支撑创新创业的体制机制，营造有利于全面创新的社会氛围，促进新技术、新产业、新业态、新模式形成和发展，实现理论创新、科技创新、制度创新的有机统一和协同发展，为西部地区经济社会持续发展提供强大动力。发挥科技创新在全面创新中的引领作用，加强基础研究，强化原始创新、集成创新和引进消化吸收再创新，推动西部地区经济增长由要素驱动向创新驱动转变。紧盯新一代信息技术、生物技术、节能环保、新能源、新材料、新能源汽车、航空航天、机器人与智能制造等战略方向和前沿领域，深入推进事关全局的共性关键技术和关键工艺、关键材料、重大装备、基础软件等攻关。依托国家级新区、国家自主创新示范区、国家级高新技术开发区和全面创新改革试验区等重要载体，建设若干具有强大带动能力的创新型城市和区域创新中心，形成若干高水平、有特色优势的产业集聚区。

（四）构建现代产业体系

提升特色优势产业发展水平，塑造西部地区产业核心竞争力，构建资源优势突出、创新能力较强、产业链条齐备、生态承载合理的现代产业发展体系。一是推动传统产业转型升级。推动资源深加工，加强有色金属、战略性新兴矿产、盐湖等资源的勘探开发、冶炼分离、精深加工和综合利用。构建新型制造业体系，加快西部地区制造业绿色改造升级。二是促进战略性新兴产业突破发展。培育符合西部地区实际的新一代信息技术、高端装备、新材料、新能源、生物医药等战略性新兴产业，形成新的主导产业。引导和支持有条件的地区发展大数据产业，开展云计算应用示范。三是大力发展特色优势农业。厚植农业发展基础，着力构建现代农业产业体系，加快形成资源利用高效、生态系统稳定、产地环境良好、产品质量安全、地域特色突出的农业发展新格局，促进农民持续增收。四是引导现代服务业有序发展。

（五）推进新型城镇化发展

坚持走以人为核心的新型城镇化道路，因地制宜优化城镇化布局与形态，加强对西部地区城镇发展的分类指导，做好区划调整工作，提高城乡规划的科学性，强化历史文化名城名镇保护。一是加快培育重点城市群。结合推进"一带一路"建设等三大战略实施，发展壮大成渝、关中平原城市群，引导北部湾、呼包鄂榆、黔中、滇中、兰州—西宁、宁夏沿黄、天山北坡等城市群有序发展，打造西部地区经济增长重要引擎。完善和提升以省会城市为代表的区域性中心城市功能，优化市辖区规模结构，提高生产要素集聚能力、创新能力、组织管理能力和对周边区域辐射带动能力。二是推动中小城市和小城镇健康发展。积极培育和发展中小城市，完善市政基础设施，提高公共服务水平和宜居水平。以县城为重点发展小城镇，加快人口有序集聚，带动周

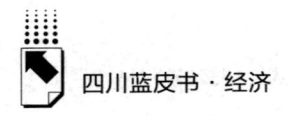

边农村发展，提高县域经济发展活力和综合承载能力。依托相邻重点城市、特色优势资源、重要边境口岸与对外贸易通道等，培育发展一批特色小城镇。

（六）开创对外开放新格局

促进西部大开发与"一带一路"建设、长江经济带发展紧密衔接、相互支撑，加快内陆沿边开放步伐，推进同有关国家和地区多领域互利共赢务实合作，打造陆海内外联动、东西双向开放的全面开放新格局。一是积极参与和融入"一带一路"建设，以推进"一带一路"建设为统领，充分发挥西部各省（区、市）比较优势，加快推进中蒙俄、新亚欧大陆桥、中国—中亚—西亚、中国—中南半岛、中巴、孟中印缅等国际经济走廊境内段建设，提升对西部地区开发开放的支撑能力。完善多层次对外交流合作平台体系，夯实"一带一路"沿线国家和地区民心相通、共同发展的民意基础。二是全面提升内陆开放水平。大力发展内陆开放型经济，扩大西部内陆地区特色优势产业对外开放，扩大利用外资规模，提升引进外资质量，有序开展对外直接投资。充分发挥西部地区自贸试验区示范引领作用，推动形成更加开放透明、更加规范高效的体制环境，激发更大活力，拓展发展空间。三是加快沿边地区开发开放。充分发挥沿边省（区）和沿边各类开发开放功能区作用，大力推进兴边富民行动，建设丝绸之路经济带核心区及我国向西、向北开放的窗口和向东南亚、南亚开放的重要门户，将沿边地区建设成为我国内陆地区与周边国家的合作交往平台。

B.25 四川省地方中小金融机构数字化转型面临的主要问题与对策建议

李 由*

摘　要： 四川地方中小金融机构由于数字化转型起步相对较晚，对金融科技资金的投入有限，在金融科技人才队伍的培养与储备、公司数字治理等方面同国有大中型银行和股份制银行相比还存在不少差距。面对困难和不足，我们需要在数字化转型过程中针对自身实际情况做出调整，不盲目攀比，以追求实效为主，构建多方合作互利共赢的金融科技生态系统，在数字化业务拓展过程中吸纳专业人才，做好线上线下业务流程，以普惠金融发展为目的开启数字化转型。

关键词： 地方中小金融机构　数字化转型　四川省

一　四川省中小金融机构数字化发展的情况分析

（一）我国金融业数字化发展的一般趋势

我国"互联网＋"的概念是在2015年正式提出的，由此迎来了探索开发及应用互联网技术的热潮，同时也开启了我国数字经济发展的大幕。近年来大数据、人工智能、云计算等科学技术快速发展，为我国金融业的发展带

---

* 李由，经济学博士，四川省社会科学院金融财贸研究所副研究员，主要研究方向中小金融发展。

来了新的历史机遇。金融业与信息技术的高度融合，彻底改变了传统金融业的运营模式，同样也对商业银行等金融机构提出了新的挑战，促使传统金融业态变革转型。随着数字经济上升为国家发展战略，传统金融机构必将向智慧银行、数字银行转型发展。银行业作为我国金融体系的核心，在数字化转型中将面临不少困难，但数字化转型是银行业金融机构必须跨越的障碍，是金融业发展的必由之路，赋予了金融业新的历史使命。数字化转型是指利用新一代信息技术，对数据进行收集、传输、存储和分析整理，对整个流程进行梳理，从而打通各个层级之间存在的数据壁垒，提高生产、工作以及运营效率。金融业数字化转型主要是指银行业金融机构利用现代科学技术对数据进行分析从而提高银行内部的运营效率。据有关数据资料统计，截止到2020年，我国数字经济的规模已突破30万亿元，占我国国民生产总值的三成。据2020年《中国互联网络发展状况统计报告》，我国网民人数已达到9.03亿人，2020年我国商业银行离柜交易总额达到2308.36万亿元，同比增长12.18%，银行业离柜交易率接近90%，而在2012年这一数值仅为54.37%。中国人民银行明确指出，我国金融机构在未来要合理运用金融科技等手段丰富完善金融业的服务渠道，提升金融服务品质与效率，推动实体经济健康可持续发展。

（二）四川省地方中小金融机构数字化发展情况分析

四川省地方中小金融机构主要是指注册地在四川的法人金融机构，主要以城市商业银行和中小农村金融机构为主。截至2020年底四川省银行业金融机构数量共计达228家，地方法人中小金融机构达178家，其中城市商业银行12家、农村中小金融机构101家、信托投资公司2家、财务公司4家、新型农村机构56家、其他机构3家。近年来，四川省金融机构积极探索科技与金融业的深度融合方式及路径，不断提升金融业数字化能力和银行智能化水平，给四川省金融业注入了新的创新活力。随着金融科技深入发展，在2019年，四川金融机构参与的20余个项目被纳入全国金融科技应用试点范围。随着央行"数字央行"大数据应用试点工作深入推进，四川省建立了

四川省地方中小金融机构数字化转型面临的主要问题与对策建议

稳定高效的大数据平台,实现了对货币信贷业务板块功能的全覆盖,完成了对 16 家地方法人银行机构共计 39 种货币信贷业务明细台账的全数据采集报送测试。

全省共有 47 家金融机构 2085 个营业网点完成了国家标准对标达标要求。同时全省金融业机构信息共享系统稳步推广,全省 137 家法人金融机构和科技企业完成全球法人识别编码赋码工作。在金融服务企业标准"领跑者"活动中,有 4 份标准进入全国领跑者名单。金融科技应用试点不断深入推进,全省 21 个项目已经全部上线运行,金融服务数字化水平不断提升。

四川省中小金融机构在数字转型发展中虽然取得了一定的成绩,但还存在许多不足,其中,基础设施薄弱是制约其发展的重要因素,主要表现在:首先,基础数据资源不足,营销运营能力不强,业务结构和获客渠道单一,风险集中度较高,职工队伍素质建设及专业人才储备不足等;其次,在数字化转型的过程中,地方中小金融机构科技与业务融合不够深入、平台建设能力欠缺,特别是对云计算、区块链、人工智能等前沿技术的应用,还处于初级阶段。四川省中小金融机构数字化转型首要的问题是解决公司业务的发展问题,只能在公司业务拓展的基础上逐步进行数字化转型和改造。金融科技重点应集中在对商户运营、灵活收付、清结算等系统上,更加注重数字营销、数字风控等。

目前四川省地方中小金融机构数字化转型发展较早和较好的应属四川省农村信用联合社和四川天府银行,它们在数字转型方面为四川省中小金融机构数字化发展起到了很好的示范和带头作用。四川省农村信用联合社是四川省农村金融的主力军,早在 2018 年,省农信社党委就提出了智慧银行的发展战略。为有效推进智慧银行建设,省农信社在自主可控前提下,通过强化战略规划、明确分布式转型方向等措施,完成了智慧银行 IT 架构蓝图规划及"蜀信云"云平台建设,全面提升了金融服务能力;在智慧银行建设方面制定了关键目标和实施路径,为未来的开放银行、智能贷款、智能营销、智能渠道、智能风控等数字应用提供了强有力的基础支撑。

四川天府银行也是四川省较早将信息技术确立为公司战略发展支柱的地方中小金融机构。早在2013年就启动了移动互联网；2015年开始布局大数据风控，组建互联网金融事业部；2018年组建了普惠金融事业部；2020年开始打造科技特色银行。天府银行数字化转型首先确立发展战略的高定位，将信息科技作为业务突破的主抓手，以智慧银行引领全行高速发展。其次，这种数字化转型来自对金融科技资金的高投入，天府银行科技信息投入比重超过其营业收入的3%，远超出一般中小金融的投入力度。

二 四川省地方中小金融机构数字化转型面临的主要问题

四川省地方中小金融机构近年来对数字化转型的意愿是强烈的，但又面临不小的挑战和困难，转型难点主要集中在金融科技资金投入、金融科技数据治理、人才队伍建设、管理模式等问题上。

（一）金融科技资金投入规模相对不足

数字化转型需要金融机构持续不断加大对信息技术系统的建设投入，资金投入是金融机构科技发展非常重要的一环。银保监会数据资料显示，截至2020年末，我国银行业机构信息科技资金总投入达2078亿元，其中，国有六大行总投入金额近957亿元，占全行业科技投入近一半。国有两大银行工商银行和建设银行在金融科技方面的投入已超过200亿元，在国有大行中工商银行、农业银行、中国银行、建设银行、交通银行科技投入已占营业收入的2%以上。在股份制行中，招商银行已达到120亿元，科技金融投入金额占营业收入的4.1%。

对于地方中小银行来说，其规模实力都远不及大型国有银行和股份制银行，从四川省来看除了四川天府银行金融科技投入占到营业收入的3%以上之外，其他中小金融机构在科技信息资金投入上相对不足，在资金投入方面，中小银行已先输一步。数字化转型需要大量的技术设备、人才、时间等多方面支持，地方中小机构普遍存在资本实力弱、资本补充渠道狭窄、盈利能力有限等问题，对持续不断的信息技术资金投入力不从心。这将成为中小金融数字化转型发展和持续推进的瓶颈，导致地方中小金融机构数字化转型质量不高、效率不佳。

（二）公司数据治理水平和能力有待提升

四川省中小金融机构在数字化运营和管理方面，还处在起步阶段，线上融资业务占比还比较低；在数据获取与应用方面，对内部数据挖掘不够；在数据共享和应用上，信息孤岛问题仍待解决。

有关资料显示，目前我国48%的中小银行已经完成了平台建设和数据整理归集，但仍存在数据资料难以统一对接、内外部数据质量不高、外部产业数据获取困难等问题。在第三届中国数字银行论坛上，中国银行业协会党委书记潘光伟指出，传统银行在数据治理过程中，还存在数据整合度不高、标准度不高、应用难的问题。银行内部数据多，数据分布零散化，数据治理未系统化，数据搜集整合错配，大数据还未集中化管理，而且标准不统一、数据质量参差不齐、数据应用能力不足容易造成数据孤岛效应。

地方中小金融机构在经营发展过程中积累了不少客户资源，开拓了相关市场，也获得了许多有价值的数据，但对这些数据的治理还存在整合难度大、口径不同、标准不一、数据分散等问题，没能有效深入挖掘开发运用这些数据资源，未能发挥数据资源的应用决策价值。数字化转型要求地方中小金融机构对数据治理工作高度重视，仅仅依靠传统的人工方式收集整理数据，很难保证数据质量提高，无法满足银行业金融业机构对数据标准质量的核验。数据不准带来的是不确定性因素的增大，对市场产生误判，对经营管理产生不利影响。数据的治理要求金融机构各部门密切配合，相互协作，全面提升数据治理的水平。因此，中小金融机构数字化转型如何保障获取数据的可用性和合规性是十分关键的一步。

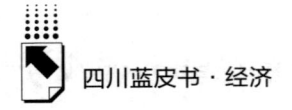

（三）复合型人才的缺乏是数字化转型的障碍

金融机构的数字化转型目前已从互联网金融基础层面业务逐步向更深层次的大数据、云储存等深入迈进，这对数字化金融人才和整个金融业人才队伍的建设培养及储备提出了更高的要求。专业管理和技术人才是地方中小金融机构数字化转型成功的必要条件。近年来国有金融机构和股份制银行持续加大金融科技的投入力度尤其是对专有人才的引进和培训力度，在人才队伍培养和储备方面，通过提供更具吸引力的薪酬福利加大人才的引进力度，同时通过与知名互联网企业、大型金融科技公司等合作，逐步培养和储备金融科技和数字化人才队伍。相比之下，地方中小金融机构对金融科技人才的吸引力不足，金融科技人才队伍培养周期较长，人才储备有限，难以满足中小金融机构数字化转型发展的需要，尤其是"业务+科技"复合型人才的储备不足，导致数字化转型发展受阻。

（四）公司组织结构难以适应转型需要

我国传统的地方中小金融机构采用的是以部门制为特点的组织架构，各部门之间处于相对独立状态，各部门又划分为不同的岗位职能和业务中心，信息系统和业务流程也相互独立，组织架构的特点决定了公司难以采取快捷行动满足客户的金融需要。据《区域性银行数字化转型白皮书》统计，目前在我国大约有54%的中小银行内部"缺乏合理的组织抓手和工作机制"，导致部门之间沟通不畅、产品信息流无法融合、业务对接困难等问题，组织架构的失衡也反映为对外合作交流时达不到预期效果。

地方中小金融机构目前普遍采取的组织架构和管理模式，是内部工作缺乏关联性、信息交流不畅、业务流程受阻、办事效率低下的主要原因。中小金融机构要打通公司内部前台、中台、后台各自为政的界限，实现信息资源共享、部门协调统一、业务流程清晰，形成互联互通、协作共享的发展理念。数字化转型需要组建一套反应高效敏捷、适应市场、不断满足客户金融需求变化的组织架构和管理体系，这是地方中小金融在推进数字化转型过程中需要破解的难题。

三 四川省地方中小金融机构数字转型的对策建议

（一）制定金融科技同普惠金融高度融合的发展战略

普惠金融是国家发展战略，地方中小金融机构是普惠金融最好的践行者。普惠金融是发展金融科技最有力的支撑，普惠金融业务的拓展源于金融科技对银行业务全流程的再造和延续，通过移动通信终端网络平台让普惠金融走向智能化，将金融服务向线下延伸，打造线上线下开放式社区银行服务模式。普惠金融依托金融科技将服务全面融入政务服务、交通出行、医疗社保、社区商圈、校园、企业园区等居民生活中，实现全天候、跨地域服务所有有金融需求的人们。

地方中小金融机构通过金融科技等手段进行线上优化改造，把申请入口从线下搬到移动终端网络平台上，通过人脸识别、指纹支付、数字认证等识别功能和大数据标准化流程风控等一系列新技术，不仅降低了融资成本，还极大提高了银行的办事效率，推动普惠金融授信产品规模化发展，让利"三农"和小微企业。如四川天府银行借助金融科技之力，普惠金融授信业务近3年年均增长率达到32%，贷款余额达到220亿元，其"熊猫易贷""熊猫快贷""银税通""商超贷"等一批创新推出的产品可实现线上申请、人脸识别、电子合同签章、贷后提醒等全线上、一站式服务，目前部分普惠金融产品已经实现了秒申秒贷。

（二）构建互利共赢多方合作的金融科技生态系统

地方中小金融机构要加强和深化金融科技生态系统建设，形成跨机构、跨行业、跨区域的数据流动，通过与第三方科技公司的开放合作，相互借力和赋能，快速形成自身的数字化应用能力。

地方各级政府和金融监管部门要协同其他有关部门牵头制定相关的管理办法和政策措施，建设打通中小微企业在工商、税务、征信、司法等方面的数据平台，组织引领地方中小金融机构的数字化建设发展，为金融机构管理系统提供权威、真实、有效的数据资料。同时地方政府要在财税等方面给予中小金融机构政策支持，提升金融机构办事效率。

地方中小金融机构要加强协作，实现资源共享和优势互补，通过共同创新，统筹前瞻性技术和产品，加快对科技成果的转化应用。中小金融机构要保持同地方政府、金融监管部门尤其是大型金融科技公司、互联网公司平台的长期战略合作，不断提升和完善银行的数字化水平，通过互联网平台公司对中小金融的引导作用，吸引更多的客户群体。打造一个健全开放、互利共赢的金融科技生态体系，是中小金融机构数字化转型最为关键的一步，只有在提升了数字化经营的实力和水平后，中小金融机构才能集聚更多的资源，实现金融、科技、产业的有机融合和良性互动。

（三）在数字化转型中加强对人才队伍的建设和培养

数字化转型人才是关键，中小金融机构要在数字化业务拓展过程中不断加强职工队伍建设和人才储备，选拔和招聘高素质的复合型人才，培养专家型人才队伍，积极提升本行IT业务人员的能力和技术水平，实现核心技术自主可控。

中小金融机构在转型过程中要调整自身内部组织架构，及时整合内部人力资源；通过管理制度教育培训改变员工的传统固化思维模式，让职工深刻理解和领会数字化转型的理念和策略措施；培养基于数据化决策的愿景型领导与赋能型领导；培养员工的数字化技能，通过增加技术人员数量，将技术人员或数据分析人员派驻到业务部门工作以了解业务需求、提升其数字化能力等。实行部门人才轮岗交流制度，提升专业型人才素质，建立完善人才激励约束机制，全面规划人才培养发展战略计划，培养和吸引既懂信息技术又具有金融专业素养的复合型人才。

（四）全力推进"线上线下相融合"的数字治理模式

数字化转型以数据为核心驱动要素，数据的开发利用已成为数字经济时代的主旋律。地方中小金融机构要加强数据应用，提高数据治理水平，加快传统营业模式的改造，积极打造人工智能服务网点。通过本行业内部外部、线上线下各类数据的整合，不断积累数据治理的经验，夯实数据治理的基本功，在发展与创新的过程中克服自身的薄弱环节，实现智能交易、智能运营与智能风控，形成数字化、智能化的新治理模式。地方中小金融要依托线上线下相融合，通过数字技术延伸服务触角，全面连接区、县、乡、镇，为每家每户和有需求的小微企业，提供快捷方便的金融服务。

中小金融的数字化转型重点关注提高数据分析能力和数据治理能力，大数据应用应扩展到银行业务的各个层面，如资产负债管理、客户关系管理、运营分析、财务管理、监管报送等领域。首先，要完善数据治理流程及管理运行机制，质量管理平台要制定统一、明确的数据标准，提升数据质量。其次，更要弥补数据鸿沟，建立数据交互机制，实现全社会合法合规数据共享，打通内外部数据关联。再次，加强数据分析应用，发挥数据内在价值，通过优化流程、精准分析等最大限度提升决策的效率和准确性，把控客户的金融需求能力。最后，加强保护个人隐私的法律意识，完善保存客户个人资料，在金融个人信息的采集、使用、储存上牢固树立合规意识、风险意识，完善银行客户个人信息保护机制，切实维护广大消费者的合法权益。

（五）立足本地优势实现错位竞争发展

地方中小金融机构要走一条深耕区域、突出差异的"小而美"精细化数字转型之路。中小金融机构要对接国家发展战略，利用地方区域优势发挥线下特长；要充分把握好"地缘、亲缘、人缘"的固有优势，善用外力，合作共赢加快数字化转型。结合线上线下，深耕本地市场，聚焦主责主业，形成特色产品与服务特点。构建差异化竞争力和精益求精的管理体系，赋能地方经济和小微企业健康发展。

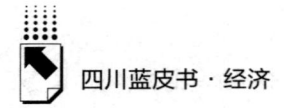

面对不同区域资源条件的差异，地方中小金融应发挥自身优势，在数字化转型中实现错位竞争、错位发展。要扎根基层、深耕社区、服务小微、使客户满意，继而提升自身的综合竞争力，开辟新的发展模式。中小金融机构可以利用地方区域位置优势发展惠及"三农"的项目，围绕区域性、地方性等开展公共教育服务、卫生医疗、居家出行、购物美食等金融业务。在产品与服务上，注重结合本地的差异化特性开展经营，提升自身的品牌价值，增强在本地区的责任感和认同感。

数字化转型不仅有助于地方中小金融机构获得更强的应变能力、更高的盈利能力和可持续发展能力，还能重塑自身的业务流程，增强对客户需求的洞察力，为消费者提供更加数字化、个性化的金融产品和金融服务。地方中小金融机构必须抓住数字化转型的历史机遇，利用金融科技手段提升自我竞争力，紧跟时代潮流，在未来的数字时代赢得更大的竞争优势。

B.26 四川构建产业发展新优势研究

达 捷*

摘 要： "十四五"时期，四川要牢牢把握国内外新兴产业发展新形势、新趋势，抢抓成渝地区双城经济圈建设、新时代西部大开发等多重国家战略机遇，充分发挥资源禀赋优势和产业基础比较优势，全力打造以绿色低碳产业为牵引，高端装备制造、数字经济、特色新材料、医药健康等新兴产业为主导，量子信息、6G、智能芯片、超材料、生命健康等未来新兴业态协同发展的"1+4+N"特色优势现代产业体系，构建形成未来一段时期四川产业发展新优势。

关键词： 第四次工业革命 新兴产业 新优势 支撑体系

"十四五"时期是四川抢抓成渝地区双城经济圈建设、新时代西部大开发、西部陆海新通道等多重国家重大战略机遇，加快推动成渝地区双城经济圈建设，加快构建经济发展新优势的关键时期。四川必须积极引导资源要素向优势新兴产业集中集聚，延伸产业链、稳定供应链、打造创新链、提升价值链，加快打造产业发展新动能、新优势，全力构建具有四川特色的优势新兴产业体系，为四川加快高质量发展奠定坚实的物质基础。

---

* 达捷，经济学博士，四川省社会科学院产业经济研究所所长，研究员，主要研究方向为产业经济、金融投资和资本市场。

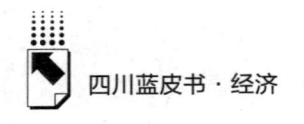

一　全球产业发展新格局、新趋势

（一）第四次工业革命引领全球产业变革

第四次工业革命浪潮如火如荼，世界主要工业国及中国都制定了本国顶层战略规划，积极开发前沿技术攻关，大力布局发展战略性新兴产业和未来产业，力图在第四次工业革命中抢占先机。当前，欧美日等发达经济体全力在智能制造、人工智能、量子通信、机器人、工业互联网、生物医药等新兴科技产业领域加速布局。中国作为最大的发展中国家和全球重要经济增长极，同样全面抢抓第四次工业革命历史机遇，聚焦发展数字经济、新能源、下一代信息通信、人工智能等新兴产业，奋力实现"换道超车"。

（二）逆全球化和新冠肺炎疫情重塑全球产业链格局

近年来，逆全球化严重影响全球产业链供应链的正常运行，尤其是美国仰仗其全球产业链高端位置和核心技术垄断优势，在高端芯片、高端装备、工业软件等方面持续推行"退链断链"政策，给全球产业链供应链稳定性带来了巨大威胁，新冠肺炎疫情的暴发使得本已脆弱的全球产业链供应链进一步受到重创。在此影响下，世界产业链布局由全球化向区域化集聚演变，北美、欧洲、东亚等成为主要集聚集中区域。中国凭借市场规模、产业体系和人才技术等方面的竞争优势，以及全球领先的疫情防控措施，成为全球跨国企业布局全新产业链的重要区域，中国正逐渐成长为亚太地区乃至全球产业链供应链的"新中心"。

（三）科技创新主导全球新兴产业方向

核心技术是打造新兴产业竞争优势的关键因素，西方发达国家均将科技创新摆在新兴产业发展的首要位置，集中优质资源、聚焦重点产业核心技术突破。当前，在新一代信息技术、新能源、生物工程、智能制造、工业机器人、先进新材料等产业领域,欧美日仍然是全球科技创新的主要策源地,在新产业竞争中拥有绝对的主导权和话语权。以中国为代表的新兴国家必须加快补齐基础科学研究短板,推动重大原创性科技成果取得突破性进展,才能在新一轮产业变革中占有一席之地。

二 我国产业发展现状和战略方向

(一)现代产业体系初步形成

经过70多年的发展,我国已建立起比较完整的工业体系,是全世界唯一拥有联合国全部工业门类的国家。随着"双循环"战略的持续深入推进,凭借超大规模的国内市场、强大的内需潜力和优越的产业政策环境,未来我国的工业体系和产业体系将更加完备、更加现代化。改革开放以来,我国工业生产制造能力迅猛增长,2010年超过美国成为全球制造业第一大国,"中国制造"在全球产业链供应链中的影响力持续攀升。近年来,我国加速推进产业结构转型升级,内生动力持续增强,先进制造业、新兴服务业、"四新经济"等已成为我国经济发展的重要驱动力。

(二)面临较为严峻的内外部挑战

当前,我国正处在产业新旧动能转换关键期,传统产业发展动力加速衰减,而新兴产业总体尚处于培育和成长阶段。同时,我国重点领域核心技术和关键产品自主可控能力较弱,特别是在关键材料、基础零部件、高端制造设备、工业软件、科学仪器等领域严重受制于人,"卡脖子"技术较多,产业链供应链安全隐患较大。随着我国国际竞争力越来越强,欧美等少数国家为了保持科技竞争优势,掌控全球新一轮产业革命制高点,对我国重要产业领域的高新技术和核心产品进行"点穴式"封锁打压,企图遏制我国高新技术产业快速发展,对我国产业链供应链优化升级和安全稳定提出巨大挑战。

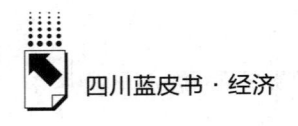

(三)现代产业发展基础条件优越

我国工业体系完整、门类齐全、配套能力强,拥有全球最为强大的工业生产制造综合能力,这为我国加快产业结构优化升级、大力发展战略性新兴产业提供了高质量的产业基础支撑和配套保障。目前,我国正处于工业化和城镇化加速深化期,在基础设施建设、高新技术产业、社会民生、生态环保等领域仍有较大的投资需求,超大的市场规模和巨大的内需潜力仍是我国经济的核心竞争优势。近年来我国持续加大科技创新投入,科技创新能力大幅提高,部分领域科技创新已经走在世界前列,这为我国加快构建现代产业体系提供了强大的创新驱动力。

(四)"五化"引领我国新兴产业发展

近年来,在精准研判全球产业技术变革趋势的基础上,我国充分发挥产业基础比较优势,将低碳化、数字化、智能化、高端化、生态化作为我国新兴产业的重要发展方向。在"双碳"目标的激励和约束下,绿色低碳产业驶入发展"快车道";数字经济正快速成长为经济增长的新引擎,同步持续赋能其他产业转型升级;随着人工智能领域新技术新模式的涌现,智能智慧相关新业态蓬勃发展;在我国高质量发展战略驱动下,高端产业成为主流发展方向;当下各产业融合发展趋势明显,全产业链生态圈化,集聚化、集群化成为新兴产业主要发展模式。

三 四川产业发展现状、问题及重大机遇

(一)特色优势产业持续加快壮大

党的十八大以来,四川持续优化升级产业结构,产业发展规模和产业质量效益双双实现大幅提升。为适应建设现代经济体系要求,四川加快构建现代工业、农业、服务业体系,形成了多元发展、多极支撑、具有四川特色的

现代产业体系。近年来，四川全力加快传统产业转型升级，促进优势产业保持稳定健康发展，推动战略性新兴产业加速崛起。2020年，四川高技术制造业增加值占规模以上工业增加值的比重达到15.5%；战略性新兴产业增加值占规模以上工业增加值的比重为15.8%，比2015年提高近2个百分点。

（二）产业高质量发展面临诸多痛点

当前，四川产业发展处于传统产业发展动能衰减和新兴产业发展动能不足"双碰头"阶段，新产业、新动能尚难以弥补传统产业下滑导致的动能衰退缺口。同时，四川有过早"去工业化"趋势，制造业增加值占GDP比重从2015年的28.8%下降到2020年的22.1%，在还未实现现代化、高端化情况下，制造业占比下降过快，不利于四川产业高质量平衡发展。沿着支柱产业和主导产业产业链梳理发现，四川产业链供应链关键环节存在潜在安全隐患，在核心技术、关键零部件、基础软件、高端检验检测设备等方面缺乏掌控力，一旦被"卡脖子"，很容易导致整个产业陷入瘫痪。

（三）新兴产业迎来重大发展机遇

全球新一轮科技革命与产业变革孕育兴起，新技术、新模式、新业态不断涌现，新能源、下一代互联网、人工智能、先进新材料、生物工程等一批新兴产业正逐渐成长为全球经济新的主导产业。国家瞄准全球产业变革方向，先后精准推出制造强国、网络强国、数字中国、健康中国、交通强国、科技强国等一系列重大战略，大力支持战略性新兴产业和未来产业发展。随着产业基础、城市品质、制度环境、社会文化等软硬实力的全面升级，四川正成为我国技术、人才、资金、数据等高端资源要素的重要集聚区，这为四川培育发展新兴产业提供了雄厚的资源要素保障。

四 积极构建四川优势新兴产业新图谱

四川省应牢牢把握国内外产业发展新形势、新趋势，充分发挥资源禀赋和产业基础比较优势，遵循产业链、供应链、价值链和创新链的全链条产业发展思维，全力打造以绿色低碳产业为牵引，高端装备制造、数字经济、特色新材料、医药健康等战略性新兴产业为主导，量子信息、高端芯片、超材料、基因技术、生命健康、类脑智能、区块链、元宇宙、混合现实、深海空天开发等未来新兴业态协同集群发展的"1+4+N"四川特色优势现代产业体系，构建形成未来一段时期四川产业发展新优势。

（一）聚力发展绿色低碳产业

一是做优做强清洁能源产业。推进"水风光气"多能互补协同发展，进一步强化水电主力军作用，同时大力发展太阳能和风能发电，加快推进天然气发电替代燃煤发电，逐步降低火力发电等传统能源发电比例。有序开发多类型清洁新能源，推动氢能全产业链集群化发展，合理开发各类型生物质能源，积极发展垃圾发电、生物质燃烧发电等生物质发电以及生物液体燃料产业。

二是发展壮大清洁能源支撑配套产业。牢牢把握"双碳"目标下，我国加快能源结构调整，大力发展太阳能光伏产业的新趋势，积极发挥四川光伏制造先发优势，着力健全产业链条，扩大先进产能规模，建设世界级光伏产业基地。把清洁能源装备产业作为建设制造强省的重要支柱，围绕水能、风能、太阳能、核能、生物质能、地热能、氢能等能源产业开发利用，加快打造世界级清洁能源装备制造基地。

三是加快发展清洁能源应用产业。深入研究新能源汽车、新能源客车、电动船舶、无人航空器等动力电池市场需求，进一步优化动力电池产业链供应链布局，打造具有世界影响力的新能源动力电池产业基地。加速推动新能源汽车产业集群协同化发展，加快动力电池、驱动电机、电控系统等关键产品布局和核心技术研发，建设全国重要的新能源汽车研发制造基地。

（二）加快发展高端装备制造产业

一是加快打造具有国际竞争力的高端制造业集群。进一步做优做强做大电子信息产业，聚焦集成电路、新型显示、高端计算机、智能终端软件等领域，大力提升产业链价值链水平，构建世界级电子信息产业集群。瞄准航空航天、能源装备、燃气轮机、数控机床、工业机器人等重点领域，积极培育产业链"链主"企业，构建大中小企业配套、上下游企业协同的产业生态圈，推动优势产业集群发展，打造世界级装备制造产业集群。

二是加快推进制造业数字化赋能转型。充分发挥大数据、云计算、5G、物联网、人工智能、区块链等数字技术赋能优势，积极推动制造业与数字技术融合创新发展，大幅提升四川制造业经营效率和产品技术水平。进一步推动互联网与制造业深度融合发展，大力推动制造企业经营管理、业务发展、技术研发等进行数字化、网络化转型，强化企业经营数据的收集管理、挖掘分析和商业应用，着力发展基于工业互联网、物联网的智能制造、网络制造、云制造等新模式。着力实施智能制造工程，鼓励支持各类制造企业开展生产线、制造车间智能化改造，支持制造企业加快建设智能车间、智慧工厂。

（三）大力发展数字经济产业

一是大力推进数字产业化。大力发展数字经济核心产业，聚焦电子集成电路、新型显示技术、智能终端设备、高端软件设计、人工智能、新一代信息网络、5G、区块链等数字产业，建设我国重要的数字新兴产业集聚区。在进一步巩固半导体原材料、零部件制造、封装测试等优势业态的基础上，促进芯片设计、高端原材料、核心器件、先进制造工艺等差异化创新发展，打造我国高端集成电路产业新基地。顺应新型显示柔性化、矩阵化、微型化等技术发展趋势，积极推动柔性显示、超高清等下一代新型显示技术发展，打造国家级新型显示产业集群。推动软件信息产业优化升级，重点发展高端软件产业，打造高端软件信息服务产业基地。

二是大力推动产业数字化。加快推进四川产业数字化进程，着力推动互联网、5G、大数据、云计算、物联网、人工智能、区块链等新一代数字信息技术与实体经济融合发展，全面推进农业、工业、服务业转型升级和提质增效。加快推动工业制造数字化改造升级，重点强化工业互联网、大数据、人工智能、云计算等对制造业研发生产的数字化赋能。积极推进金融、物流、教育、医疗、文旅、商业等现代服务业数字化，大力培育发展智慧物流、数字金融、智慧医疗、智能零售等新兴业态。大力推动大数据、5G、物联网、互联网等数字信息技术在农业领域的广泛深度应用。

（四）着力发展特色新材料产业

一是大力发展新能源电池材料。加快发展锂、镍、钴、锰、石墨、聚乙烯、聚丙烯等锂电材料产业，建设有国际竞争力的锂电材料产业基地。促进锂电材料上下游产业协同融合发展，增强对动力电池产业发展的支撑能力。做强基础锂盐、正负极材料，加快补齐隔膜、电解液等薄弱环节，实现锂电主辅材料产业均衡协调绿色发展。积极发展钠离子电池、燃料电池等动力电池前沿技术产品。

二是加快壮大特色优势新材料。充分发挥四川矿产资源种类齐全、储量丰富的优势，重点发展壮大钒钛、锂钾、铝基、晶硅、稀土等特色优势材料产业，打造形成全国重要的先进材料产业集群。进一步做精做优钒产业，做强做大钛产业，形成全产业链上下游集群化发展，打造世界级钒钛产业基地。实施钒钛产业强链补链延链工程，加快开发钒钛高端制品、功能性材料、特色零部件等。

三是积极布局前沿新材料领域。积极发展新型聚氨酯、特种橡胶、合成树脂等高分子材料，打造先进高分子材料生产基地。大力发展高端功能陶瓷、特种玻璃、高性能玻璃纤维等无机非金属材料。开发航空航天、海洋工程和医用金属材料及重大工程结构与基础设施用镁铝合金、高品质先进铜合金、纳米金属等特种金属材料。

（五）积极发展医药健康产业

一是打造我国领先的生物医药产业基地。瞄准国际生物科技前沿，围绕抗体药物、新型重组蛋白质药物、生物诊断试剂等细分领域，开展关键技术协同攻关,争取实现重大核心技术突破。联合国内外高端研发机构和知名企业,重点围绕生化药、基因药物、靶向药、生物疫苗、蛋白质芯片等新兴生物医药产业,建设国内领先的高端生物医药研发平台,培育壮大四川生物医药产业集群,建设我国重要的国家级生物产业基地。

二是建设我国特色化学医药产业集聚区。统筹战略布局,特色化、创新化发展化学医药产业,加大药物研发攻关力度,突破药物合成、结晶纯化、剂型工艺等产业化技术,提高原研药、首仿药和新型制剂产业化水平。大力支持行业龙头企业、知名医药研发机构、大型医疗机构联合建设化学药研发创新平台体系和开放实验室,加快发展化学医药领域新业态、新模式,推动设立国内高端特色化学医药研发中心。

三是打造我国先进的医疗器械制造基地。瞄准我国医疗器械关键环节,打造全国先进的医疗器械生产基地。加强智能医疗设备、医疗机器人、体外诊断、高值耗材等关键技术研发创新,以技术创新带动产业突破发展,强化人工智能、大数据、物联网等数字信息技术在医疗设备研发生产制造中的广泛应用,大幅提高医疗器械产品生产制造水平和使用效能。及时把握新形势,发展高通量测序仪、即时检测设备、质谱分析仪、病理分析仪等体外诊断产品(系统)及配套检测试剂。

(六)前瞻布局一批未来新兴产业

一是精准、科学选择未来产业发展方向。加强前瞻性产业战略谋划,积极培育发展未来新兴产业,抢占新一轮科技革命和产业变革制高点,构建未来竞争新优势。加快推进量子信息、6G、智能芯片、超材料、基因技术、生命健康、类脑智能、区块链、元宇宙、混合现实、深海空天开发等未来产业创新发展。依托科技创新突破,推进一批技术孵化、技术转化、新产品生产项目,实现从基础研究、应用研究、概念验证到工程化中试、产业化推广应用的系统设计和全链条布局。

二是构建未来产业创新发展支撑体系。统筹布局面向前沿技术研发的创新平台,推进未来产业重点领域科技创新和产业化。布局建设未来产业研究

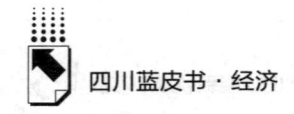

院，组建未来产业技术中心，面向未来产业特点和发展规律开展产业政策研究和技术预见。支持具备条件的高校院所建立未来产业特色学院，鼓励多学科交叉融合创新。充分发挥市场作用，探索设立面向未来产业发展的基础研究基金和创投基金，布局建设一批未来产业"孵化器""加速器"。

五 着力打造新兴产业发展立体支撑体系

（一）实施新兴产业科技创新工程

以产业核心需求为导向，围绕产业链和价值链打造创新链，整合科技力量聚焦关键核心技术和短板环节开展协同创新，加快在基础材料、基础零部件、关键装备、工业软件等领域的"卡脖子"技术上取得战略突破。构建多层次、多领域、多元化的创新平台网络，在基础科学研究、重大技术创新、工程科技创新、科技成果转化、产学研协同创新等方面培育一批国家和省级重大科创平台，实现从基础研究到产业化应用的全流程全覆盖。以市场化为导向，推动各类创新要素向企业聚集，进一步强化企业在科技创新体系中的主体地位。

（二）科学布局新型基础设施建设

科学精准布局一批新型基础设施，构建与四川新兴产业发展相适应的新型基础设施体系。强化信息基础设施供给，重点推进5G网络、数据中心、算力体系、工业互联网等新型基础设施建设。以数字信息技术改造升级能源、交通等传统基础设施，构建形成与四川现代产业体系相适应的融合基础设施体系。聚力攻坚基础关键领域科技创新，大力提升产业创新能力，全力打造国内一流的新能源、高端装备制造、轨道交通、生物医学、航空航天等重大科技基础设施集群。

（三）建立新兴产业人力资源体系

紧扣新兴产业发展总体目标，聚焦核心领域和关键环节，实施高层次人才引进和培养计划，面向国内外引进一批在世界科技和产业发展前沿具有较强影响力的高端人才。统筹新兴产业发展人才需求和专业人才培养规划匹配。充分激发人才活力，强化对科研人员的股权激励和绩效激励，对符合条件的战略性新兴产业高端人才，在户籍、医疗、住房、子女入学等方面给予多方面政策倾斜。

（四）构建新兴产业金融服务体系

充分发挥财政资金的引领示范作用，进一步壮大新兴产业投资基金，积极支持新兴产业重大技术研发和项目建设。积极引导产业资本、金融资本、国有资本、民营资本、外资等支持新兴产业发展。围绕新兴产业发展特点和产业链上下游需求新变化，鼓励支持各类金融机构创新金融服务产品供给，加大对新兴业态、关键领域、核心龙头企业的金融服务力度。

（五）创建国内一流的营商环境

瞄准解决营商环境关键痛点堵点，全力打造法治化、国际化、便利化的营商环境，为新兴产业培育发展、企业生产经营创造良好的制度环境。进一步深入优化新兴产业领域投资项目审批流程，按照国际营商环境标准建立完善营商环境评价和监督考核体系。进一步建立健全严格规范、包容审慎的监管环境，加强事中事后监管，降低企业合规成本。

（六）创新优质企业培育引进机制

围绕新能源、新能源汽车、轨道交通、智能制造、航空航天、新材料、人工智能、工业互联网、生物医药等领域，培育集聚具有产业生态主导地位、核心技术能力突出的产业链"链主"企业及上下游中小微企业集群。聚焦产业链关键环节和核心技术，选育一批掌握核心技术、聚焦细分领域、市场前景广阔的新兴产业领航企业。瞄准核心零部件及元器件、工业软件、关键先进材料、先进技术工艺、产业底层技术等领域，培育一批"专精特新"企业、隐形冠军企业和瞪羚企业。

社会科学文献出版社

皮 书
智库成果出版与传播平台

❖ 皮书定义 ❖

皮书是对中国与世界发展状况和热点问题进行年度监测,以专业的角度、专家的视野和实证研究方法,针对某一领域或区域现状与发展态势展开分析和预测,具备前沿性、原创性、实证性、连续性、时效性等特点的公开出版物,由一系列权威研究报告组成。

❖ 皮书作者 ❖

皮书系列报告作者以国内外一流研究机构、知名高校等重点智库的研究人员为主,多为相关领域一流专家学者,他们的观点代表了当下学界对中国与世界的现实和未来最高水平的解读与分析。截至2021年底,皮书研创机构逾千家,报告作者累计超过10万人。

❖ 皮书荣誉 ❖

皮书作为中国社会科学院基础理论研究与应用对策研究融合发展的代表性成果,不仅是哲学社会科学工作者服务中国特色社会主义现代化建设的重要成果,更是助力中国特色新型智库建设、构建中国特色哲学社会科学"三大体系"的重要平台。皮书系列先后被列入"十二五""十三五""十四五"时期国家重点出版物出版专项规划项目;2013~2022年,重点皮书列入中国社会科学院国家哲学社会科学创新工程项目。

权威报告·连续出版·独家资源

皮书数据库
ANNUAL REPORT(YEARBOOK) DATABASE

分析解读当下中国发展变迁的高端智库平台

所获荣誉
- 2020年,入选全国新闻出版深度融合发展创新案例
- 2019年,入选国家新闻出版署数字出版精品遴选推荐计划
- 2016年,入选"十三五"国家重点电子出版物出版规划骨干工程
- 2013年,荣获"中国出版政府奖·网络出版物奖"提名奖
- 连续多年荣获中国数字出版博览会"数字出版·优秀品牌"奖

皮书数据库　　"社科数托邦"微信公众号

成为会员

登录网址www.pishu.com.cn访问皮书数据库网站或下载皮书数据库APP,通过手机号码验证或邮箱验证即可成为皮书数据库会员。

会员福利

- 已注册用户购书后可免费获赠100元皮书数据库充值卡。刮开充值卡涂层获取充值密码,登录并进入"会员中心"—"在线充值"—"充值卡充值",充值成功即可购买和查看数据库内容。
- 会员福利最终解释权归社会科学文献出版社所有。

数据库服务热线:400-008-6695
数据库服务QQ:2475522410
数据库服务邮箱:database@ssap.cn
图书销售热线:010-59367070/7028
图书服务QQ:1265056568
图书服务邮箱:duzhe@ssap.cn

卡号:122237527916
密码:

S 基本子库
SUB DATABASE

中国社会发展数据库（下设 12 个专题子库）

紧扣人口、政治、外交、法律、教育、医疗卫生、资源环境等 12 个社会发展领域的前沿和热点，全面整合专业著作、智库报告、学术资讯、调研数据等类型资源，帮助用户追踪中国社会发展动态、研究社会发展战略与政策、了解社会热点问题、分析社会发展趋势。

中国经济发展数据库（下设 12 专题子库）

内容涵盖宏观经济、产业经济、工业经济、农业经济、财政金融、房地产经济、城市经济、商业贸易等 12 个重点经济领域，为把握经济运行态势、洞察经济发展规律、研判经济发展趋势、进行经济调控决策提供参考和依据。

中国行业发展数据库（下设 17 个专题子库）

以中国国民经济行业分类为依据，覆盖金融业、旅游业、交通运输业、能源矿产业、制造业等 100 多个行业，跟踪分析国民经济相关行业市场运行状况和政策导向，汇集行业发展前沿资讯，为投资、从业及各种经济决策提供理论支撑和实践指导。

中国区域发展数据库（下设 4 个专题子库）

对中国特定区域内的经济、社会、文化等领域现状与发展情况进行深度分析和预测，涉及省级行政区、城市群、城市、农村等不同维度，研究层级至县及县以下行政区，为学者研究地方经济社会宏观态势、经验模式、发展案例提供支撑，为地方政府决策提供参考。

中国文化传媒数据库（下设 18 个专题子库）

内容覆盖文化产业、新闻传播、电影娱乐、文学艺术、群众文化、图书情报等 18 个重点研究领域，聚焦文化传媒领域发展前沿、热点话题、行业实践，服务用户的教学科研、文化投资、企业规划等需要。

世界经济与国际关系数据库（下设 6 个专题子库）

整合世界经济、国际政治、世界文化与科技、全球性问题、国际组织与国际法、区域研究 6 大领域研究成果，对世界经济形势、国际形势进行连续性深度分析，对年度热点问题进行专题解读，为研判全球发展趋势提供事实和数据支持。

法律声明

"皮书系列"（含蓝皮书、绿皮书、黄皮书）之品牌由社会科学文献出版社最早使用并持续至今，现已被中国图书行业所熟知。"皮书系列"的相关商标已在国家商标管理部门商标局注册，包括但不限于LOGO（ ）、皮书、Pishu、经济蓝皮书、社会蓝皮书等。"皮书系列"图书的注册商标专用权及封面设计、版式设计的著作权均为社会科学文献出版社所有。未经社会科学文献出版社书面授权许可，任何使用与"皮书系列"图书注册商标、封面设计、版式设计相同或者近似的文字、图形或其组合的行为均系侵权行为。

经作者授权，本书的专有出版权及信息网络传播权等为社会科学文献出版社享有。未经社会科学文献出版社书面授权许可，任何就本书内容的复制、发行或以数字形式进行网络传播的行为均系侵权行为。

社会科学文献出版社将通过法律途径追究上述侵权行为的法律责任，维护自身合法权益。

欢迎社会各界人士对侵犯社会科学文献出版社上述权利的侵权行为进行举报。电话：010-59367121，电子邮箱：fawubu@ssap.cn。

社会科学文献出版社